O mundo soma-zero
Zero-sum World

Preencha a **ficha de cadastro** no final deste livro
e receba gratuitamente informações
sobre os lançamentos e as promoções da Elsevier.

Consulte também nosso catálogo
completo, últimos lançamentos
e serviços exclusivos no site
www.elsevier.com.br

O mundo soma-zero
Zero-sum World

POLÍTICA, PODER E PROSPERIDADE NO ATUAL CENÁRIO GLOBAL

A ERA DA TRANSFORMAÇÃO

GIDEON RACHMAN
editor-chefe de assuntos internacionais do *Financial Times*

Tradução
Cristina Yamagami

Do original: *Zero-Sum World*
Tradução autorizada do idioma inglês da edição publicada por Atlantic Books
Copyright © 2010, by Gideon Rachman

© 2011, Elsevier Editora Ltda.

Todos os direitos reservados e protegidos pela Lei nº 9.610, de 19/02/1998.
Nenhuma parte deste livro, sem autorização prévia por escrito da editora, poderá ser reproduzida ou transmitida sejam quais forem os meios empregados: eletrônicos, mecânicos, fotográficos, gravação ou quaisquer outros.

Copidesque: Cláudia Amorim
Revisão: Jayme Teotônio Borges Luiz e Roberta Borges
Editoração Eletrônica: Estúdio Castellani

Elsevier Editora Ltda.
Conhecimento sem Fronteiras
Rua Sete de Setembro, 111 – 16º andar
20050-006 – Centro – Rio de Janeiro – RJ – Brasil

Rua Quintana, 753 – 8º andar
04569-011 – Brooklin – São Paulo – SP – Brasil

Serviço de Atendimento ao Cliente
0800-0265340
sac@elsevier.com.br

ISBN 978-85-352-3618-7
Edição original: ISBN 978-1-8488-77023

Nota: Muito zelo e técnica foram empregados na edição desta obra. No entanto, podem ocorrer erros de digitação, impressão ou dúvida conceitual. Em qualquer das hipóteses, solicitamos a comunicação ao nosso Serviço de Atendimento ao Cliente, para que possamos esclarecer ou encaminhar a questão.
 Nem a editora nem o autor assumem qualquer responsabilidade por eventuais danos ou perdas a pessoas ou bens, originados do uso desta publicação.

CIP-Brasil. Catalogação-na-fonte
Sindicato Nacional dos Editores de Livros, RJ

R118m   Rachman, Gideon, 1963-
 O mundo soma-zero : política, poder e prosperidade no atual cenário global / Gideon Rachman ; tradução Cristina Yamagami. – Rio de Janeiro : Elsevier, 2011.

 Tradução de: Zero sum world : politics, power, and propsperity after the crash
 Inclui bibliografia
 ISBN 978-85-352-3618-7

 1. Política internacional. 2. Crises financeiras. 3. Relações internacionais. 4. Globalização. I. Título. II. Título: Política, poder e prosperidade no atual cenário global.

10-4612.   CDD: 327
                                                                                                  CDU: 327

A Olivia, minha companheira em Cambridge,
Washington, Bancoc e Bruxelas.

Agradecimentos

O período abordado neste livro coincide um pouco com minha carreira como jornalista, que começou em meados dos anos 1980. É uma tarefa impossível agradecer a todas as pessoas que me ajudaram ou que formaram minha visão de mundo no decorrer de mais de 25 anos – e não vou tentar fazer isso aqui. Entretanto, gostaria de agradecer a algumas das pessoas que foram particularmente importantes para mim, tanto ao escrever este livro quanto durante minha carreira.

Quando saí da *The Economist*, depois de 15 anos, percebi uma alarmante sobreposição entre meus colegas mais próximos e meus amigos mais íntimos. Seria inaceitável distinguir qualquer pessoa, mas, mesmo assim, é o que farei. Por sua amizade e seu apoio intelectual, gostaria de agradecer a Emma Duncan, Christopher Lockwood, Andrew Miller, Sophie Pedder, Simon Long, Matt Ridley (que me contratou), Johnny Grimond (o melhor editor com quem já trabalhei), Ed Lucas e Peter David. Bill Emmott, que foi editor--chefe durante a maior parte do tempo que passei na revista, era o chefe ideal: distante, vago, mas sempre encorajador e inteligente quando mais importava. John Micklethwait e Adrian Wooldridge me inspiraram de formas que só eles podem verdadeiramente entender.

Em 2006, Lionel Barber, editor do *Financial Times*, me ofereceu o melhor emprego que eu poderia esperar – comentarista-chefe de relações exteriores. No jornal, Martin Wolf, meu colega colunista, tem sido uma fantástica fonte de ideias e estímulo. John Thornhill, Lucy Kellaway, Phillip Stephens e Caroline Daniel são colegas generosos e prestativos. Em minhas viagens, tenho me beneficiado enormemente da incomparável rede de correspondentes do *FT*. Por sua expertise e hospitalidade, gostaria de agradecer a Ed Luce, em Washington, Neil Buckley e Arkady Ostrovsky, em Moscou, Jon Boone, em Cabul, Farhan Bokhari, em Islamabad, Geoff Dyer e Richard McGregor, em Pequim, Patti Waldmeir, em Xangai, Victor Mallet, em Madri, James Lamont, em Nova Délhi, David Pilling, em Hong Kong, Bertrand Benoit, em Berlim, Vincent Boland, em Istanbul, Richard Lapper, em Johannesburg, Gwen Robinson e à equipe de Tóquio, Ben Hall, em Paris, e Adam Thomson, na Cidade do México. Nos domínios ligeiramente menos distantes do departamento de pesquisa do *FT*, Peter Cheek e Bhavna Patel também são de grande ajuda.

Também gostaria de agradecer a três outros diretores que publicaram meu trabalho e me ajudaram de outras formas: David Goodhart, do *Prospect*, Moisés Naím, da *Foreign Policy*, e Alex Lennon, do *Washington Quarterly*.

A Brookings Institution, em Washington DC, foi generosa o suficiente para permitir-me acompanhar fascinantes viagens de pesquisa à China, Ucrânia e Geórgia. Gostaria de agradecer especialmente a meu colega turista estratégico, Phil Gordon, ex-chefe do Departamento de Estudos de Política Externa Americana na Brookings, excelente companheiro em viagens para a China, Índia e Paquistão. Apreciei muito sua disposição não americana de reprogramar as reuniões mais importantes para assistir futebol na televisão.

Devo agradecimentos especiais a Daniel Dombey, do *FT*, que leu todo o manuscrito deste livro e fez vários comentários devastadores, porém precisos, que certamente melhoraram o produto final. Charles Grant, do Centre for European Reform, também leu o manuscrito e me poupou de vários erros factuais e interpretativos. Mike Reid, Christopher Hum e Harold James (meu professor em Cambridge e Princeton), leram e comentaram partes do livro.

Muito antes de tornar-me jornalista, minha capacidade de pensar e escrever foi cultivada por três anos a o estudar História na Caius College, em Cambridge, onde tive a sorte de ter como professores, entre outros, Noel Malcom, Neil McKendrick e Vic Gatrell. Em 1987 e 1988, a Princeton University me nomeou pesquisador visitante do Centro de Estudos Internacionais, onde tive a sorte de acompanhar um curso extraordinário sobre a história da Guerra Fria, do professor John Lewis Gaddis.

Devo muitos agradecimentos a Sarah Chalfant, minha agente literária em Londres, e a Scott Moyers, seu colega na Wylie Agency, em Nova York. Fiquei ao mesmo tempo espantado e grato ao ver quanto tempo e energia eles estiveram dispostos a dedicar a mim. Em parte, graças ao empenho deles, acabei com editores espetaculares no Reino Unido e nos Estados Unidos. Toby Mundy, da Atlantic Books, em Londres, recebeu o projeto com entusiasmo desde o início, e seus comentários foram invariavelmente úteis e acertados. Alice Mayhew, da Simon and Schuster, em Nova York, soube quando intervir e quando deixar as coisas seguirem o próprio curso, exatamente o que se deseja de um editor. Margaret Stead, da Atlantic, e Roger Labrie, da Simon and Schuster, também foram grande fonte de incentivo e profissionalismo no decorrer de todo o processo.

Por fim, gostaria de agradecer à minha família. Minha irmã, Carla; meu irmão, Tom; minha irmã, Emily, e meus dois pares de pais: Dawn e John, e Jack e Clare. Juntos, eles me deram amor e me ensinaram a vencer uma discussão ao jantar. Meus filhos, Natasha, Joe, Nathaniel e Adam, parecem ter herdado o interesse familiar por debates e discussões, e sou (em grande parte) grato a isso. Acima de tudo, agradeço a Olivia, por seu amor, paciência e senso de humor – e por manter a casa de pé. Este livro é dedicado a ela.

Prefácio
Davos, 2009

Todo mês de janeiro, líderes políticos do mundo inteiro se reúnem em um vale montanhoso da Suíça. No Fórum Econômico Mundial, em Davos, políticos concordam em deixar suas diferenças de lado e conversar em uma linguagem comum. Reunidos em uma estação de esqui, eles reafirmam seu compromisso para com uma economia global e única. Eles se socializam animadamente com executivos de multinacionais e banqueiros de investimentos. Eles realizam campanhas para atrair investimentos estrangeiros e comércio exterior. Durante cinco dias, os líderes do mundo parecem concordar com uma narrativa sobre como o mundo funciona. Em Davos, até as mais intratáveis diferenças políticas são temporariamente encobertas pelo consenso da globalização.

Contudo, no Fórum de Davos em 2009, ficou claro que algo dera terrivelmente errado. A reunião realizou-se apenas quatro meses depois de o colapso do Lehman Brothers ter encaminhado o mundo para a maior crise financeira desde 1929. Os banqueiros internacionais, que normalmente se pavoneiam orgulhosamente no circuito de coquetéis de Davos, estavam se escondendo, enquanto suas instituições cambaleavam e o opróbrio público se acumulava. A ausência da administração Obama – presa em desesperadas negociações econômicas nos Estados Unidos – foi conspícua. Com os americanos fora do caminho, Wen Jiabao, primeiro-ministro da China, foi a estrela do show.

Em um final de tarde, um público composto dos principais homens de negócio do mundo se apinhou em uma sala de conferências para ouvir as opiniões sobre a tempestade econômica que estava se formando. Com a China como a maior exportadora do mundo e a maior compradora da dívida pública americana, o público tinha todas as razões para ouvir com atenção. Não havia nada de notadamente carismático em Wen. Homem frágil, de terno e óculos, seu estilo era o de um executivo sênior reportando-se ao conselho de administração. Entretanto, mais para o fim de sua palestra, o primeiro-ministro chinês abandonou seus modos burocráticos e adotou uma postura filosófica. Na tentativa de entender melhor a crise, disse, ele estava "relendo Adam Smith". Talvez se vangloriando um pouco, Wen observou que o livro escrito pelo economista do século XVIII que ele estava consultando era a *Teoria dos sentimentos morais* e não o muito mais conhecido *A riqueza das nações*. Para qualquer pessoa com alguma noção de história, aquele foi um momento bizarro. O líder do Partido Comunista da China estava abertamente se voltando ao fundador da economia do livre mercado em busca de orientação.

Contudo, ao mesmo tempo em que um líder comunista demonstrava apoio ao capitalismo em Davos, alguns dos líderes das principais potências capitalistas pareciam estar flertando com o comunismo. Logo após o colapso do Lehman, Nicolas Sarkozy, presidente da França, deixou-se ser fotografado lendo *Das Kapital*, de Marx, enquanto Peer Steinbruck, ministro das Finanças da Alemanha, observava que "certas partes do pensamento de Marx não são tão ruins".[1]

Essa confusão política e ideológica era compreensível. A crise financeira e econômica resultante do crash de Wall Street, em setembro de 2008, ameaçou o consenso da globalização que os líderes de todas as maiores potências do mundo tinham aceitado. O crash criou algo parecido com o pânico nos escritórios de primeiros-ministros e palácios presidenciais por todo o mundo.

Diante da mais séria turbulência econômica desde os anos 1930, os políticos, temerosos, voltaram os olhares para a política do período entreguerras. Ed Balls, ministro do governo britânico e o mais íntimo aliado de Gordon Brown, primeiro-ministro do país, observou, melancólico, logo após o encontro de Davos em 2009, que o mundo estava diante de uma crise financeira ainda mais grave do que a dos anos 1930, acrescentando: "E todos nós lembramos como a política daquela época era influenciada pela economia".[2]

Ao longo dos 12 meses seguintes, o mundo sofreu sua mais profunda recessão desde a década de 1930. No entanto, os temores de um retorno ao mundo dos anos 1930, de longas filas para a distribuição de sopa aos desempregados, extremismo político e passeatas fascistas não se materializaram.

Então tudo aquilo não passou de um sonho ruim? Uma história de terror? Seria possível retomar os negócios internacionais como eram conduzidos antes do crash de 2008?

Seria um erro acreditar nisso. O argumento deste livro é que o sistema político internacional, de fato, entrou em um período de perigoso desequilíbrio e profundas mudanças.

Ao longo dos últimos 30 anos, todas as maiores potências do mundo adotaram a "globalização" – um sistema econômico que prometia padrões de vida mais elevados no mundo todo e criou interesses em comum entre as nações mais poderosas do mundo. Na esteira da Guerra Fria, os Estados Unidos claramente assumiram a posição de potência global dominante, o que reforçou a estabilidade do sistema internacional, desencorajando outras nações a desafiá-los.

Entretanto, a crise econômica que atingiu o mundo em 2008 alterou a lógica das relações internacionais. Não é mais tão óbvio que a globalização beneficie todas as maiores potências mundiais. Não é mais claro que os Estados Unidos não enfrentam nenhum grande concorrente internacional. É cada vez mais evidente que o mundo está diante de uma variedade de problemas verdadeiramente globais – como as mudanças climáticas e a proliferação nuclear – que vêm provocando rivalidades e discórdias entre as nações. Após um longo período de cooperação internacional, a competição e a rivalidade estão retornando ao sistema internacional. Um mundo ganha-ganha está sendo substituído por um mundo soma-zero.

Tanto como indivíduos quanto como nação, os americanos começaram a questionar se a "nova ordem mundial" surgida após a Guerra Fria ainda favorece os Estados Unidos. A ascensão da Ásia é cada vez mais associada a empregos perdidos para os americanos e a um desafio ao poder americano por parte de uma China cada vez mais confiante. A crise aumentou a conscientização da vulnerabilidade econômica americana e a dependência do país de empréstimos regulares da China e do Oriente Médio. Naturalmente, mesmo após o colapso, os Estados Unidos continuam sendo o país mais poderoso do mundo – com a maior economia, a força militar mais poderosa e as melhores universidades. Mas os Estados Unidos nunca recuperarão a superioridade incontestada do "momento unipolar" que teve início com a queda da União Soviética, em 1991.

Enquanto isso, a União Europeia, o outro pilar do mundo ocidental, está passando pela crise mais séria desde sua fundação, em 1957. O progresso constante na direção de uma "união ainda mais estreita" na Europa ao longo dos últimos 50 anos se desenvolveu com base em uma lógica ganha-ganha. As nações da Europa sentiam que ficavam mais fortes e prósperas ao unir seus destinos. Criar uma moeda única e praticamente dobrar o tamanho da União entre 2000 e 2007 eram ações que se adaptavam perfeitamente à lógica da globalização. Barreiras econômicas e políticas entre nações estavam sendo derrubadas. Contudo, a ameaça de contagiosas crises de endividamento por toda a Europa tem provocado amargas recriminações na União, à medida que países como a Alemanha se preocupam com a possibilidade de serem arrastados para baixo pelos vizinhos. O processo da integração europeia ameaça cair por terra.

A lógica soma-zero, na qual o ganho de um país se parece com a perda de outro, tem levado a uma acentuada intensificação das tensões entre a China e os Estados Unidos. A lógica soma-zero está ameaçando o futuro da União Europeia, à medida que os países discordam em relação aos custos de se administrar uma moeda única. A lógica soma-zero tem impedido o mundo de chegar a um acordo significativo para combater o aquecimento global. Os Estados Unidos, a China, a União Europeia e as principais economias em desenvolvimento hesitam em dar o primeiro passo – temendo paralisar as economias nacionais e, portanto, estimular o poder e a riqueza relativa dos concorrentes. Rivalidade competitiva similar impede o mundo de encontrar soluções cooperativas para a proliferação nuclear, à medida que as principais potências tomam decisões para obter vantagens em vez de agir com determinação para combater uma ameaça em comum. A lógica soma-zero paira sobre outros grandes problemas internacionais – como a escassez de energia, alimento e água, à medida que as maiores potências mundiais lutam para assegurar recursos.

O surgimento de um mundo soma-zero desgasta as premissas-chave da política externa norte-americana desde o fim da Guerra Fria. Tanto Bill Clinton quanto George W. Bush acreditaram que era do interesse americano incentivar a ascensão de importantes novas potências, como a China, porque a globalização vinha orientando a história na direção dos Estados Unidos. Em 1999, Bush expressou com precisão a crença dominante da época ao observar que "a liberdade econômica cria hábitos de liberdade. E os hábitos de liberdade criam expectativas de democracia... O tempo e o comércio livre com os chineses estão ao nosso lado".[3] Clinton chegou a acreditar que a globalização estava mudando uma das regras mais antigas das relações internacionais: a noção de que potências em ascensão e potências tradicionais entrariam em conflito umas com as outras à medida que se digladiavam pelo poder. Posteriormente, seu conselheiro, James Steinberg, disse que o presidente "não viu que era necessário haver a concorrência inerente entre as nações. O sucesso de alguns não ameaçava os outros. A ameaça estava em seu fracasso".[4]

A crença de Clinton na possibilidade de um mundo ganha-ganha não era excentricidade pessoal. Uma das ideias políticas mais influentes no período de 30 anos entre 1978 e 2008 foi a teoria da "paz democrática". A ideia era que o capitalismo, a democracia e a tecnologia progrediriam simultaneamente – e a paz global seria o produto final. Em um mundo no qual todas as principais potências adotaram a democracia e a economia de mercado – e a globalização e a alta tecnologia uniam as pessoas –, a guerra poderia se tornar coisa do passado. O consumismo e a conectividade suplantariam os conflitos. As pessoas iriam ao McDonald's em vez de lutar umas contra as outras. Elas navegariam na internet em vez de participar de conturbadas manifestações de rua.

A noção de um mundo ganha-ganha não parecia impossível no auge da globalização, por também se tratar da Era do Otimismo em grande parte da Ásia e da União Europeia. As previsões de que o milagre chinês chegaria ao fim com o massacre de 1989 na Praça da Paz Celestial se provaram completamente incorretas. Em vez disso, o crescimento chinês foi retomado em uma velocidade ainda maior após a visita de inspeção de Deng Xiaoping pelo centro manufatureiro no sul do país, em 1992. Quase duas outras décadas de rápido crescimento econômico levaram os chineses a adotar animadamente a ideia de um mundo do tipo ganha-ganha. Hu Jintao, presidente da China, chegou a usar a expressão em uma visita a uma fábrica da Boeing nas proximidades de Seattle, em 2006, ao dizer que a "cooperação da Boeing com a China é um exemplo vívido de uma cooperação mutuamente benéfica e um resultado do tipo ganha-ganha".[5]

Em meados dos anos 1990, ficou claro que também a Índia vinha crescendo rapidamente, e a ascensão do setor indiano de TI (Tecnologia da Informação) se tornou um dos clichês da globalização. Nem mesmo a crise econômica asiática de 1997 a 1998 – que temporariamente arrasou as economias da Tailândia, Indonésia e Coreia do Sul – conseguiu mudar a ideia de que a ascensão da Ásia era inevitável. A nova classe média asiática tinha motivos para estar otimista em um nível pessoal porque, como disse Kishore Mahbubani, intelectual de Cingapura, a ascensão da Ásia envolveu "o empowerment de centenas de milhões de pessoas que antes se sentiam totalmente impotentes".[6]

Os anos de 1991 a 2008 também foram anos de esperança na Europa. A estabilidade e a prosperidade da União Europeia se provou uma atração magnética a seus vizinhos. Entre 1994 e 2007, a União mais do que dobrou de tamanho – passando de 12 a 27 membros, à medida que incorporava a maioria dos países do antigo bloco soviético, bem como alguns que permaneceram neutros durante a Guerra Fria. No momento da crise de 2008, a União Europeia tinha quase 500 milhões de cidadãos e – considerada como um todo – era a maior economia do mundo.

Em 2007, um ano antes da crise, o otimismo em relação à economia global atingiu novas alturas entre o público de Davos. Steve Forbes, editor e ex-candidato presidencial americano, exultou ao afirmar: "Este é o ano mais rico da história humana. A melhor maneira de criar riqueza é ter mercados livres e pessoas livres, e uma parcela cada vez maior do mundo está percebendo isso."[7] Naquele mesmo ano, David Hale, economista internacional (e, como Forbes, sempre presente no circuito de Davos), escreveu: "A economia mundial atualmente está vivenciando um nível de crescimento sem igual na história da humanidade." Ainda melhor, como observou Hale, essa nova explosão global era ainda mais inclusiva do que as longas expansões anteriores porque "durante os últimos 20 anos, a China, a Índia, a ex-União Soviética, o Leste Europeu e a África voltaram a participar da economia global".[8]

A crise econômica global de 2008 pôs fim a esse período de otimismo eufórico. Durante o auge da globalização – de 1978 a 2008 –, sucessivas administrações americanas se comprometeram com a ideia de que a globalização era boa para os Estados Unidos, boa para a China e boa para o mundo em geral. Mas quando o índice de desemprego americano subiu acentuadamente na esteira da Grande Recessão, essa crença começou a desmoronar nos Estados Unidos. No início de 2010, o índice básico de desemprego americano girava em torno dos 10% – mas subia para 17% se incluísse trabalhadores "desencorajados" e de meio período que prefeririam trabalhar em período integral. No encontro de Davos, em janeiro de 2010, Larry Summers, conselheiro econômico do presidente Obama, disse aos plutocratas reunidos que um em cada cinco trabalhadores americanos do sexo masculino entre 25 e 55 anos estava desempregado. Na década de 1960, 95% do mesmo grupo estava trabalhando.

Summers sugeriu que as políticas comerciais chinesas eram, em parte, culpadas pela situação – e não estava sozinho em seu diagnóstico.[9] Até economistas americanos mais populares estavam começando a culpar o "mercantilismo" chinês pela instabilidade financeira e perda de empregos nos Estados Unidos.

A retomada do crescimento econômico nos Estados Unidos em 2010 não reduz esses temores. Ela foi comprada à custa de um enorme e insustentável aumento do déficit orçamentário por parte do governo. O aumento da dívida nacional americana acentuou os temores em relação ao futuro, apesar de atenuar a crise econômica imediata.

As crescentes tensões econômicas entre Estados Unidos e China podem muito bem levar a uma acentuada intensificação do protecionismo comercial nos Estados Unidos. Isso, por sua vez, alimentará em Pequim o medo paranoico de que os Estados Unidos pretendem bloquear a ascensão da China – envenenando as relações políticas entre as duas potências do mundo e, dessa forma, desestabilizando o sistema global.

Os europeus também estão questionando os méritos da "nova ordem mundial", introduzida solenemente pela globalização. Líderes como o presidente Nicolas Sarkozy preconizam que a União Europeia (UE) proteja os europeus da "concorrência injusta" da Ásia. A União Europeia, como instituição, também está menos confiante. Todo o desenvolvimento da UE se baseou em um esforço para substituir as nocivas e sangrentas rivalidades da história europeia por uma nova lógica baseada em interesses econômicos mútuos. Contudo, após a crise de 2008, dívidas públicas cada vez maiores em países como a Grécia e a Espanha lançaram dúvidas sobre o futuro de uma das realizações das quais a Europa unida mais se orgulha – a moeda europeia única, que se concretizou no início do século XXI. Líderes gregos, pressionados pela Alemanha para cortar gastos, fizeram referências sombrias à ocupação nazista da Grécia durante a Segunda Guerra Mundial – justamente o tipo de memória terrível que a unidade europeia pretendia banir.[10]

Os líderes da Europa também passaram a se angustiar publicamente no que se refere ao declínio da importância do continente em um mundo que parece pronto para ser dominado pela Ásia e pelas Américas. Os eleitores europeus estão refletindo esse novo estado de espírito defensivo. Eles se voltaram contra a ideia de continuar a expandir a UE e estão votando cada vez mais para partidos radicais, que se posicionam contra a imigração.

Os riscos de novas tensões e conflitos internacionais são intensificados pelo surgimento de um novo conjunto de perigosos problemas econômicos e políticos globais que, se continuarem sem solução, podem provocar guerras, desastres ambientais e novos e debilitantes choques econômicos.

Quais são esses perigos? O presidente Obama apresentou um breve resumo em seu primeiro discurso geral para as Nações Unidas em setembro de 2009: "Extremistas semeando o terror em regiões remotas do mundo. Conflitos prolongados que se arrastam indefinidamente. Genocídio e atrocidades em massa. Cada vez mais nações com armas nucleares. O derretimento de geleiras e populações devastadas. Pobreza persistente e doenças pandêmicas."[11] A lista do presidente Obama era alarmante – mas estava longe de incluir todos os itens. A essa lista é possível acrescentar uma série de outros desconcertantes problemas globais: a ameaça de novas guerras comerciais e as tensões políticas internacionais resultantes; um número crescente de Estados falidos e os problemas transnacionais que isso implicaria; a luta entre nações para obter o controle de recursos naturais, mais especificamente petróleo e alimento; a força renovada de ideologias e regimes autoritários que ameaçam entrar em conflito com o mundo democrático; fluxos transnacionais de refugiados e imigrantes ilegais; o poder crescente do crime organizado internacional em locais como o México e os Bálcãs.

Mesmo se tensões entre um Ocidente ferido e uma Ásia em ascensão puderem ser contidas, o relativo enfraquecimento dos Estados Unidos reduz significativamente as chances de o mundo encontrar soluções para esses terríveis problemas internacionais. Na esteira da crise financeira, muito se falou sobre a necessidade de uma "nova Bretton Woods" – uma referência à conferência de 1944 que estabeleceu as bases para a formação do mundo no período pós-guerra. Contudo, após a Segunda Guerra Mundial, os Estados Unidos tinham poder suficiente para definir a estrutura das novas instituições do mundo – e depois se certificar de elas serem aceitas. No mundo atual, os Estados Unidos não têm o poder de impor soluções para os problemas políticos internacionais. Sem um poder dominante, multipolar, os fóruns multinacionais para negociações e discussões provavelmente serão subjugados pelas dificuldades e fracassarão – como os debates internacionais sobre as mudanças climáticas têm demonstrado. Neste novo mundo, os problemas internacionais mencionados pelo presidente Obama têm mais chances de se agravarem do que serem solucionados.

Expressões como "desequilíbrios econômicos globais", "Estados falidos" e até "proliferação nuclear" podem soar abstratas e até um tanto quanto sem brilho. Mas deixar de solucionar esses problemas ao longo da próxima década pode provocar tumulto político global. Entre os maiores riscos está o perigo de uma nova grande guerra no Oriente Médio, provocada pelo fracasso de deter o programa nuclear iraniano. A crise do endividamento na Europa ou as guerras comerciais, acionadas pela fúria americana contra o mercantilismo chinês, podem conduzir a economia mundial a uma nova e grave retração econômica. A incapacidade de estabilizar Estados falidos pode levar países como o Afeganistão e o Paquistão a mergulharem ainda mais profundamente em violenta anarquia, com perigosas consequências para o resto do mundo. No longo prazo, o fracasso de lidar com as mudanças climáticas poderia provocar a crise internacional mais grave de todas – levando a enchentes, fome, migração em massa e até a guerras.

Crises como essas acabam ameaçando o futuro de todo o planeta. No entanto, as principais potências do mundo são incapazes de lidar cooperativamente com elas. Isso ocorre porque uma economia mundial prejudicada e disfuncional e a intensificação de novas rivalidades internacionais – em particular, entre os Estados Unidos e a China – estão cada vez mais aprisionando o mundo em uma lógica soma-zero, na qual o ganho de um país parece ser a perda de outro.

Esse novo e sombrio estado de espírito internacional contrasta acentuadamente com o sonho liberal dos últimos 30 anos de um mundo mais próspero e pacífico, unido pelas inevitáveis forças da globalização e regulado por mercados e pelo poder americano.

Para compreender os dilemas enfrentados pelos líderes mundiais da atualidade, precisamos entender esse passado recente. É por isso que as duas primeiras seções deste livro são dedicadas à história internacional e intelectual dos últimos 30 anos.

Iniciar a narrativa em 1978 pode não parecer uma escolha óbvia a todos os leitores. Os americanos, em particular, tendem a considerar momentos definidores da história recente o fim da Guerra Fria e os ataques da al-Qaeda aos Estados Unidos. Uma das melhores histórias recentes da política externa dos Estados Unidos tem o subtítulo *From 11/9 to 9/11* – de 9 de novembro a 11 de setembro –, com as datas em questão marcando a queda do Muro de Berlim e o início da "guerra ao terror".[12] Mas a queda do sistema soviético e o 11 de Setembro foram parte de uma história ainda mais ampla: a criação de um sistema político e econômico mundial globalizado. Os dois eventos-chave que delimitam essa história foram a abertura da China em 1978 e o crash de 2008.

Dividi esses 30 anos em dois períodos distintos. A primeira parte do livro aborda a Era da Transformação, que teve início em 1978, e explica como e por que todas as principais potências mundiais adotaram a globalização – e como isso levou à ascensão da China e da Índia. A segunda parte se volta à Era do Otimismo, da queda da União Soviética, em 1991, até o quase colapso do sistema financeiro internacional, em 2008. Isso explica como a globalização criou um mundo ganha-ganha, que estabilizou as relações entre as nações mais poderosas do mundo. A última parte intitula-se "A Era da Ansiedade". Ela explica por que a política internacional está prestes a se tornar mais perigosa e instável – e o que pode ser feito para romper a arriscada lógica de um mundo soma-zero.

Sumário

PARTE I
A ERA DA TRANSFORMAÇÃO 1978-1991

	Introdução	3
1	China, 1978	7
2	Grã-Bretanha, 1979	14
3	Os Estados Unidos, 1980	21
4	A União Europeia, 1986	28
5	A União Soviética	35
6	Europa, 1989	43
7	América Latina, 1982-1991	50
8	Índia, 1991	57
9	A Guerra do Golfo, 1991	64

PARTE II
A ERA DO OTIMISMO 1991-2008

	Introdução	71
10	Democracia	75
11	Prosperidade	81

12	Progresso	92
13	Paz	100
14	Kishore Mahbubani e o século asiático	107
15	Europa	115
16	Os antiglobalizadores	123
17	Poder	130

PARTE III
A ERA DA ANSIEDADE

	Introdução	139
18	A crise do Ocidente	143
19	Um mundo de dificuldades	159
20	Governo global	175
21	O eixo do autoritarismo	191
22	Mundo fragmentado	206
23	O mundo soma-zero	215
24	Salvando o mundo	230
	Notas	242
	Ensaio Bibliográfico	261

PARTE I

A ERA DA TRANSFORMAÇÃO
1978-1991

Introdução

"Nenhum poder na Terra pode impedir uma ideia quando for chegada a sua hora."

MANMOHAN SINGH, MINISTRO DA
FAZENDA DA ÍNDIA, JULHO DE 1991

A Era da Transformação teve início em dezembro de 1978 em Pequim, na Terceira Plenária do encontro do Décimo Primeiro Comitê Central do Partido Comunista da China. Ela terminou na noite de Natal de 1991, quando a bandeira da União Soviética foi arriada pela última vez no Kremlin.

No fim de 1978, Deng Xiaoping estabeleceu as bases para a abertura da China e o surgimento de seu país como superpotência econômica. Por outro lado, as reformas econômicas e políticas iniciadas por Mikhail Gorbachev em meados dos anos 1980 resultaram na dissolução da União Soviética. Entretanto, apesar de os efeitos políticos internos das reformas econômicas russa e chinesa terem diferido bastante, sua importância global foi similar. No início dos anos 1980, ainda fazia sentido falar de um mundo socialista e um mundo capitalista. A Guerra Fria constituía o princípio determinante da política internacional, como fora desde 1949. Ao final da Era da Transformação, o mundo não se dividia mais em dois campos políticos e econômicos rivais. A celebração do capitalismo e da criação de riqueza parecia praticamente universal. Nos Estados Unidos, Ronald Reagan insistia: "O que quero, acima de tudo, é que este país continue sendo um país onde qualquer pessoa possa enriquecer." Na China, Deng Xiaoping concordava: "É glorioso enriquecer" – frase que ficou famosa.

Apesar de, nos livros, as delimitações do período serem apresentadas como eventos na República Popular da China e na União Soviética, as transformações entre 1978 e 1991 não se limitaram ao mundo comunista. Nos Estados Unidos e na Grã-Bretanha, a revolução promovida por Reagan e as reformas radicais de Margaret Thatcher anunciaram um ressurgimento de ideias favoráveis ao livre mercado e aos empreendimentos privados, e uma tendência a se repensar o papel do Estado. A União Europeia também promoveu notável virada na direção da economia liberal, com a decisão da criação de um mercado europeu unificado em 1986. A onda do livre mercado também varreu a América Latina e a Índia – duas partes do mundo que há muito vinham apresentando atitude desconfiada em relação à economia liberal e ao capitalismo no estilo americano.

Em meados dos anos 1980, estava claro que esses eventos estavam começando a formar um padrão global, porém, inicialmente, cada país tinha os próprios motivos específicos e locais para lançar reformas favoráveis ao livre mercado. Deng Xiaoping reagia contra a loucura destrutiva do maoísmo. Margaret Thatcher foi motivada pelo desejo de reverter décadas de declínio econômico britânico e encarregar-se internamente da militância sindical. Ronald Reagan queria reverter as "mazelas" da administração Carter e o crescimento do Estado assistencialista americano. Mikhail Gorbachev estava decidido a restaurar a economia soviética individada e engessada. A abertura e a democratização da América Latina foram estimuladas por uma crise econômica que varreu o continente em 1982. Em 1991, as reformas da Índia foram incentivadas por uma crise cambial interna.

Os Estados Unidos e a Grã-Bretanha vivenciaram profundas recessões no início dos anos 1980, mas, em meados da década, estas foram substituídas por *booms* econômicos espetaculares. A evidente e ostensiva prosperidade sendo criada em Londres e Nova York serviu para promover o poder e os benefícios das reformas favoráveis ao livre mercado – e para o setor financeiro, que atuava como auxiliar da globalização. Políticas thatcheristas, como a privatização, a desregulamentação e a redução fiscal, começaram a ser amplamente copiadas ao redor do mundo. A queda do comunismo no Leste Europeu, em 1989, também proporcionou importante lição negativa. Em 1991 não existia mais um modelo soviético a ser seguido. A abertura da economia indiana naquele ano significou que a última importante potência mundial a resistir à globalização se rendera ao sistema.

Ronald Reagan e Margaret Thatcher tinham o poder de mobilizar sólidas tradições nacionais para sustentar as ideias favoráveis ao livre mercado. Adam Smith era escocês e Milton Friedman era americano. Mas, em grande parte do resto do mundo, adotar a economia capitalista e a globalização envolvia mudanças políticas, ideológicas e até psicológicas mais radicais. Isso é particularmente verdadeiro no caso das grandes potências comunistas, que se definiam pela oposição ao capitalismo internacional. Contudo, em grandes partes do mundo em desenvolvimento, as ideias favoráveis ao livre comércio e ao investimento internacional também eram vistas com profunda desconfiança – e maculadas por memórias do colonialismo.

A adoção, por parte da China, do livre comércio com o Ocidente implicou a superação das prolongadas suspeitas que remontavam à Guerra do Ópio de 1839 a 1942 – um conflito provocado pelas tentativas chinesas de impedir a atuação dos comerciantes de ópio britânicos, que acabou em derrota humilhante e à concessão forçada, por parte da China, de privilégios comerciais para a Grã-Bretanha. As posturas latino-americana e indiana em relação a multinacionais ocidentais também foram sobrecarregadas pela pesada bagagem histórica. A Índia fora colonizada por uma multinacional – a Companhia Britânica das Índias Orientais. Em grande parte da América Latina, multinacionais americanas muitas vezes eram vistas como pouco mais do que agentes do imperialismo. Contudo, a onda do livre mercado foi tão forte nos anos 1980 que varreu grande parte dessas suspeitas históricas.

A Era da Transformação não se limitou a fatores econômicos. Ela também foi um período de mudanças drásticas na política e no equilíbrio de forças internacionais. Os anos 1980 viram notáveis avanços da democracia ao redor do mundo. Houve contagiante onda de democratização na América Latina, que atingiu a Argentina, em 1983, o Brasil, em 1985 e o Chile, em 1989. No total, 16 países da América Latina e Central instauraram democracias durante a Era da Transformação. A democracia também levou a um aumento significativo do número de Estados-satélite ocidentais na Ásia. O regime Marcos foi derrubado nas Filipinas em 1986. A Coreia do Sul se distanciou do autoritarismo quando instaurou as eleições presidenciais diretas em 1987. O mais extraordinário avanço democrático de todos ocorreu na Europa Central e Oriental em 1989, com a queda do bloco soviético e uma série de revoluções, inclusive na Polônia, Alemanha Oriental, Hungria e Tchecoslováquia.

A China resistiu de forma impressionante à onda democrática global, com a sangrenta repressão do movimento estudantil na Praça da Paz Celestial, em junho de 1989. Não fosse pelos acontecimentos na China, o movimento mundial na direção da democracia durante a Era da Transformação teria parecido tão universal quanto o movimento na direção dos livres mercados. Em 1991, com as memórias da Praça da Paz Celestial e das revoluções no Leste Europeu ainda frescas, parecia razoável presumir que seria apenas questão de tempo para a democracia triunfar também na China.

No início da Era da Transformação, os Estados Unidos passavam por uma crise de autoconfiança. No final do período, o país havia recuperado seu otimismo. Essa mudança de estado de espírito resultou, em parte, do ressurgimento da economia americana e do longo *boom* dos anos Reagan. Mas também foi resultado da transformação do cenário internacional.

Os impulsionadores da autoconfiança mais evidentes foram a queda do bloco soviético e a disseminação global das ideias econômicas e políticas liberais. Mas acontecimentos no Japão e no Oriente Médio em 1990 e 1991 intensificaram ainda mais o triunfalismo americano.

A ansiedade americana em relação aos desafios impostos pelos soviéticos diminuiu na segunda metade dos anos 1980, de forma que as preocupações relativas a um novo desafio proveniente do Japão se intensificaram. A atmosfera de temor foi representada em livros como *Sol nascente*, o romance paranoico de Michael Crichton, e em eventos simbólicos, como a compra do Rockefeller Center por investidores japoneses, em 1989. Mas o mercado de ações japonês atingiu o pico em dezembro daquele ano – e entrou em colapso em 1990. À medida que a economia do país entrou em uma longa e dolorosa queda econômica durante os anos 1990, discussões sobre um modelo japonês alternativo aos poucos foram abandonadas. O novo desafiante do domínio americano, o Japão, entrou em um longo período de estagnação econômica, justamente quando o antigo desafiante – a União Soviética – começou a se fragmentar.

O ano de 1991 marcou o fim da Era da Transformação. Uma guerra vitoriosa contra o Iraque de Saddam Hussein restaurou a crença americana no poder e na utilidade de sua força militar e "expulsou a Síndrome do Vietnã", nas palavras exultantes do presidente George H.W. Bush. Na noite de Natal de 1991, a União Soviética finalmente foi enterrada. Os Estados Unidos agora eram a única superpotência do mundo.

CAPÍTULO 1

CHINA, 1978

A contrarrevolução de Deng

A abertura da China ao mundo externo foi o primeiro, mais importante e menos notado evento da Era da Transformação.
A política de reforma e abertura inaugurada por Deng Xiaoping no fim de 1978 colocou a China – um quinto da humanidade – de volta à corrente predominante da economia e da política internacional. Essa política transformou, primeiro, os chineses e, depois, a economia global. Ao criar uma nova superpotência econômica, Deng também alterou o equilíbrio de forças globais. Para os americanos e europeus da época, o evento decisivo da Era da Transformação foi a queda da União Soviética, mas a transformação simultânea da China também estava furtivamente preparando o terreno para a ascensão de um potencial concorrente dos Estados Unidos. Na qualidade de nação mais populosa do planeta, a China era mais do que apenas outro Tigre Asiático. Lee Kuan Yew, criador da moderna Cingapura, disse isso em termos respeitosos em 1993: "Não é possível fingir que se trata apenas de outro grande participante. Estamos falando do maior participante da história da humanidade."[13]

Mesmo assim, a transformação da China em um sustentáculo do sistema capitalista global era algo praticamente inimaginável em 1978. Na época, a ascensão de Deng parecia apenas mais uma virada nas batalhas políticas operísticas da China que se seguiram ao fim da Revolução Cultural em 1976 e à morte de Mao Tsé-Tung no mesmo ano.

Deng assumiu o poder com uma idade na qual a maioria dos políticos ocidentais já estaria aposentada há um bom tempo e depois de experiências que teriam desestabilizado muitas pessoas. Ele nasceu em 1904 na província de Sichuan, de forma que já tinha bem mais de 70 anos quando assumiu a liderança política do partido. Um homem baixo, com pouco mais de 1,5m de altura, morou em Paris durante seis anos na juventude, aprendendo francês e desenvolvendo o entusiasmo pelo futebol. Deng também entrou para o Partido Comunista da China enquanto morava na França – e o resto de sua vida foi dedicado às turbulentas e sangrentas lutas políticas na China no século XX.

Ao voltar para a China, com aproximadamente 25 anos, Deng se envolveu na política revolucionária e na guerra civil chinesa que se desenvolvia. Ele participou da Grande Marcha e lutou contra os nacionalistas, ajudando na vitória comunista de 1948. Durante grande parte de sua carreira, Deng se associou à facção mais pragmática e prática do partido – e, por essa razão, foi muitas vezes desfavorecido durante períodos de fervor revolucionário. Durante a Revolução Cultural de 1967, foi marginalizado e humilhado por radicais maoístas, que o denunciaram como um "rato capitalista". Em 1973, Mao limpou seu nome, elogiando-o publicamente e permitindo que ele presidisse reuniões do Politburo e prosseguisse com as "quatro modernizações" da economia chinesa. Em 1975, contudo, Deng mais uma vez foi acusado de pragmatismo excessivo, e mais uma vez Mao se voltou contra ele. O jornal do partido, o *Diário do Povo*, descreveu Mao reclamando que Deng "não sabe nada do marxismo-leninismo".[14] Em 1976, Deng foi, mais uma vez, exonerado de todos os seus cargos oficiais.

Deng sobreviveu a tragédias pessoais além de políticas. Sua primeira esposa morreu durante parto, em 1930. Na Revolução Cultural, seu irmão mais novo foi levado ao suicídio e seu filho mais velho foi jogado de um telhado por membros radicais da Guarda Vermelha, ficando paralisado da cintura para baixo.[15]

Em 1978, ele se revelou – nas palavras de Jonathan Fenby, jornalista e historiador – "o derradeiro sobrevivente, um legalista que... se submetia a humilhantes autocríticas quando necessário; um homem cujas lealdade e capacidade não poderiam ser seriamente colocadas em dúvida, mas que sabia, em momentos de dificuldade, como acompanhar a maré".[16]

A morte de Mao, em setembro de 1976, proporcionou a Deng e a seus aliados a abertura política da qual precisavam. Deng defendeu a reforma, a modernização e o fim da sublevação revolucionária, de forma que os aliados no partido reivindicaram que seu nome fosse limpo. Em julho de 1977 ele reassumiu o cargo no comitê permanente de cinco homens de Politburo.[17]

Diante dessa oportunidade, Deng usou de sua influência no decorrer de 1978 para reabilitar outros membros do partido que, como ele, haviam sido desfavorecidos durante a Revolução Cultural e para promover suas políticas de "modernização". Em 1978, Deng defendeu que mais estudantes chineses recebessem permissão para estudar no exterior. No fim do ano, ele já estava em posição de vencer um debate político e ideológico na hoje famosa Terceira Plenária do Décimo Primeiro Comitê Central do Partido Comunista da China.

O plenário adotou oficialmente a política da "modernização socialista", mas, por trás dessa política aparentemente insípida, escondiam-se algumas mudanças com potencial revolucionário. Jonathan Spence, um dos principais historiadores ocidentais, identifica três mudanças cruciais.[18] A primeira foi a aplicação das "quatro modernizações" à indústria. De modo crucial, o plenário recomendou que a autoridade fosse "transferida da liderança aos níveis mais baixos". Os gerentes locais teriam muito mais autonomia para administrar seus negócios. Isso pode ser chamado de "desregulamentação com características chinesas". Em segundo lugar, o plenário deu mais liberdade aos camponeses chineses para abandonar o sistema de fazendas coletivas e cultivar lavouras em terrenos individuais por meio de "ocupações paralelas", como o cultivo de frutas e vegetais e a criação de animais para consumo próprio.[19] Por fim, o plenário deu o primeiro passo para se aproximar de um sistema judicial mais independente, para arbitrar o tipo de disputas que surgiriam em um "novo mundo de iniciativas comerciais locais".[20]

No papel, isso soava como um início bastante modesto e vacilante de reformas com base no mercado. A maioria das medidas que viriam a transformar a China em potência do sistema capitalista global seria implementada mais tarde. A criação das Zonas Econômicas Especiais para investidores estrangeiros, que levou a um *boom* manufatureiro no sul da China, já estava sendo levada em consideração em 1979. Mas as zonas não foram mencionadas em plenário e só foram realmente implementadas no início dos anos 1980. Outras reformas mais abrangentes – como a privatização da moradia e a reforma de indústrias de propriedade pública – só seriam implementadas mais de uma década depois.[21]

Mesmo assim, 1978 ainda marcou um momento decisivo: o verdadeiro início da era Deng e da entrada da China no caminho da modernização e da integração na economia global.

O progresso econômico foi incrivelmente rápido. Em 1985, a renda da China proveniente de exportações havia chegado aos $25 bilhões, em comparação com $10 bilhões em 1978.[22] À medida que a população rural ganhava mais liberdade, o interior enriquecia cada vez mais. Em 1978, cerca de 270 milhões de pessoas, ou 28% da população, vivia na pobreza;[23] em 1985, esse número havia caído para 97 milhões, ou menos de 10% da população.[24] As Zonas Econômicas Especiais ao longo do litoral ofereciam empregos e rendas mais altas para milhões de trabalhadores migrantes à medida que a China captava a atividade manufatureira do resto da Ásia. No início dos anos 1990, a participação chinesa no comércio internacional havia quadruplicado desde o início da era reformista. Em 1993, a China já recebia mais investimentos diretos estrangeiros do que qualquer outro país do mundo.[25] Em 2008 – quando a crise financeira global atingiu o mundo –, a China era indiscutivelmente o maior polo industrial do globo, prestes a se tornar o maior exportador do planeta, detendo as maiores reservas estrangeiras do mundo.

Considerando a importância dos acontecimentos do fim dos anos 1970 e início dos anos 1980, os analistas estrangeiros – em retrospecto – foram relativamente lentos para compreender o que se passava. Christopher Hum, na época um jovem diplomata britânico em Pequim (tendo retornado mais tarde como embaixador), diz que, em 1978 e 1979, a comunidade diplomática estava muito mais preocupada com a breve intensificação da liberdade política e de expressão na China, associada ao "Muro da Democracia" em Pequim.[26] O julgamento da Gangue dos Quatro em 1980 e a derrocada da esposa de Mao, Jiang Qing, proporcionaram outras distrações. A revista *Time* foi visionária o suficiente para nomear Deng o "Homem do Ano" em 1978, observando que determinadas reformas que ele defendia "algumas vezes pareciam levantar suspeitas de conduzir ao capitalismo". Mesmo assim, a revista concluiu: "Levará muito tempo antes de Pequim se unir a Washington e Moscou como a capital de uma potência global de primeira categoria."[27]

Como parte de sua política de abertura ao mundo externo, Deng se determinou a transformar as relações com o Ocidente. As reformas econômicas de

1978 coincidiram com a regularização das relações diplomáticas chinesas com os Estados Unidos. No início de 1979, Deng visitou os Estados Unidos, divertindo a multidão ao usar um enorme chapéu de vaqueiro em Houston. De modo menos divertido, a China invadiu o Vietnã no final de 1979.

Esses acontecimentos políticos e internacionais foram mais dramáticos e chamativos do que as reformas aparentemente técnicas na agricultura e nos investimentos estrangeiros. Talvez como resultado disso, os líderes ocidentais levaram um bom tempo para perceber a velocidade e a escala da transformação chinesa. As biografias de Margaret Thatcher e de Ronald Reagan demonstram interesse imediato e entusiamado pelas reformas de Mikhail Gorbachev na União Soviética, mas a transformação econômica da China mal foi mencionada. Todas as referências de Thatcher à China dizem respeito às tortuosas negociações para a devolução da colônia britânica de Hong Kong. Escrevendo em 1990, Reagan observou que, em 1984, Donald Regan, seu secretário do Tesouro, havia "voltado de uma viagem a Pequim com um relato intrigante: a República Popular da China estava se aproximando lenta, porém seguramente, de um mercado de livre iniciativa e atraindo investimentos de capitalistas estrangeiros".[28] Mas – como Thatcher – Reagan justificadamente estava mais concentrado no fim da Guerra Fria do que na transformação econômica da China.

Existe outra explicação possível para os ocidentais levarem tanto tempo para perceber a importância dos planos de Deng. Alguns analistas argumentam, em retrospecto, que a importância das reformas de 1978 foram exageradas e mistificadas por um Partido Comunista da China desejoso de criar uma nova e heroica narrativa para desviar a atenção de desconcertantes questões políticas – em particular, a sangrenta repressão do movimento democrático chinês em 1989.[29] As pessoas que queriam desmistificar as reformas de 1978 promovidas por Deng usavam vários argumentos. Havia ênfase hesitante na reforma econômica desde a morte de Mao, em 1976. O papel de Zhao Ziyang, primeiro ministro de Deng entre 1980 e 1987, na promoção das reformas também era subestimado. Zhao era secretário-geral do Partido Comunista durante as demonstrações na Praça da Paz Celestial em 1989, mas foi expulso da liderança política e submetido à prisão domiciliar por ser favorável demais ao movimento democrático.

James Kynge, autor de um dos melhores relatos recentes da ascensão da China, joga um balde de água fria na ideia de que Deng tinha alguma espécie de plano mestre para a reforma econômica em 1978. Ele observa que o incentivo imediato para a reforma foi uma escassez de capital e uma "crise de pagamentos".[30] Kynge argumenta que muitas das reformas econômicas mais importantes dos anos 1980 foram iniciadas localmente, por camponeses ou pequenas empresas, e incentivadas por oficiais do governo local que, na verdade, estavam ignorando as diretrizes de Pequim. Ele acredita que "a contribuição de Deng não foi o fato de ele ter concebido todas as estratégias que preparariam o terreno para a decolagem econômica da China, mas o fato de ele estar disposto a seguir qualquer fórmula simples que parecesse levar ao crescimento que o país precisava tão desesperadamente".[31] O próprio Deng poderia ter intimamente concordado com esse veredito. Ele notoriamente descreveu seu método como "atravessar o rio apalpando as pedras".

Entretanto, esse tipo de atitude prática e serena representou, na verdade, enorme contribuição para o desenvolvimento da China. A história da China sob o domínio comunista foi, em grande parte, uma história trágica do triunfo da ideologia e do fanatismo sobre o bom-senso e a compaixão. Os resultados foram o definhamento em massa do "Grande Salto Adiante" e do terror e da destruição da Revolução Cultural.

Deng libertou a China da tirania da ideologia centralmente imposta. Quase todas as suas declarações mais famosas sobre política e economia são expressões de pragmatismo. Talvez sua observação citada com mais frequência seja: "Não importa se o gato é preto ou branco, contanto que ele pegue os ratos." Em 1978, ele justificou o abandono do marxismo ortodoxo ao dizer ao partido: "Engels nunca voou em um avião. Stalin nunca usou poliéster."[32] Deng não via virtude alguma na aceitação hipócrita da pobreza. "Pobreza não é comunismo" foi outra de suas frases bastante citadas.

O pragmatismo de Deng significava que ele estava mais do que disposto a aprender com o mundo externo. Ele rejeitava tanto a pureza socialista dos membros do partido que queriam evitar ser maculados pelo mundo capitalista quanto a "mentalidade do Império do Centro" dos nacionalistas chineses. Uma de suas primeiras manobras reformistas foi a pressão para permitir que mais estudantes chineses estudassem no exterior. Como ele observou: "Nenhum país do mundo, independentemente de sistema político, conseguiu ser modernizado com uma política de portas fechadas."[33]

Deng abriu a China à educação, ao comércio, ao investimento e à tecnologia estrangeiras. Suas decisões significavam que a história da modernização da economia chinesa estava inextricavelmente ligada à história da globalização.

No entanto, o encaminhamento chinês para a globalização também apresentava um desafio aos teóricos liberais no Ocidente. Em 1989, parecia que a última peça do quebra-cabeça – a liberalização política – estava prestes a ser colocada no lugar. O Leste Europeu se mostrava agitado e as reformas de Gorbachev abriram o sistema soviético. Uma visita do líder soviético a Pequim em maio de 1989 ajudou a radicalizar ainda mais o movimento democrático na China e a empurrar o sistema comunista chinês na direção da crise. Os estudantes na Praça da Paz Celestial também se voltaram para o Ocidente em busca de inspiração – notoriamente construindo uma réplica da Estátua da Liberdade.

No entanto, enquanto os regimes comunistas do Leste Europeu se provavam dispostos a abrir mão do poder pacificamente, Deng Xiaoping demonstrava que seu pragmatismo também tinha um lado violento e implacável. No dia 4 de junho ele enviou tanques à Praça da Paz Celestial e esmagou o movimento estudantil. Acredita-se que milhares de pessoas morreram em Pequim e por todo o país.

A reação ocidental ao incidente da Praça da Paz Celestial foi uma estranha mistura de horror e complacência: horror diante do banho de sangue e também uma percepção complacente de que a China, mais cedo ou mais tarde, precisaria adotar a democracia. O governo chinês vencera uma batalha contra a invasão do mundo por parte do movimento democrático, mas não conseguiria vencer a guerra. Segundo a teoria liberal popular, em última instância, a liberdade econômica e a liberdade política andavam lado a lado. A China não poderia resistir ao sistema para sempre.

CAPÍTULO 2

Grã-Bretanha, 1979
O thatcherismo

Margaret Thatcher acreditava na criação de riqueza, e não na redistribuição da riqueza. Ela acreditava no individual, não no coletivo. Ela acreditava no setor privado, não no setor público. Ela foi a defensora do pequeno empreendedor e do pequeno comerciante, não do líder sindical ou do funcionário público de alto escalão. Ela estava decidida a combater a burocracia, reduzir a regulamentação e os impostos. Ela acreditava no mercado, não no Estado. Uma de suas declarações mais famosas e expressivas foi: "Não é possível resistir ao mercado"[34] – uma frase que, acima de tudo, resume a tendência ideológica global de 1978 até o colapso do Lehman Brothers, em 2008.

Thatcher teve a oportunidade de promover tamanhas mudanças porque, no fim dos anos 1970, a Grã-Bretanha estava tomada por uma intensa percepção de declínio nacional. Foi uma característica da Era da Transformação que, em um país após o outro, as reformas favoráveis ao livre mercado foram promovidas em um contexto de crise econômica nacional. Em países como a China, a Índia e o Brasil, a escassez de dinheiro foi uma experiência salutar: a crise das finanças públicas provocou uma reforma econômica.

A Grã-Bretanha teve a própria versão dessa dolorosa experiência. O espetáculo do Reino Unido abaixando a cabeça para pedir empréstimos ao Fundo Monetário Internacional em 1976 cristalizou o sentimento de humilhação e declínio nacional. Ao longo dos anos 1970, os governos britânicos buscaram controlar a militância sindical e fracassaram nessa empreitada. Era cada vez mais comum argumentar que o país fora sequestrado pelos sindicatos – que pareciam capazes de cortar o abastecimento de eletricidade e deixar os mortos sem serem cremados enquanto se engajavam em suas disputas.

Quando criança, em Londres, nos anos 1970, eu achava um tanto quanto empolgante crescer em um mundo de cortes de energia e badernas urbanas, mas os adultos em idade eleitoral consideravam o clima de perpétua crise nacional muito menos aceitável. A vitória de Thatcher nas eleições de maio de 1979 foi garantida pela miséria do "inverno do descontentamento", de 1978 a 1979 – uma série de duros golpes que alimentaram o sentimento de desconforto nacional por parte dos britânicos.

No período que antecedeu sua nomeação, no dia 4 de maio de 1979, tanto Thatcher quanto o primeiro-ministro que ela substituiria, James Callaghan, sentiam que uma mudança monumental estava prestes a ocorrer. "Existem momentos, talvez uma vez a cada 30 anos, nos quais um mar de mudanças ocorre na política", observou Callaghan. "Nesses momentos, não faz diferença o que você diz ou faz."[35] A reflexão de Callaghan foi notadamente visionária. Ele previu não apenas sua derrota por Margaret Thatcher como também o início de um novo ciclo na política e estimou, com precisão, quanto tempo esse ciclo duraria: 30 anos. A própria Thatcher mais tarde lembraria: "O povo britânico desistiu do socialismo. O experimento de 30 anos claramente fracassou e eles estavam prontos para tentar algo diferente."[36]

Thatcher, eleita aos 53 anos, foi a primeira mulher a ocupar o cargo de primeira-ministra na Grã-Bretanha. Mas ela foi extraordinária por razões que se estenderam muito além do fato de ser mulher. Ela foi a líder de um Partido Conservador que valorizava o consenso amigável nos mais altos escalões do governo, a paz social em vez do confronto, aliado a um espírito aristocrático de *noblesse oblige*. Contudo, Thatcher era uma política obstinada, decidida a destruir inimigos ideológicos e políticos, independentemente de se encontrarem no movimento sindical ou em seu próprio partido.

A força de suas visões e de sua linguagem eram impressionantes para muitos membros do grupo dominante britânico. Em 1978, ela disse a Sir Anthony Parsons, proeminente diplomata britânico, que considerava "desleais, traidores" os colegas conservadores que acreditavam na política consensual.[37] Ela censurou Jim Prior, membro de seu primeiro gabinete, por apresentar postura típica dos "calculistas políticos", que "veem como tarefa dos conservadores recuar graciosamente diante do avanço inevitável da esquerda".[38] Quando confrontou mineradores em greve em meados dos anos 1980, ela descreveu seus líderes como a "esquerda fascista".[39]

Thatcher estava decidida a não aceitar o argumento de que a tarefa de um líder da Grã-Bretanha pós-imperial era "a administração organizada do declínio". Sob sua liderança, tanto o Partido Conservador quanto a Grã-Bretanha assumiriam a ofensiva.

Diferentemente de seu aliado político, o calmo Ronald Reagan, Thatcher era feroz e muitas vezes intimidadora em seu gabinete. No entanto, alguns de seus colegas mais tarde passaram a aceitar o fato de que, na posição de uma reformista radical com muitos colegas relutantes, ela fora forçada a intimidar e oprimir. John Campbell, seu biógrafo, sugere que "seus modos agressivos" poderiam ter sido "a única forma de a senhora Thatcher, por ser mulher, poder ter consolidado sua autoridade nas circunstâncias de 1979 a 1981".[40] Entretanto, apesar de Thatcher poder ter sido brutal com os colegas políticos, estrangeiros e funcionários públicos, ela era famosa pela gentileza e devoção a sua equipe.

Historiadores e cientistas políticos ainda discutem quanto do programa político que passou a ser conhecido como o "thatcherismo" realmente havia sido planejado e ponderado quando ela assumiu o cargo, em 1979. Desde meados dos anos 1970, Thatcher e alguns de seus colegas mais próximos, em particular sua alma gêmea intelectual, o futuro secretário da Educação, Sir Keith Joseph, ficaram intrigados com as ideias econômicas de Milton Friedman, ganhador do Prêmio Nobel de Economia em 1976 – um ano após Thatcher ter se tornado a líder tóri. Thatcher e Joseph estavam convencidos da necessidade de confrontar os sindicatos e combater a inflação, mas os céticos observam que algumas das políticas que caracterizaram seu governo, em particular a privatização, foram pouco mencionadas nas propostas eleitorais de 1979.

As preferências filosóficas de Thatcher e sua poderosa personalidade, contudo, se evidenciaram desde o início. Todas as suas políticas mais importantes se baseavam na crença fundamental no governo mínimo: cortes tributários, privatização, desregulamentação, combate à inflação e ao poder dos sindicatos. Todas visavam enfraquecer o Estado e incentivar o empreendimento privado.

Uma de suas primeiras ações como primeira-ministra foi adotar as ideias e os métodos do mercado, reduzindo os controles cambiais, permitindo a entrada e saída livres da moeda na Grã-Bretanha. Foi uma manobra ousada, que seu secretário do Tesouro, Geoffrey Howe, comparou a jogar-se em um abismo só para ver o que aconteceria.[41]

A remoção dos controles cambiais, em 1979, por parte do governo Thatcher foi amplamente imitada ao redor do mundo, de forma que foi crucial para a maior mobilidade de capital internacional, que fundamentou a globalização. Como observa o historiador Harold James, essa liberalização dos fluxos de capital significou que "as questões econômicas se globalizaram – em outras palavras, ficou ainda mais difícil para as autoridades nacionais controlarem-nas".[42]

Em 1981, três das políticas que caracterizaram o governo Thatcher já estavam implementadas: a abolição dos controles cambiais, os cortes na tributação direta e as manobras para reduzir o poder dos sindicatos. A Grã-Bretanha estava em meio a uma profunda recessão e a indústria manufatureira vinha sofrendo terrivelmente, mas as bases para um *boom* na Cidade de Londres haviam sido estabelecidas.

Em 1982, a LIFFE (London International Financial Futures and Options Exchange), o mercado de derivados e matérias-primas, foi aberta em Londres. Em 1986, o governo Thatcher forçou o "Big Bang" da desregulamentação financeira em Londres, que, como sugere Andrew Marr, "pode ser a mudança mais significativa de toda a era Thatcher".[43] O impetuoso operador de mercado de Londres, ao lado do minerador em greve, se tornou uma das figuras emblemáticas da era Thatcher.

A própria Thatcher soava vacilante em relação à onda de consumo excessivo na capital. Ela nunca se livrou totalmente de suas origens metodistas e talvez também tenha sentido que o eleitorado desaprovava os "*wide boys*", pessoas envolvidas em atividades inescrupulosas que tomavam champagne aos borbotões e dirigiam Porsches por Londres. Em 1985, ela observou, com cautela: "Os mais altos salários do mercado de Londres são de tirar o fôlego de tão altos."[44] Os analistas conservadores, ao contrário da própria primeira-ministra, eram menos hesitantes. Simon Jenkins, ex-editor do *The Times* e influente colunista, escreveu, em tom aprovativo, em 1987: "Os jovens de Londres têm atuado como a guarda avançada da atrasada revolução capitalista britânica."[45]

Entretanto, apesar de os operadores de mercado da capital serem os beneficiários mais ostensivos da era Thatcher, os benefícios foram muito mais amplos. Entre 1979 e 1987, a Grã-Bretanha teve aumento de 21% na renda real média. Thatcher incentivou a casa própria ao liquidar casas subsidiadas por fundos públicos. Entre 1985 e 1989, os preços dos imóveis dobraram na Grã-Bretanha – antes da inevitável queda, quando as taxas de juros decolaram no início dos anos 1990.

O *boom* na capital e nos subúrbios de classe média do sudeste da Inglaterra mudaram a atmosfera intelectual na Grã-Bretanha. Quando eu era estudante na Cambridge University, no início dos anos 1980, parecia que toda a energia intelectual e a autoconfiança estavam no direitismo. A esquerda estudantil e acadêmica, que fora uma força poderosa nos anos 1960 e 1970, estava superada e abandonada. Alguns poucos estudantes esquerdistas chacoalhavam latas, coletando dinheiro para os mineradores em greve, mas o espírito da época parecia ser representado com mais precisão pelos bailes cada vez mais extravagantes, nos quais os estudantes desfilavam com roupas formais, mais se parecendo coadjuvantes do romance *Memórias de Brideshead*, de Evelyn Waugh. O estilo "Brideshead", com sua celebração do desperdício aristocrático, ganhou novo fôlego depois que o livro de Waugh foi transformado em série de televisão, em 1981.

O *boom* na capital britânica, contudo, representou apenas um aspecto da era Thatcher. A desindustrialização de grande parte do norte da Grã-Bretanha foi o outro lado da moeda, levando a um grande nível de desemprego em setores tradicionais, como mineração, metalurgia, transporte e manufatura. O contraste entre o crescimento no Sul e o declínio no Norte se tornou tema de muitos dos filmes britânicos de grande sucesso sobre a era Thatcher, como "Billy Elliot" e "Ou tudo ou nada".

O governo Thatcher teve início com um violento combate à inflação, o que provocou profunda recessão e aumento do desemprego. Em 1981, o governo estava diante de crescente desemprego, do maior declínio da produção industrial desde 1921, de agitações urbanas e denúncia do orçamento por 364 dos economistas mais respeitados da Grã-Bretanha (incluindo 5 ex-conselheiros econômicos do governo), que escreveram para o *The Times* argumentando que as políticas de Thatcher "aprofundarão a depressão, desgastarão a base industrial de nossa economia e ameaçarão a estabilidade social e política".[46] O primeiro-ministro tóri anterior, Edward Heath, havia abrandado suas políticas em resposta à agitação no setor industrial, mas a determinação de Thatcher consolidou sua reputação como a "Dama de Ferro" – apelido que lhe foi inicialmente conferido pela União Soviética, em 1977.

O início de uma revitalização econômica e de enorme desordem no Partido Trabalhista, da oposição, poderia ter bastado para garantir a reeleição de Thatcher, mas foi o "fator Malvinas" – a vitória em uma guerra contra a Argentina no Atlântico Sul, depois que a Argentina invadiu as Ilhas Malvinas em 1982 – que tornou inevitável a reeleição de Thatcher, no ano seguinte. A própria Thatcher traçou uma relação direta entre a vitória nas Ilhas Malvinas e o programa econômico britânico interno. Em julho de 1982, ela proclamou, vitoriosa: "Não somos mais uma nação que recua. Em vez disso, temos uma recém-descoberta confiança, nascida nas batalhas econômicas internas, e que se sustentou a 13.000km daqui."[47]

Incentivada pela reeleição, em 1983, Thatcher prosseguiu com políticas que viriam a definir sua era. Uma amarga disputa de um ano com sindicatos de mineradores ajudou a reduzir o poder sindical que havia debilitado sucessivos governos britânicos nos anos 1970.

A privatização de empresas públicas, como a British Airways, a British Telecom, a British Gas, a British Aerospace e a Rolls-Royce, ampliou o *shareholding*, proporcionou um novo impulso a Londres e foi, em geral, percebida como uma ação que aumentou a eficiência da economia. Isso também deu ao mundo uma nova abordagem à política industrial e uma nova palavra – "privatização".

O governo Thatcher reduzira a alíquota tributária máxima de 83% para 60% logo após assumir o poder e a alíquota tributária básica de 33% para 30%. Em 1988, Nigel Lawson, seu secretário do Tesouro reformista, reduziu novamente a alíquota tributária máxima para 40% – provocando, literalmente, gritos furiosos da oposição na Câmara dos Comuns.

No fim dos anos 1980, o sucesso do thatcherismo na Grã-Bretanha estava provocando amplo interesse internacional e vinha sendo bastante imitado. Dois dos conselheiros de Thatcher publicaram um livro com o exuberante título *Privatizing the World*. A crença de Thatcher de que "o Estado não deve interferir nos negócios" estava se tornando crença global no fim da década.

A própria Thatcher se tornou cada vez mais ciente disso e orgulhosa de sua reputação internacional. Ela exultou, dizendo: "As pessoas não estão mais preocupadas em pegar a doença britânica. Agora elas fazem fila para obter a nova cura britânica."[48] De forma ainda mais grandiloquente, ela afirmou, já em 1982, que a Grã-Bretanha estava "ensinando as nações do mundo a viver".[49] Em uma visita como primeira-ministra à Rússia de Mikhail Gorbachev, em 1990, ela observou ironicamente que o novo prefeito de Moscou parecia ser discípulo do guru econômico britânico, Milton Friedman.[50] Em sua biografia, ela se vangloriou, ao afirmar: "A Grã-Bretanha sob o meu governo foi o primeiro país a reverter o progresso do socialismo."⁵¹

No fim de seu governo, Thatcher estava cada vez mais preocupada com a possibilidade de a União Europeia ameaçar suas políticas favoráveis ao livre mercado na Grã-Bretanha. Ela, por sua vez, não fazia segredo de sua admiração pelos Estados Unidos, em geral, e por Ronald Reagan, em particular. Ronnie Miller, que ajudava a elaborar seus discursos, observou: "Ela adorava a América... e a América a adorava de volta."⁵² John Campbell, seu biógrafo, acredita que "parte dela realmente gostaria de ter sido americana".⁵³

Quando o bloco soviético começou a se desfazer, a parceria entre Thatcher e Reagan assumiu importância global. Thatcher não estava exagerando muito quando escreveu, em sua biografia: "O sistema ocidental de liberdade, que Ronald Reagan e eu personificamos no bloco oriental, estava cada vez mais em ascensão; o sistema soviético revelava suas rachaduras."⁵⁴

Apesar de o apoio da democracia no Leste Europeu por parte de Thatcher e Reagan se encaixar em uma narrativa na qual o progresso da liberdade econômica e política no decorrer dos anos 1980 foi essencialmente inseparável, em outras áreas a situação era mais complicada. As exigências da Guerra Fria e a admiração de Thatcher pelo capitalismo e sua aversão ao socialismo significavam que ela mantinha relações cordiais com alguns ditadores de direita e criticava alguns autênticos combatentes da liberdade. Thatcher notoriamente se referiu ao Congresso Nacional Africano de Nelson Mandela como uma organização "terrorista", e sua biografia incluiu referências cordiais a ditadores como Suharto, da Indonésia, e o general Augusto Pinochet, do Chile.

No entanto, apesar de Thatcher ter exagerado a extensão na qual ela e Ronald Reagan sempre representaram a "liberdade", não há dúvidas a respeito da potência e importância da parceria transatlântica entre os dois e da promoção dos livres mercados por parte deles. Ao lado de Mikhail Gorbachev e Deng Xiaoping, Thatcher e Reagan foram as figuras dominantes da Era da Transformação.

CAPÍTULO 3

Os Estados Unidos, 1980
A Revolução Reagan

Todos os novos presidentes americanos buscam transmitir o espírito da época em seus discursos de posse. Ronald Reagan conseguiu fazer isso com mais sucesso do que a maioria quando, voltado para oeste, atrás do prédio do Capitólio, em janeiro de 1981, proclamou: "Na atual crise, o governo não é a solução para nossos problemas, o governo é o problema."

Assim que concluiu o discurso e antes de sair para almoçar com os membros do Congresso, Reagan fez uma pausa e realizou seu primeiro ato oficial como presidente. Como ele mais tarde escreveu: "Assinei uma ordem executiva removendo os controles de preços do petróleo e da gasolina; minha primeira iniciativa para libertar a economia da regulamentação excessiva do governo."[55]

Ronald Reagan vinha pregando o conservadorismo do governo mínimo durante décadas, mas foi só nas eleições presidenciais de 1980, quando ele estava com quase 70 anos, que os Estados Unidos finalmente pareciam estar prontos para a mensagem. O país se voltou a Reagan, como relata a revista *Time*, por estar "cansado da enorme e obstruída máquina federal; cansado de estar falido; cansado de programas inúteis, criminalidade, desperdício, culpa; sem mencionar a vergonha aos olhos do mundo".[56]

Como Margaret Thatcher na Grã-Bretanha, Reagan assumiu o poder decidido a reverter o que via como tendência histórica e debilitante na direção de um governo cada vez mais intrusivo. Thatcher se voltava contra o que ela considerava um consenso socialista que havia reinado na Grã-Bretanha desde o fim da Segunda Guerra Mundial. Reagan, que tinha chegado a apoiar o New Deal de Franklin Roosevelt, nos anos 1930, afirmou acreditar que o processo de deterioração se estabeleceu com os programa sociais da Grande Sociedade de Lyndon Johnson nos anos 1960 – apesar de alguns críticos reconhecerem que seu verdadeiro alvo era o próprio New Deal.[57]

Tanto Reagan quanto Thatcher se viam engajados em uma cruzada moral além de econômica, e as reformas que eles tentaram implementar eram notadamente similares. Durante o primeiro mandato, Reagan reduziu impostos. Ele promoveu a desregulamentação, incentivou a redução do Estado assistencialista, atacou o poder sindical e combateu a inflação.

Como uma estrela de Hollywood, Reagan vivenciou alíquotas tributárias marginais máximas de 94%. Como presidente, ele se determinou a "reduzir as alíquotas do imposto de renda federal de cima a baixo".[58] Nos seis meses após assumir o poder, ele havia implementado uma nova legislação, ao reduzir a alíquota tributária máxima de 70% para 50%. A medida foi aclamada por seus aliados como "a maior redução tributária da história americana".[59] O Tax Reform Act (Lei de Reforma Tributária) de 1986 elevou as isenções pessoais, garantindo que os 6 milhões de americanos mais pobres não precisassem pagar imposto de renda. A medida também reduziu ainda mais a alíquota tributária marginal dos mais ricos – de 50% para 28% – reduzindo-a a menos da metade do nível de quando Reagan assumiu o cargo. Os impostos de pessoas jurídicas foram cortados de 48% para 34%.

Os liberais reclamavam que os pobres eram forçados a pagar por esses cortes e que um Estado previdenciário estava sendo substituído por uma "economia do transbordamento".* Sean Wilentz, historiador do período, lamenta: "Importantes programas sociais para os destituídos e carentes – assistência pública, auxílio-alimentação, merenda escolar, programas de qualificação profissional, pagamentos por invalidez da previdência social – haviam sido retalhados".[60] Já os conservadores ainda se recordam desse ataque ao Estado assistencialista como o ponto alto da era Reagan. Em 2009, Christopher DeMuth, diretor do American Enterprise Institute, um importante catalisador de ideias conserva-

---

*Nota da Tradutora: No original, *trickle-down economics*, teoria segundo a qual a melhor maneira de ajudar os pobres é dar dinheiro aos ricos, já que os benefícios acabam por "transbordar para os pobres".

doras em Washington DC, identificou a contenção dos gastos internos como um dos quatro elementos-chave do governo Reagan: os outros foram reduções tributárias, "dinheiro estável" (baixa inflação) e desregulamentação.[61]

Com efeito, a desregulamentação, por parte de Reagan, dos controles de preços nas indústrias de petróleo e gasolina em seu primeiro dia no cargo foi só o começo. No mesmo dia ele impôs um congelamento salarial em todos os órgãos federais. No dia seguinte, ele aboliu o Council on Wage and Price Stability.[62] A tendência à desregulamentação provocou controvérsias ao ser estendida também à legislação ambiental e ao setor financeiro.[63]

O novo presidente também enfrentou rapidamente os sindicatos. No verão de 1981, cerca de sete meses depois de assumir o cargo, Reagan confrontou controladores de tráfego aéreo em uma disputa que abalou enormemente o transporte aéreo pelo país. (Eu me lembro bem disso. Como estudante, aos 18 anos, fiquei preso no Aeroporto JFK tentando voltar à Grã-Bretanha para meu primeiro semestre na universidade.) Reagan ordenou que os controladores de tráfego aéreo em greve voltassem ao trabalho. Quando eles se recusaram a entrar na linha, ele ordenou que fossem demitidos e substituídos por militares realocados. A resistência sindical e o próprio sindicato acabaram desmoronando.[64]

O ataque à inflação foi engendrado por Paul Volcker, do Fed (Federal Reserve – o Banco Central dos Estados Unidos). Volcker havia sido nomeado por Jimmy Carter em 1979. Ele estava decidido a erradicar a inflação de dois dígitos por meio da redução da oferta monetária. E deu certo. A inflação caiu de mais de 13% a um pouco mais de 6% em 1982. Mas isso também implicou um alto preço a ser pago. O desemprego decolou para 9,7% em 1982, o maior índice desde os anos 1930.[65]

A narrativa da "revolução Reagan" (como seus aliados rapidamente a apelidaram) foi muito similar à história do thatcherismo na Grã-Bretanha. Houve profunda e alarmante recessão, a qual provocou danos especialmente na indústria manufatureira. Mas os dois líderes eram políticos obstinados, que mantinham suas opiniões enquanto alguns de seus seguidores menos corajosos ("fracotes", como Thatcher os chamava desdenhosamente) vacilavam. Thatcher insistiu que não mudaria de ideia. Reagan estava decidido a perseverar, apesar de ter observado laconicamente, em sua biografia: "A revitalização levou um pouco mais de tempo do que eu esperava."[66]

Quando a recuperação ocorreu nos Estados Unidos, ela foi longa e sustentada, ajudada por preços mais baixos do petróleo. Quando Reagan assumiu o poder, em 1981, a inflação era, em média, de 12% e as taxas de juros tinham decolado temporariamente para mais de 20%. Quando ele deixou a presidência, oito anos mais tarde, a inflação era de 4,4% e as taxas de juros estavam abaixo dos 10%. O desemprego também havia caído de 7,2% para 5,5%, em 1988.[67] Os anos Reagan após 1982 foram marcados pela mais longa expansão econômica em tempos de paz da história americana.[68] Cerca de 20 milhões de novos empregos foram criados entre 1983 e 1989 e o crescimento econômico atingiu uma média bastante saudável de 3,5% ao ano.[69] Contudo, os anos Reagan também foram marcados por um acentuado crescimento da desigualdade de renda. A longa tendência na direção de uma América mais igualitária, que havia tido início depois dos Roaring Twenties, os felizes anos 1920, foi revertida. Como observa Robert Wade, da London School of Economics, em 1980, quando Reagan assumiu a presidência, o 1% mais rico dos americanos recebeu cerca de 9% do PIB do país. Em 2006, o 1% mais rico já devorava 23% da riqueza nacional.[70]

Nos Estados Unidos e no Reino Unido, o sucesso das reformas favoráveis ao livre mercado promovidas nos anos 1980 foi estreitamente associado a um *boom* no setor de serviços financeiros, que rapidamente se refletiu no preço dos imóveis residenciais e na cultura popular. Nos Estados Unidos, esse *boom* foi representado no filme "Wall Street", no slogan "a ganância é uma coisa boa", e no romance de Tom Wolfe, *A fogueira das vaidades*. O Dow Jones Industrial Average, que estava com 950 pontos no dia em que Reagan assumiu a presidência, atingiu pico de mais de 2.700 pontos em agosto de 1987 – antes da crise da bolsa de valores, em outubro daquele ano.[71]

Alguns dos críticos esquerdistas de Reagan nunca aceitaram o sucesso de suas políticas econômicas. Eles as viam como um artifício cruel, abastecido por cortes tributários insustentáveis e déficits públicos, e irremediavelmente tendendo à direção dos mais ricos. No entanto, apesar de Reagan nunca ter vencido a batalha da academia, ele foi justificado da maneira que mais importa aos políticos – com o sucesso nas eleições. Em 1984, ele voltou a fazer aos americanos a pergunta que havia levantado durante as eleições presidenciais de 1980: "Você está em melhor situação agora do que quatro anos atrás?" A resposta foi um ressoante sim, o que lhe rendeu uma arrebatadora vitória na reeleição. Tanto nos Estados Unidos quanto no Reino Unido, conservadores exultavam com a descoberta de uma poderosa fórmula política para ganhar os votos do eleitorado operário – uma combinação de impostos mais baixos, conservadorismo social, capitalismo popular e patriotismo. Nos Estados Unidos, esses eleitores foram chamados de "Democratas de Reagan"; no Reino Unido, eles foram rotulados de "homem de Essex", em homenagem ao distrito operário nas proximidades de Londres.

Reagan e Thatcher também tinham uma perspectiva em comum do mundo. Os dois desconfiavam da *détente* e os dois estavam decididos a assumir postura mais rigorosa em relação à União Soviética. Os dois líderes reconheciam um ao outro como semelhantes. Reagan se reuniu com Thatcher pela primeira vez no fim dos anos 1970, quando ela liderava a oposição britânica e ele estava entre suas duas candidaturas para a presidência. Ele lembra, em sua autobiografia: "Eu planejava passar apenas alguns minutos com Margaret Thatcher, mas acabamos conversando durante mais de duas horas. Ficou claro, desde nossas primeiras palavras, que éramos almas gêmeas no que se tratava de reduzir o governo e expandir a liberdade econômica."[72]

Apesar de todas as semelhanças ideológicas entre eles, as personalidades dos dois líderes eram muito diferentes. Thatcher era uma mestre dos detalhes, compulsiva, dormia pouco, intimidava os colegas e adorava o confronto. Ela não era uma palestrante natural e se apresentava pouco à vontade e pouco espontânea na televisão. Reagan era notoriamente vago, descontraído, genial, adorava tirar uma soneca à tarde e se apresentava com brilhantismo na televisão.

O finado Peter Jenkins, comentarista político britânico, argumenta plausivelmente que Thatcher "não o teria tolerado no gabinete dela por um momento sequer".[73] Diz-se que ela comentou a respeito de Reagan a um dos membros da equipe dela: "Pobre coitado, ele não tem nada entre as orelhas."[74]

Até alguns dos auxiliares próximos e mais admiradores de Reagan nos Estados Unidos se surpreenderiam com a preguiça intelectual e o estilo pessoal do presidente. Pat Buchanan, assistente na Casa Branca que, mais tarde, se candidatou à presidência, se surpreendia ao ver o presidente passando o tempo em uma reunião do gabinete separando jujubas de diferentes cores. Alan Greenspan, que atuou como conselheiro para Reagan durante a campanha de 1980, mais tarde se lembrou de um voo de uma ponta a outra do país com o candidato, durante o qual ele deveria instruí-lo em relação à economia. Mais tarde, ele contou: "Acho que ouvi mais histórias espirituosas durante aquele voo do que em qualquer outro período de cinco horas de minha vida... Mas não consegui que Reagan abrisse o livro de briefing."[75] Apesar de Greenspan ter se espantado, ele não ficou chateado. Ele acredita que o mais importante em Reagan era "a clareza de seu conservadorismo... Como Milton Friedman e os outros pioneiros do libertarianismo, ele nunca deu a impressão de tentar se posicionar dos dois lados da questão".[76] Reagan não era nenhum intelectual mas, na opinião de Greenspan, "apesar de seu entendimento de economia não ser muito profundo ou sofisticado, ele entendia a tendência dos livres mercados de corrigirem a si mesmos e o poder de criação de riqueza fundamental do capitalismo".[77]

As intuições de Reagan pareceram se justificar com o *boom* econômico de meados dos anos 1980. O sucesso econômico doméstico lhe permitiu estabelecer uma plataforma política para a reeleição, mas foi o triunfo na Guerra Fria que finalmente o consagrou como herói do movimento conservador.

Mais uma vez, as reações instintivas de Reagan e Thatcher aos acontecimentos na União Soviética foram bastante similares. Era possível esperar que os dois líderes, o "Cold Warrior" e a "Dama de Ferro", vissem as reformas de Mikhail Gorbachev com alguma desconfiança. Com efeito, os dois perceberam muito rapidamente a importância dessas reformas. Thatcher proclamou que Gorbachev era "um homem com quem posso negociar". Reagan apoiou o líder soviético e o controle armamentista com tal fervor que fez alguns de seus aliados conservadores que defendiam uma postura mais linha-dura se preocuparem com a possibilidade de ele ter ficado maleável demais.[78]

Ao final da Era da Transformação, Reagan e Thatcher eram vistos como uma dupla por todo o mundo – tanto pela esquerda quanto pela direita. Na América Latina, reformistas econômicos muitas vezes tinham dificuldades de distinguir suas próprias medidas modestas com base no mercado do "neoliberalismo" de Reagan e Thatcher[79] – nenhum dos dois era figura particularmente popular no sul do Rio Grande, depois da Guerra das Malvinas e do apoio de Reagan aos rebeldes Contra, na Nicarágua. Por outro lado, Reagan e Thatcher eram heróis populares em grande parte da Europa Central e no Leste Europeu – um fato que resultou em certa dor e confusão a seus adversários esquerdistas e liberais em seus respectivos países.

A queda do Muro de Berlim e o colapso da União Soviética ocorreram depois de Reagan deixar a presidência. No entanto, esses eventos lançam um brilho retrospectivo em defesa de sua presidência. Reagan conseguiu argumentar, até certo ponto justificadamente, em sua biografia, publicada em 1990, que a década anterior havia testemunhado um "atordoante renascimento da democracia e da liberdade econômica"[80] ao redor do mundo.

A atitude de Reagan em relação à democracia foi, como no caso de Thatcher, mais duvidosa do que qualquer um dos dois líderes posteriormente se mostrou disposto a reconhecer. A Guerra Fria garantiu que, ocasionalmente, a administração Reagan fosse para a cama com alguns brutais companheiros – dos rebeldes da Unita de Jonas Savimbi, na Angola, aos Contras nicaraguenses. No entanto, a atitude da administração Reagan em relação à promoção da democracia evoluiu e ficou um pouco menos duvidosa e ambígua. A decisão tomada em 1986 de voltar as costas da América a Ferdinand Marcos, um autocrata pró-americano nas Filipinas, e apoiar o movimento do "Poder Popular" de Corazón Aquino representou um momento decisivo – sofrendo pressões na própria administração Reagan por Paul Wolfowitz, que, mais tarde, se tornou importante neoconservador e mentor da Guerra do Iraque de 2003.

No início dos anos 1990, não eram apenas os conservadores que reconheciam que Reagan havia realizado algo importante. Na verdade, Reagan e Thatcher verdadeiramente promoveram uma Era da Transformação porque, no fim, eles forçaram a esquerda a aceitar suas principais ideias. Na Grã-Bretanha, Tony Blair percebeu que, para que o Partido Trabalhista pudesse ser eleito, ele precisaria aceitar as resoluções thatcheristas – e prometer não elevar o imposto de renda ou estatizar indústrias. (Foi necessária a crise financeira de 2008 para forçar o Partido Trabalhista a retornar a essas antigas políticas.)

Nos Estados Unidos, Teddy Kennedy, o herói da esquerda liberal, mais tarde refletiu com admiração que Reagan teve sucesso porque "acima de tudo, ele defendeu um conjunto de ideias".[81] Quando Bill Clinton declarou, em seu Discurso sobre o Estado da União, em 1996: "A era do grande governo chegou ao fim", ele estava aceitando o triunfo das ideias que Ronald Reagan havia proclamado em seu primeiro discurso de posse, em 1981.

CAPÍTULO 4

A União Europeia, 1986
A aceitação do mercado

Visto da perspectiva de 20 anos de diferença, o sucesso de Ronald Reagan e Margaret Thatcher poderia incentivar a visão de que – adaptando uma frase preferida da Dama de Ferro – "não havia alternativa".

Na verdade, havia, sim, uma alternativa que foi tentada brevemente, mas com muito vigor, na França, de 1981 a 1983. A antiga rivalidade entre a Grã-Bretanha e a França foi despertada à medida que Thatcher forçava seu programa de reformas favoráveis ao livre mercado, enquanto a França, sob o comando do presidente François Mitterrand, buscava implementar políticas da extrema esquerda. Thatcher e Mitterrand tinham certo fascínio um pelo outro. Ela tinha um bom relacionamento com ele, apesar de temperado com um pouco de desfonfiança pelo fato de ele ser, ao mesmo tempo, francês e socialista. Ele observou, com um interesse característico pela constituição feminina, que ela tinha "os olhos de Calígula e os lábios de Marilyn Monroe".[82]

Mais para o fim de seu mandato, Thatcher começou a se sentir sobrepujada pelo presidente francês na questão da integração política europeia. Mas, no início dos anos 1980, Thatcher era claramente a líder de maior sucesso. O experimento da França com o "socialismo em um só país" fracassou, justamente quando as reformas do livre mercado internacionalmente orientadas de Thatcher estavam começando a render dividendos na Grã-Bretanha. Isso, por sua vez, impulsionou as forças do livre mercado por toda a União Europeia e no mundo.

É fácil ver a história europeia como uma espécie de espetáculo secundário na grande história da globalização. No longo prazo, a ascensão da China e da Índia provavelmente ofuscarão a importância da formação de um mercado unificado e até de uma moeda única na União Europeia. Para a última geração, a economia da União cresceu muito mais lentamente do que a dos Estados Unidos – sem mencionar a das potências asiáticas em ascensão, mas seria um erro ver os europeus como meros coadjuvantes na criação de um mundo globalizado. Visto como um todo, o mercado unificado da União Europeia que foi implementado em meados dos anos 1980 atualmente é a maior economia do mundo – maior que a dos Estados Unidos ou da China. Apesar de todas as dificuldades, o euro, a moeda única europeia, até agora é a única alternativa plausível ao dólar americano como moeda de reserva global.

No início dos anos 1980, contudo, o comunismo ainda tinha poder até mesmo na Europa ocidental. Em abril de 1981, no ano que tirei de folga entre o colégio e a faculdade, viajei para Paris para assistir a um grande comício em defesa de Georges Marchais, o líder do Partido Comunista francês que estava se candidatando às eleições presidenciais. O comício foi realizado, de forma evocativa, na Place de la Bastille, onde nasceu a Revolução Francesa. Uma bandeira vermelha foi hasteada até o alto da monumental coluna da praça, enquanto Marchais discursava para 70 mil comunistas que recitavam slogans e agitavam bandeiras. Marchais acabou em quarto lugar nas eleições, com mais de 15% dos votos.

A apertada vitória de François Mitterrand nas eleições presidenciais de maio de 1981 levou à formação do primeiro governo socialista francês desde 1956. Foi um governo de esquerda. Mitterrand nomeou quatro ministros comunistas para seu primeiro gabinete. Era a primeira vez, desde 1947, que o Partido Comunista participava no governo – e sua presença representava mais do que mera tentativa de conciliação ou iniciativa para desenvolver uma coalizão. Muitos dos mais fervorosos aliados do governo realmente queriam demolir o sistema capitalista.[83] Mitterrand rapidamente lançou um programa ambicioso e radical – que o historiador Tony Judt chama de "um programa fantasmagórico de legislação anticapitalista".[84] O novo governo francês lutou por salários mais altos e uma semana de trabalho mais curta. Ele reduziu a idade de aposentadoria para 60 anos e aumentou o número de feriados pagos. Ele privatizou 36 bancos e 5 das maiores corporações industriais da França. Em contraste com a flexibilização de fluxos de capital promovida por Thatcher, abrindo a economia britânica para o resto do mundo, o governo francês impôs novos controles cambiais na tentativa de proteger a França da fuga de capital.

Não demorou para o programa francês entrar em dificuldades. A tentativa francesa de promover o socialismo no país ameaçava violar os compromissos do país com os outros membros da Comunidade Econômica Europeia (CEE) – que, mais tarde, se tornaria a União Europeia. Em 1982, como observa Tony Judt, se via um "pânico crescente nos círculos de negócios e sinais de que moeda, objetos de valor e pessoas estavam sendo transferidos para o exterior com urgência cada vez maior".[85]

A virada teve início em junho de 1982. Diante de inflação galopante, um déficit comercial cada vez maior e uma súbita demanda de moeda, o governo Mitterrand impôs um congelamento de preços e salários, implementou um programa de combate à inflação e promoveu cortes nos gastos públicos. Em 1984, não havia mais nenhum ministro comunista no governo francês – e os comunistas franceses entraram em um longo declínio até a irrelevância política, abrindo o caminho para a ascensão da extrema direita. Em 1986, a transição francesa para a direita foi concluída quando os conservadores venceram as eleições parlamentares. Apesar de Mitterrand ainda ser o presidente, ele passou a "conviver" com um primeiro-ministro direitista, Jacques Chirac, determinado a reverter as estatizações realizadas no início dos anos 1980.

No fim da década, também a França entrara na onda global da privatização. Os principais bancos foram devolvidos ao setor privado. A TF1, a principal rede pública de televisão, foi privatizada – uma manobra mais ousada do que qualquer coisa que Thatcher se atreveu a fazer com a British Broadcasting Corporation. As grandes companhias de petróleo francesas, a Elf e a Total, também foram privatizadas. O processo como um todo aumentou o número de acionistas na França, de 1,5 milhão para 6,5 milhões.[86] Em meados dos anos 1980, Mitterrand já reconhecia e aceitava a importância da transição psicológica pela qual a França havia passado durante seu mandato, ao observar: "Presidi a entrada da França na concorrência econômica moderna."[87] Considerando a importância crucial da França e das autoridades francesas para a construção da União Europeia, tratava-se de uma conversão significativa para todo o continente.

O homem que ajudou Mitterrand a desfazer o experimento francês com o socialismo foi Jacques Delors, seu ministro da Fazenda. De fala mansa e óculos, religioso e autêntico homem da esquerda, Delors também era um pragmático descontente com o socialismo linha-dura dos primeiros anos do mandato de Mitterrand. Nomeado ministro da Fazenda no primeiro governo de Mitterrand, Delors observou descontente seus colegas elevando a inflação por meio de maiores gastos públicos. Como mais tarde contou a seu biógrafo, Charles Grant: "Como a esquerda estava há tanto tempo sem participar do governo, precisávamos satisfazer parte de seus sonhos... Os especuladores estavam contra nós. Não é possível dizer que fui contra tudo o que o governo fez, mas tentei reduzir os danos."[88]

Foi Delors que, em junho de 1982, convenceu Mitterrand a mudar o direcionamento, aceitando a desvalorização do franco e reduzindo os gastos públicos. "Chegou a época da austeridade", ele disse à imprensa.[89] A vitória de Delors não foi imediata. Ele ainda precisava combater um grupo rival que vinha pressionando Mitterrand a tentar um socialismo ainda mais rigoroso, envolvendo controles de importação e enormes empréstimos – políticas que Delors apelidou de "albanesas".[90] Mas foi Delors que venceu a batalha, convencendo o presidente de que o protecionismo sempre levava ao declínio econômico. Mais tarde, o presidente disse: "Durante aquele período, conversei com muitas pessoas. No final, Delors tinha os melhores argumentos. Então o plano de Delors venceu."[91] Um segundo programa de austeridade implementado em março de 1983 consolidou o distanciamento do socialismo.

Isso foi ajudado pelo fato de o plano de Delors ter rendido resultados rápidos. A balança comercial melhorou. Em 1984, as exportações e a produção industrial da França estavam em plena revitalização. O sucesso do plano de Delors na França teve repercussões por toda a Europa. A esquerda britânica começou a atenuar sua oposição ao thatcherismo e, nas palavras de Grant, "abandonou políticas socialistas em um país, em parte, por tê-las visto fracassar na França".[92]

Na Alemanha Ocidental, o chanceler Helmut Kohl, líder dos democratas cristãos, tinha assumido o poder em um golpe interno do partido, em 1982. Em 1983 ele venceu uma eleição, derrotando uma oposição esquerdista que propunha atacar o desemprego por meio de mais gastos públicos e que simpatizava com a legislação social e a tributação sobre a renda no estilo de Mitterrand. Por outro lado, Kohl orientou seu país na direção de uma atitude mais aberta ao mercado. Ele também impressionou favoravelmente o ministro da Fazenda francês. Ele informou ao presidente Mitterrand que aprova a ideia de nomear Jacques Delors para presidir a Comissão Europeia – o coração da CEE em Bruxelas, encarregada de definir as políticas e garantir o cumprimento das leis.

Delors chegou a Bruxelas em janeiro de 1985. Dentro de um ano, ele havia firmado uma improvável e breve aliança com Margaret Thatcher, a qual teve importantes consequências de longo prazo. Delors concebeu a ideia de que o próximo grande projeto para a Europa seria a criação de um autêntico mercado comum destruindo as regras e regulamentações que ainda inibiam o comércio transnacional pela Europa. Ele se concentraria nas "quatro liberdades" – a liberdade de circulação de pessoas, capital, bens e serviços.

Para atingir essa meta, Delors precisava do apoio dos líderes políticos das nações europeias. Ele podia contar com o apoio de seu "padrinho", o presidente Mitterrand, e o chanceler Kohl já o apoiava. Foi a decisão de Margaret Thatcher de adotar a criação de um verdadeiro mercado europeu que se tornou fundamental para o sucesso de Delors na promulgação do Ato Único Europeu, de 1986. Das importantes nações, a Grã-Bretanha sempre foi uma das mais cautelosas no que se refere a grandiosos projetos europeus, e Thatcher começou seu mandato com uma batalha feroz contra outros líderes europeus em relação à contribuição financeira do Reino Unido à CEE. Contudo, em meados dos anos 1980, o prestígio de Thatcher estava em alta, tanto na Grã-Bretanha quanto no exterior, e seu apoio ao projeto do mercado único foi vital.[93]

As motivações dos dois líderes eram muito diferentes. Delors, sem dúvida, acreditava no livre mercado, pelo menos nos padrões franceses. Em 2000, ele disse, sinceramente, a um grupo de colegas socialistas franceses: "Sempre achei, ainda mais na França, que não houvesse mercado suficiente... O mercado nos ensinará, mais do que qualquer discurso, a pensar, agir e produzir de acordo com as diversas necessidades dos consumidores do mundo."[94] Mas sua principal motivação em Bruxelas era, acima de tudo, promover a unidade política europeia. Para ele, o Ato Único Europeu era, em grande parte, um meio para atingir esse fim. Como disse a uma estação de rádio francesa: "Se esse trabalho consistisse em constituir um mercado único, eu nunca teria vindo em 1985. Não estamos aqui só para constituir um mercado único – isso não me interessa – mas para implementar uma união política."[95]

Thatcher, por outro lado, considerava a ideia de uma união política europeia abominável por razões tanto ideológicas quanto práticas. Ela era uma patriota e acreditava na soberania nacional e no sistema de Westminster. Ela também era uma liberal da tradição britânica do século XIX, e observou, em uma frase famosa: "Não existe essa coisa de sociedade." Apesar de a observação ter sido muito citada fora de contexto, ela, de fato, refletia o indivualismo de Thatcher e sua desconfiança em relação ao corporativismo no estilo europeu. Já Delors via a tradição europeia como o meio caminho entre os Estados Unidos e o Japão – "A sociedade tem mais presença do que nos Estados Unidos. Os europeus sempre tiveram uma espécie de equilíbrio entre o indivíduo e a sociedade."[96]

Entretanto, para Thatcher, a promoção do Ato Único Europeu foi a chance de desviar a Europa para um caminho no qual seria possível se beneficiar de alguma forma, na prática – promovendo o liberalismo econômico. Como a primeira-ministra britânica acreditava que o livre comércio constituía uma situação natural, ela demorou a reconhecer as implicações políticas da criação de um Ato Único Europeu. Ele envolveria mais do que uma simples dissolução de regulamentações nacionais, e também poderia levar a novas leis e regulamentações, no nível europeu, para governar e fiscalizar o mercado. Isso envolveria conceder novos poderes à Comissão Europeia, presidida por Delors. Também envolveria permitir que a CEE tomasse mais decisões pelo voto da maioria, permitindo que países individuais, como a Grã-Bretanha e a França, fossem derrotados nas votações, chegando a envolver a harmonização da tributação indireta no nível europeu. Delors estava ciente dessas consequências políticas. Elas constituíam as principais razões pelas quais ele defendia a criação de um mercado único.

No final do processo de criação do Ato Único Europeu, Thatcher começou a duvidar e a combater aspectos do novo tratado, como, por exemplo, suas menções à possibilidade de se criar uma moeda europeia única. Contudo, a parceria Thatcher-Delors durou o suficiente para implementar a nova lei.

Todavia, em 1988, os dois estavam engajados em uma amarga batalha relativa aos planos de Delors de liberalizar os mercados com uma "carta de direitos", criando direitos pan-europeus para os trabalhadores. O maior desacordo de todos foi em relação ao próximo passo do processo de integração europeia – a criação de uma nova União Europeia, com uma moeda única e uma "política externa e de segurança comum". As implicações políticas desses passos eram absolutamente claras para Thatcher e totalmente inaceitáveis. Sua oposição foi visceral e emocional. Na Câmara dos Comuns, ela denunciou os planos de Delors para uma integração europeia mais profunda, bradando: "Não, não, não." O jornal *The Sun* resumiu de forma divertida a posição da primeira-ministra e a endossou com a manchete "Up Yours Delors" (algo como, "não me encha, Delors").[97]

O comportamento cada vez mais altivo de Thatcher e seu desprezo manifesto por muitos políticos europeus convenceram alguns de seus colegas de que ela estava ficando ligeiramente louca. Esse descontentamento acabou levando a uma revolta interna no partido. A liderança de Thatcher no Partido Conservador foi contestada, ela perdeu a briga e renunciou como primeira-ministra em novembro de 1990.

John Major, sucessor de Thatcher, acabou concordando com o Tratado de Maastricht, de 1991, que estabelecia os fundamentos para a moeda única. Mas ele só o fez depois de garantir um número de "opções de não adesão" para a Grã-Bretanha. Mesmo assim, Thatcher se tornou uma amarga adversária de Maastricht.

Em retrospecto, as disputas entre Thatcher e Delors representaram um dos dilemas essenciais da globalização. Será que aumentar o comércio global e os investimentos envolve apenas reduzir os poderes dos governos nacionais de interferir no funcionamento do capitalismo e do livre mercado? Ou isso requer a criação de novas estruturas de governo – mas em nível internacional em vez de nacional? Era o debate que viria à tona em uma explosão muitos anos depois de os dois líderes terem se aposentado – com a crise financeira internacional de 2008.

CAPÍTULO 5

A União Soviética

Glasnost, perestroika e colapso

Logo após as 15 horas de segunda-feira, 11 de março de 1985, Mikhail Gorbachev saiu de uma reunião de emergência no Kremlin e foi para casa. Oito horas antes, Konstantin Chernenko, o líder da União Soviética, havia morrido. Em uma reunião convocada com urgência entre a liderança soviética no Kremlin, ficou claro para Gorbachev que ele estava prestes a concretizar suas ambições de assumir a liderança do Partido Comunista e do país. Ao chegar em casa, ele encontrou sua esposa, Raisa, esperando por ele. O casal decidiu sair do apartamento – que provavelmente tinha microfones escondidos – e caminhar pelas ruas frias e desertas de Moscou para conversar a respeito. Como Gorbachev, mais tarde, lembrou: "Foi então que eu disse que não podíamos continuar vivendo daquele jeito; nós deveríamos mudar."[98]

A velocidade das mudanças promovidas por Gorbachev foi de tirar o fôlego. A União Soviética tinha 68 anos de existência quando ele assumiu o poder. Em seis anos, a União Soviética foi destruída.

É seguro dizer que não era essa a mudança que Gorbachev tinha em mente quando saiu para aquele gelado passeio na madrugada de março de 1985. Como a maioria dos grandes reformistas da Era da Transformação – de Deng Xiaoping a Margaret Thatcher e Manmohan Singh –, seu ponto de partida foi a necessidade de revitalizar uma economia nacional. Como os líderes chineses e indianos, Gorbachev via os mercados mundiais como o caminho para a salvação. Ele disse a Alan Greenspan que queria fazer de sua nação "uma importante força comercial mundial".[99]

As duas palavras russas que o resto do mundo rapidamente aprendeu a repetir durante os anos de Gorbachev foram glasnost e perestroika, abertura e reconstrução. A prioridade de Gorbachev foi a reconstrução econômica. A glasnost foi empregada para conquistar apoio para suas reformas.

Entretanto, a atitude mais tolerante de Gorbachev a discussões e discordâncias também refletia sua personalidade e relativa vitalidade. Ele tinha 54 anos em 1985 e claramente representava um novo tipo de líder soviético. Após a rígida e cambaleante gerontocracia dos anos de Brezhnev, eis que um novo homem assumiu o poder – confiante, vigoroso, que se sentia à vontade ao falar, sem precisar consultar observações. Quando Gorbachev visitou a Grã-Bretanha em 1984, logo antes da morte de Chernenko, Margaret Thatcher rapidamente notou a diferença entre o antigo e o novo estilo dos líderes soviéticos.

Independentemente das razões, os críticos conservadores de Gorbachev na União Soviética foram mais rápidos do que ele ao identificar, e temer, as profundas implicações políticas das reformas nas quais o novo líder soviético embarcara. A decisão de atenuar os rigorosos controles centrais sobre a economia e a política levou rapidamente a mudanças que resultaram no fim do monopólio do Partido Comunista no poder e na dissolução da própria União das Repúblicas Socialistas Soviéticas.

Os defensores conservadores da ordem soviética estavam, contudo, profundamente enganados se acreditavam que nada precisaria mudar. Seria inapropriadamente marxista argumentar que as reformas de Gorbachev eram o produto inevitável da situação econômica que ele herdara. O novo líder tinha uma escolha, mas, da mesma forma, não há dúvidas de que Gorbachev herdara uma situação econômica verdadeiramente terrível. A União Soviética havia se beneficiado muito da alta dos preços de petróleo nos anos 1970. Todavia, em meados dos anos 1980, o preço do petróleo caíra acentuadamente – ajudando as economias da Europa Ocidental e dos Estados Unidos a prosperar, mas pondo um fim na inesperada sorte fiscal da URSS. A dívida externa estava em rápida ascensão. A União das Repúblicas Socialistas Soviéticas devia $30,7 bilhões ao mundo em 1986; três anos mais tarde, o valor atingia $54 bilhões.[100] Para piorar ainda mais a situação, o país estava envolvido em uma exaustiva guerra no Afeganistão, que a URSS invadira em 1979. A nova corrida armamentista, iniciada por Ronald Reagan, também vinha impondo um enorme fardo financeiro. Ao assumir a presidência, Gorbachev descobriu que a União das Repúblicas Socialistas Soviéticas gastava anualmente entre 20% e 30% do PIB no setor militar. Em comparação, os Estados Unidos, até mesmo no auge do reforço da defesa promovido por Reagan, gastava menos de 7% ao ano.[101]

As próprias estatísticas oficiais da União Soviética contavam uma preocupante história de declínio. O crescimento econômico supostamente era, em média, de 7,5% ao ano no final dos anos 1960 e de mais de 5% anuais no início dos anos 1970, mas era estimado em apenas 2,5% anuais no início dos anos 1980.[102] Dados não oficiais sugeriam que a economia soviética estava em retração quando Gorbachev assumiu o poder. Nos anos 1950 e 1960 ainda era possível para intelectuais e economistas ocidentais enaltecerem o sucesso da economia soviética de planejamento central. Nos anos 1980, contudo, a base militar e científica avançada da URSS não conseguia mais ocultar seus problemas econômicos mais amplos. Em uma expressão desdenhosa que foi muito divulgada na época, a União Soviética era "Alto Volta com foguetes".* Quando eu era um jovem jornalista em visita a Moscou pela primeira vez, em 1987, notei que até a área cerimonial da capital soviética era decrépita e decadente. Ela não representava a ideia de futuro de ninguém.

O resto do mundo acompanhou as reformas de Gorbachev com fascínio, mas, apesar disso – e apesar do fato de o próprio homem ter escrito e dito muito sobre suas intenções –, ainda há muitas perguntas sem resposta sobre o que ele estava tentando fazer. Quando, se foi o caso, ele passou a acreditar na democracia? Será que Gorbachev realmente acreditou no livre mercado?

Parte do problema é que Gorbachev disse coisas diferentes em momentos diferentes. Ele parece ter radicalizado tanto em sua política quanto em sua economia à medida que os acontecimentos se desenrolavam e à medida que a oposição conservadora ganhava força. Contudo, a primeira reforma econômica de alta visibilidade da era Gorbachev teve pouca relação com o mercado. Foi uma campanha proibindo o álcool imposta sob ordens diretas do Kremlin em meados de 1985 e que rendeu ao novo líder soviético seu primeiro apelido: "Lemonade Joe".**[103] Outras primeiras tentativas de reforma também se

---

*Nota da Editora: Alto Volta é um país extinto da África que se tornou Burkina Faso em 4 de agosto de 1984. Limitava-se a norte e a leste com a Líbia, a sul com o Chade e a oeste com Níger.
**Nota da Tradutora: Referência ao filme tcheco de mesmo nome; uma comédia musical que parodia os antigos filmes do gênero western, americano. Lemonade Joe, o protagonista, é um pistoleiro que só bebe a soda da marca Kolaloka e enfrenta uma pequena cidade repleta de cowboys bebedores de uísque.

afastavam de incentivos diretos ao mercado – elas envolveram o incentivo de experimentos na administração de empreendimentos públicos e no apoio à alta tecnologia.

No entanto, Gorbachev também estava claramente ciente de um estágio inicial de efeitos desmoralizantes do sistema comunista. Em um memorável discurso público televisionado em maio de 1985 no Instituto Smolny, em Leningrado, ele disse ao público: "Em uma família você sente quando alguma coisa é retirada de seu bolso, mas, se for o bolso do Estado, ninguém sente isso diretamente."[104] Margaret Thatcher defendia o mesmo argumento em um contexto diferente, quando disse: "Não existe essa coisa de sociedade. Existem homens e mulheres individuais e existem famílias."

Como Zhao Ziyang, na China, Gorbachev começou como um líder regional do partido, tentando elevar a produtividade agrícola no campo. Também ele notou que os camponeses produziam mais se recebessem incentivos para cultivar a própria terra. Em meados dos anos 1980, como observa o jornalista Angus Roxburgh, estimava-se que "os lavradores de fazendas coletivistas com terrenos particulares forneciam mais de um quarto do alimento do país ao cultivar apenas 3% da terra do país".[105] Em 1978, enquanto ainda trabalhava na província de Stavropol, Gorbachev enviou um memorando a Moscou sugerindo maneiras de aumentar os incentivos na lavoura.

Assim, sete anos mais tarde e encarregado de todo o sistema soviético, Gorbachev tinha a oportunidade de aumentar os incentivos por toda a economia. Ele recebeu apoio político e intelectual de um novo grupo de economistas reformistas, incluindo Abel Aganbegyan, Leonid Abalkin e Grigory Yavlinsky – pessoas que, como diz Francis Fukuyama, cientista político, foram produtos de uma "notável revolução intelectual... dentro do *establishment* econômico soviético". Eles conhecem bem a economia liberal e estavam "convencidos de que o sistema soviético de comando administrativo centralizado constituía as raízes do declínio econômico da URSS".[106]

Gorbachev vinha consultando Aganbegyan desde o início dos anos 1980 e o economista era chamado para dar sua opinião sobre alguns dos primeiros discursos do secretário-geral. No entanto, Gorbachev claramente ainda não estava totalmente convencido ou – se estivesse – ainda ocultava sua conversão. Em junho de 1985, ele proclamou: "Não o mercado, não as forças anárquicas da concorrência, mas, acima de tudo, o plano deve determinar as características básicas da economia".[107]

Foi no final de 1986 que o Politburo toma a decisão radical de legalizar todas as pequenas empresas privadas. A nova lei tinha seu limites. Só categorias particulares de trabalhadores poderiam abrir novas empresas e as linhas de trabalho também eram limitadas – elas incluíam orientação educacional privada, tradução e pequenos reparos. Outra lei permitindo a formação de cooperativas privadas ampliou as possibilidades limitadas para os instintos empreendedores no sistema soviético. O primeiro restaurante privado de Moscou foi inaugurado em 1987. Foi uma sensação – e logo se tornou parada obrigatória para jornalistas estrangeiros e dignitários em visita pela cidade. No fim de 1987 havia 700 novas cooperativas só em Moscou.[108] Os números soavam impressionantes.

Contudo, em uma perspectiva mais ampla, os resultados foram decepcionantes. Como observa Judt, em 1989: "Havia apenas 300 mil empresários em toda a União Soviética, com uma população de 290 milhões."[109] Não era possível esperar que o empreendimento privado, nessa escala relativamente pequena, transformasse o moribundo sistema soviético. Pior ainda, seria sempre difícil prosperar em uma economia planificada que não alocava recursos por preço. Como as empresas obteriam seus recursos, se não podiam comprá-los no mercado aberto? Mas, se a economia planificada fosse abandonada, de quais outros poderes o Partido Comunista precisaria abdicar? Se o mercado fosse totalmente liberado, será que a União Soviética poderia continuar se descrevendo como socialista?

Em 1987, um retrocesso conservador já estava claramente em curso, tanto dentro do partido quanto em facções da imprensa. Gorbachev e seus aliados reagiram aumentando o ritmo das reformas tanto econômicas quanto políticas. Gorbachev havia feito a relação entre estimular a iniciativa individual na economia e na vida social e política mais ampla da União Soviética. No início de 1987, ele propôs reformas que incentivavam não apenas a democracia no chão de fábrica (trabalhadores elegendo seus gerentes), como também eleições internas no Partido Comunista. À medida que a reação conservadora contra suas reformas se intensificava, Gorbachev incentivava cada vez mais os elementos liberais na União Soviética – dissidentes como Andrei Sakharov foram libertados, livros banidos foram publicados, a história foi revista. No início de 1988, ele e seu círculo íntimo estavam avaliando a implementação de eleições parlamentares.

Os críticos conservadores de Gorbachev que temiam a possibilidade de ele estar plantando as sementes da destruição de todo o sistema soviético não estavam totalmente errados. Uma vez que Gorbachev decidiu que a ideia de "escolha" deveria ser estendida da economia à política e depois às relações internacionais, o sistema não tinha como sobreviver. No final de 1988 ele fez um discurso nas Nações Unidas proclamando que "a liberdade de escolha é um princípio universal. Não deve haver exceções".[110]

Na época poucas pessoas perceberam que esse sentimento equivalia a uma sentença de morte para o império soviético. Será que o próprio Gorbachev sabia disso? Independentemente de suas intenções, dentro de nove meses os países da Europa Central acreditaram tanto na palavra do líder soviético que se libertaram do império soviético.

Gorbachev cometeu um grave erro de cálculo se achava que poderia isolar a própria União Soviética das sublevações ocorridas no antigo império soviético. Forças nacionalistas nos Estados Bálticos e depois em outras repúblicas soviéticas – cuja existência e legitimidade Gorbachev mal reconhecia – foram enormemente encorajadas pelas revoluções na Europa Central. A Lituânia fez uma declaração unilateral de independência em 1990. Gorbachev recorreu por pouco tempo à repressão violenta. Tropas soviéticas mataram 13 manifestantes lituanos em janeiro de 1991 – mas os movimentos de independência no Báltico não podiam ser impedidos. A própria União Soviética estava começando a se fragmentar.[111]

Em agosto de 1991, reacionários perplexos no decadente sistema soviético tentaram depor Gorbachev, encenando um golpe enquanto ele estava de férias na Crimeia. Gorbachev sobreviveu, mas o fim estava próximo tanto para o líder quanto para a nação. A tentativa fracassada de golpe encorajou ainda mais o separatismo na União Soviética. Ao longo do fim de agosto e setembro, as repúblicas constituintes da União das Repúblicas Socialistas Soviéticas se libertaram e declararam independência. No dia 8 de dezembro de 1991, os líderes das repúblicas russa, ucraniana e bielo-russa se reuniram nas proximidades de Minsk e efetivamente dissolveram o país. Tardiamente, Gorbachev aceitou a situação e renunciou ao cargo. No dia de Natal de 1991, a bandeira soviética foi arriada do Kremlin pela última vez e substituída pela bandeira russa. Dois dias depois, Boris Yeltsin, o presidente da Rússia que havia assinado o acordo de Minsk para dissolver a União Soviética, se mudou para o antigo escritório de Gorbachev, no Kremlin. Os anos de Gorbachev haviam chegado ao fim e a União Soviética deixara de existir.[112]

Gorbachev desfez a nação que governou, mas não recuperou sua economia. Ele foi aclamado como herói no Ocidente e logo adotou uma lucrativa carreira proferindo palestras e fazendo propaganda de malas da Louis Vuitton. Mas ele foi amplamente vilipendiado no próprio país e na China, cujo Partido Comunista havia tomado caminho distinto.

Os caminhos rivais seguidos pela China e pela União Soviética compõem um fascinante contraste. Na China, a prosperidade do empreendimento privado levou a uma transformação econômica no decorrer de uma geração – e o Partido Comunista manteve o poder. O contrário ocorreu na União Soviética. O sistema político se desmoronou, mas a transformação econômica nunca realmente aconteceu. O que explica a diferença?

Uma clara distinção é que o sistema soviético não tinha exemplos de sucesso de reformas nos quais se basear. Por outro lado, muitos especialistas da Ásia viram rapidamente que a China estava copiando o caminho de sucesso do crescimento na manufatura e orientado pelas exportações que havia sido implementado pela primeira vez no Japão e depois pelos outros "gansos voadores" do Sudeste da Ásia e da Ásia Oriental – Taiwan, Coreia do Sul, Hong Kong, Cingapura, Malásia e Tailândia. Mesmo que os líderes do Partido Comunista chinês não estivessem, no final de 1978, copiando conscientemente outras nações asiáticas, os empreendedores a quem eles permitiram abrir fábricas nas novas Zonas Econômicas Especiais da China conheciam a fórmula. Em muitos casos, eles estavam apenas transferindo amplamente operações de manufatura de outras partes da Ásia para o sul da China.

Entretanto, apesar de haver uma comunidade de negócios chinesa "no exterior" capaz de ajudar o empreendimento privado a criar raízes na China e depois ligá-lo ao sistema de comércio internacional, não havia uma comunidade russa equivalente no exterior. A União Soviética também começou de um ponto de partida diferente. Ela era mais rica e mais avançada do que a China. (Com efeito, mesmo em 2010, a renda *per capita* da Rússia ainda é consideravelmente mais alta do que a da China.) Havia mais pessoas com estilos de vida da classe média ameaçadas por um colapso no antigo sistema – e muito menos camponeses pobres que pudessem ser utilizados como um exército de reserva de mão de obra barata. O sistema soviético – e seu sucessor russo – também foram vítimas da "maldição do petróleo": a tentação de contar com recursos naturais como caminho fácil para a riqueza. As gigantescas corporações internacionais que, com o tempo, surgiram na Rússia dos anos 1990 atuavam quase que exclusivamente nas indústrias de petróleo e gás.

A China tinha mais um elemento vital que o sistema soviético não possuía – tempo para que as reformas econômicas começassem a produzir resultados. Seis anos depois do início das reformas econômicas chinesas, os estrangeiros ainda estavam apenas começando a notar a transformação física do país e a ascensão do empreendimento privado. Seis anos depois que Gorbachev deu início a suas reformas, todo o sistema soviético havia desmoronado.

Por razões de autopreservação, o Partido Comunista da China realizara um estudo meticuloso do que dera errado nas reformas de Gorbachev na União Soviética.[113] A principal conclusão chinesa parece ser que Gorbachev colocou a carroça na frente dos bois. Ele deveria ter se concentrado nas reformas econômicas primeiro e só, lenta e experimentalmente, permitido a liberdade de expressão e a oposição ao Estado de partido único.

Por que Gorbachev escolheu o caminho oposto? Alguns analistas argumentam que ele apenas cometeu um erro grosseiro. Outros acreditam que ele se converteu à democracia logo no início de seu mandato no Kremlin. Independentemente de suas verdadeiras motivações, no momento vital, em 1989, ele não conseguiu demonstrar a brutalidade e a crueldade de um Deng Xiaoping. Em junho daquele ano, Deng enviara os tanques à Praça da Paz Celestial. Líderes soviéticos fizeram o mesmo na Hungria, em 1956, e na Tchecoslováquia, em 1968. Contudo, quando os países do Leste Europeu e da Europa Central se organizaram novamente para se libertar em 1989, Gorbachev não mobilizou as tropas e os tanques da União Soviética. O capítulo mais drástico da Era da Transformação estava prestes a ser escrito.

CAPÍTULO 6

EUROPA, 1989

O ano das revoluções

O acontecimento mais expressivo da Era da Transformação foi a queda do Muro de Berlim no dia 9 de novembro de 1989. O muro havia dividido a Europa. Ele separava o mundo comunista do mundo capitalista e o bloco soviético do mundo democrático. A visão de milhares de alemães orientais passando pelo muro para entrar em Berlim Ocidental naquela noite de novembro foi o sinal de que a Guerra Fria havia chegado ao fim. Um único sistema econômico e político global estava sendo formado – "uma nova ordem mundial", nas palavras do presidente George H.W. Bush.

A queda do Muro de Berlim foi uma vitória para as potências ocidentais e para a liberdade individual. Também foi uma vitória para o consumismo ocidental. O símbolo do fracasso da Alemanha Oriental rapidamente se tornou o Trabant – o pequeno carro nacional da Alemanha Oriental, sem nenhum glamour e pouco potente, que parecia tão patético ao lado dos poderosos Mercedes e BMWs que ostentavam o poder econômico da Alemanha Ocidental. Os jornalistas ocidentais observaram com certa exultação que a primeira coisa que os berlinenses orientais, recém-chegados ao Ocidente, muitas vezes faziam era estocar bens de consumo e luxos escassos, como bananas. O comunismo não conseguia oferecer esses bens. O capitalismo, por outro lado, prometia prosperidade além de liberdade política. Ronald Reagan, com seu talento para slogans simples, evidentemente acertou na mosca quando proclamou que "a liberdade funciona".

O fracasso econômico foi uma das causas fundamentais do colapso do bloco soviético. Nesse sentido, as revoluções na Europa Central em 1989 tiveram raízes bastante similares às profundas mudanças que varreram a China, a Índia e até a Grã-Bretanha e os Estados Unidos durante a Era da Transformação. Mas também houve uma importante diferença. As transformações nos outros países foram quase sempre ditadas por governos nacionais que decidiram promover uma mudança radical de direcionamento. As transformações ocorridas em países como Polônia, Tchecoslováquia e Alemanha Oriental em 1989 tiveram profundas raízes locais, mas elas dependiam das mudanças políticas em Moscou. Foi a decisão de Mikhail Gorbachev de não enviar tanques soviéticos às estradas da Europa Central que permitiu que os países do bloco soviético se libertassem.

A mudança na mentalidade soviética envolveu o abandono da "doutrina Brezhnev" – a noção de que a URSS reinvindicava o direito de impor o "socialismo" por todo o bloco soviético. Leonid Brezhnev, líder soviético em 1968, definira a doutrina pouco depois de os tanques soviéticos terem derrubado o governo tcheco para impedir o experimento com a flexibilização política, que ficou conhecido como "Primavera de Praga". Na linguagem tipicamente morta do auge da era soviética, ele proclamou que "a soberania de cada país socialista não pode se opor aos interesses do mundo do socialismo".[114] A responsabilidade de confirmar a mudança caiu sobre os ombros de Gennady Gerasimov, o ferino porta-voz of Gorbachev, que gostava de ostentar rápidas respostas e domínio da cultura ocidental. Questionado se os discursos de Gorbachev significavam que a doutrina Brezhnev estava morta, ele gracejou, dizendo que ela fora substituída pela "doutrina Sinatra".* Daquele momento em diante, os países da Europa Central estavam livres para agir como quisessem.[115]

Gorbachev visitou Pequim em maio de 1989 – o que ajudou a instigar as esperanças dos manifestantes estudantis chineses. No dia 4 de junho de 1989, justamente quando os chineses enviavam tanques para a Praça da Paz Celestial, a Polônia estava votando em suas primeiras eleições livres desde a imposição do regime comunista. Os comunistas poloneses vivenciaram derrota catastrófica – e a aceitaram, graças à intervenção do próprio Gorbachev. Quando o general Wojciech Jaruzelski, líder do governo comunista, levou em consideração reimpor a lei marcial após derrota nas eleições, ele foi advertido pelo Kremlin.[116]

Nota da Tradutora: Referência à famosa canção "My way", popularizada por Frank Sinatra.

Mais tarde, naquele ano, quando o governo da Alemanha Oriental contemplou a utilização de violência contra os manifestantes que estavam desgastando o regime, a oposição de Gorbachev mais uma vez foi fundamental. O líder soviético visitou Berlim Oriental no dia 7 outubro para as celebrações do 40º aniversário da fundação do Estado da Alemanha Oriental. Como em Pequim alguns meses antes, sua presença ajudou a instigar os adversários do regime. Em uma procissão à luz de tochas por Berlim, membros do grupo de jovens comunistas entoavam: "Gorby, nos salve!" Quando Gorbachev deixou a cidade, no dia seguinte, as manifestações tinham se espalhado por todo o país. Na noite de 9 outubro, a liderança da Alemanha Oriental estava prestes a lançar um confronto similar ao da Praça da Paz Celestial contra os manifestantes em Leipzig. A liderança acabou sendo dissuadida da ideia, em parte, devido à intervenção de líderes cívicos na própria Leipzig. O outro fator crucial foi Gorbachev. Havia 380 mil tropas soviéticas alocadas na Alemanha Oriental, mas, quando o líder soviético saiu da Alemanha Oriental, ele deixou instruções claras de que as tropas não deveriam ser mobilizadas.[117]

A doutrina Sinatra permitiu que nações como a Polônia e a Tchecoslováquia reivindicassem sua independência política. Mas seria um erro acreditar que os países do antigo bloco soviético não passavam de beneficiários passivos de um presente político recebido de Moscou. As bases para a restauração da liberdade econômica e política na Europa Central foram estabelecidas por dissidentes, sindicalistas, intelectuais e pessoas comuns por toda a região ao longo da década anterior ou antes.

As fontes da dissidência política eram uma mistura de descontentamentos econômicos e políticos. A simples demanda de liberdade de pensamento e expressão nunca desapareceu. Em 1977, um grupo de dissidentes tchecos deu uma eloquente expressão a essa demanda por meio da "Carta 77" – uma corajosa exigência de direitos civis e políticos cujos signatários incluíram Vaclav Havel, um boêmio (tanto no sentido geográfico quanto espiritual) e dramaturgo que viria a se tornar presidente da Tchecoslováquia pós-comunismo.

Os fracassos econômicos, sociais e ambientais do bloco soviético também estavam se tornando cada vez mais evidentes. As economias da Europa Central não estavam em boas condições. Elas não tinham as reservas de petróleo e gás natural da União Soviética. Elas eram incapazes de atender às demandas do consumidor com a mesma eficácia que uma economia europeia ocidental. Elas estavam longe de conseguir produzir bens manufaturados baratos com a velocidade, eficiência e aos custos baixos das economias asiáticas emergentes. Dessa forma, só lhes restavam indústrias pesadas, poluentes e não competitivas como a metalurgia e a construção de navios. A corrupção no governo e o mercado negro prosperavam. O comércio era insípido e a escassez era comum. Aumentos do preço dos alimentos provocaram greves na Polônia em 1976, que foram reprimidas com violência e prisões pelo regime. Em uma tentativa de manter as economias vivas e satisfazer a demanda por bens de consumo, os países do bloco soviético cada vez mais pediam empréstimos no exterior. As dívidas estrangeiras do Leste Europeu eram de apenas $6,1 bilhões em 1971. Em 1988, o valor havia chegado a $95,6 bilhões.[118]

Os protestos sindicais se renovaram na Polônia no início dos anos 1980. A ascensão do movimento Solidariedade foi o primeiro sinal de um questionamento mais amplo do governo comunista. Em agosto de 1980, trabalhadores de estaleiros do porto polonês de Gdansk entraram em greve reinvindicando aumento salarial e a recontratação de empregados demitidos, incluindo seu líder, Lech Walesa. Como parte do acordo, o governo reconheceu o direito de formar sindicatos independentes. Contudo, a ascensão de forças sociais independentes impunha um claro desafio ao sistema comunista. A União Soviética ainda estava firmemente ligada à doutrina Brezhnev no início dos anos 1980 e encenava ostentosos exercícios militares na fronteira polonesa no inverno de 1980 a 1981 para demonstrar isso. Em dezembro de 1981, o general Jaruzelski impôs a lei marcial.

O outro grande incentivo e encorajamento aos dissidentes poloneses foi o surgimento de um papa polonês ativo, carismático e anticomunista, o papa João Paulo II. Com efeito, alguns analistas reconhecem que o verdadeiro início do colapso do bloco soviético não foi a fundação do sindicato Solidariedade, mas a primeira visita do papa João Paulo II a seu país nativo e as missas a céu aberto que ele celebrou lá em junho de 1979.[119] Durante o restante dos anos 1980, o governo comunista polonês teve dificuldades para manter a dissidência sob controle. A prolongada crise da economia polonesa e a incapacidade do governo de forçar a implementação de reformas sem provocar greves e agitação levaram, em 1989, o governo polonês a se engajar em negociações políticas com o Solidariedade, conhecidas como negociações da "mesa-redonda". Isso, por sua vez, conduziu às eleições polonesas de junho de 1989. Depois da humilhação nessas eleições, o Partido Comunista teve pouca opção além de se retirar. Em setembro de 1989, Tadeusz Mazowiecki se tornou o primeiro

primeiro-ministro não comunista da Polônia pós-guerra. Tudo isso aconteceu meses antes do colapso dos governos comunistas no resto do bloco soviético.

Existe certo sentimento de irritação, na Polônia moderna, de que o papel singular do país na queda do comunismo nunca recebeu o reconhecimento adequado. Todas as imagens mais memoráveis das revoluções de 1989 parecem ser de outros países – a queda do Muro de Berlim, a "Revolução de Veludo" da Tchecoslováquia, na cinematográfica cidade de Praga e o pavoroso assassinato de Nicolae Ceauşescu, o ditador romeno, em dezembro de 1989.

É verdade que nenhum desses países tinha a longa história de luta anticomunista que a Polônia acumulou no decorrer dos anos 1980. Também foram os poloneses que deram à Europa Central o modelo das negociações da "mesa-redonda" que foi amplamente copiado em outros países.

Mesmo assim, a história não deve ser utilizada como uma arena de competições. Independentemente de onde o vírus revolucionário tenha sido incubado pela primeira vez, ele se espalhou com notável rapidez pela Europa Central em 1989.

Na Hungria, membros mais jovens do Partido Comunista queriam copiar as reformas de Gorbachev na URSS. A Hungria começou a se abrir no final de 1988 e início de 1989, aprovando leis que permitiam uma transição a um sistema pluripartidário. Em maio de 1989, os húngaros retiraram as cercas elétricas que separavam seu país da Áustria e, dessa forma, da Europa Ocidental. Em setembro desse ano, a fronteira foi formalmente aberta. Isso impôs uma pressão intolerável sobre a Alemanha Oriental. À medida que milhares de alemães orientais se apressavam para cruzar a recém-aberta fronteira austro-húngara, o governo de Berlim Oriental se via, ao mesmo tempo, humilhado e em pânico, preparando o terreno para os eventos que levaram à abertura do Muro de Berlim em novembro.

O colapso do comunismo na Alemanha Oriental rapidamente ajudou a incitar a Revolução de Veludo tcheca de novembro de 1989, o que, por sua vez, incentivou a revolução na Romênia no mês seguinte. O autor e acadêmico britânico Timothy Garton Ash expressou com precisão a velocidade e a natureza contagiosa dos eventos quando disse, gracejando, a Vaclav Havel, em novembro de 1989: "Na Polônia, levou 10 anos, na Hungria, 10 meses, na Alemanha Oriental, 10 semanas, talvez na Tchecoslováquia leve 10 dias."[120]

Os novos líderes que se apresentaram na Europa Central em 1989 sabiam com bastante clareza que, além de rejeitar um sistema falido, ele estavam adotando um modelo econômico e político ocidental comprovado. Garton Ash, que assistiu a muitas das revoluções em primeira mão, posteriormente argumentou que um dos temas de 1989 era: "Chega de experimentos, chega de terceiros caminhos".[121]

Enquanto muitos esquerdistas no Ocidente ainda agonizavam com os defeitos do sistema do livre mercado e os pontos fracos da democracia ocidental, os revolucionários da Europa Central tinham poucas dúvidas. Eles, naturalmente, tinham suas diferenças políticas. Na Tchecoslováquia, Vaclav Havel, que se tornou o primeiro presidente pós-comunista, fazia parte da tradição democrática social ocidental, enquanto Vaclav Klaus, seu ministro da Fazenda, era um thatcherista linha-dura.

Entretanto, essas sutilezas de ênfase eram insignificantes em comparação com a tendência intelectual mais ampla. Os países da Europa Central fizeram fila para entrar na União Europeia – e para adotar os valores políticos e econômicos que a União representava (bem como para obter sua parte dos generosos subsídios da União). Esses valores eram a democracia, o capitalismo e a aceitação da globalização. Essas amplas fronteiras eram capazes de acomodar tanto uma defensora radical do livre mercado como Thatcher quanto o socialismo flexível de um Delors. Mesmo assim, os "valores europeus", da forma como foram incorporados pela União Europeia, eram lúcidos o suficiente para proporcionar um modelo alternativo claro para as nações que viravam as costas para o comunismo. Nas palavras do historiador Tony Judt, a Europa "representava não uma alternativa ideológica, mas a norma política... A Europa representava – direta e simplesmente – a normalidade e o estilo de vida moderno".[122]

O colapso do Muro de Berlim acabou mais do que dobrando o tamanho da União Europeia. Em 1989, a União tinha apenas 12 membros. Doze anos mais tarde, ela tinha 27 membros e constituía o maior bloco econômico do mundo, se estendendo de Portugal aos Estados Bálticos e de Bucareste a Belfast.

As transformações políticas de 1989 também tinham implicações que se estendiam muito além da Europa. A existência do bloco soviético proporcionava suporte moral, intelectual e financeiro aos movimento políticos de esquerda por todo o mundo. Dessa forma, a refutação do sistema soviético na Europa Central – e a revelação de sua falência moral e econômica – teve ramificações globais.

Na África do Sul, a liderança do Congresso Nacional Africano, que lutava com dificuldades contra o apartheid, mantinha tradicionalmente estreitas ligações com o Partido Comunista e, dessa forma, indiretamente, com a União Soviética. Mas, quando o apartheid foi derrubado, em meados dos anos 1990, e a África do Sul conquistou sua liberdade, a União Soviética não existia mais. O colapso da União Soviética libertou a África do Sul branca de seu temor da "ameaça vermelha" e facilitou vislumbrar o fim do apartheid. O governo da nova África do Sul ainda incluía membros do Partido Comunista, mas os ministros do primeiro governo de Nelson Mandela usavam terno e gravata, defendiam políticas econômicas ortodoxas e adotaram a globalização. A ideia de negociações da "mesa-redonda", que ajudou a dar um fim pacífico ao comunismo no Europa Central, também serviu como modelo para as negociações que levaram à queda pacífica do apartheid e para uma transição à democracia na África do Sul.

O colapso do modelo soviético também teve profundas implicações para a esquerda na Índia e na América Latina. Em Nova Délhi, reformistas econômicos estavam cada vez mais retomando a opinião de que "não havia alternativa" à adoção de mercados abertos e do capitalismo global. Na América Latina, a Cuba comunista mais parecia um posto avançado sitiado de uma ideologia moribunda do que o porta-estandarte de uma alternativa ao capitalismo e ao estilo americano.

CAPÍTULO 7

AMÉRICA LATINA, 1982-1991
A vitória da democracia e dos mercados

O colapso do comunismo no bloco soviético proporcionou as imagens mais memoráveis da Era da Transformação, mas a transformação da América Latina durante o mesmo período quase se igualou em termos de dramaticidade.

Em 1978, havia apenas três democracias em toda a América Latina. No final da década, a democracia havia triunfado em quase todo o continente. O ditador militar latino arquetípico, com seu uniforme guarnecido de medalhas, passou a ser uma figura do passado, substituído por presidentes civis de terno. Cuba, no passado considerada a precursora de um futuro revolucionário para o continente, mais se parecia com um posto de resistência anacrônico. O Brasil e a Argentina eram democracias governadas por presidentes civis. O México, apesar de ainda ser um Estado unipartidário, estava a meio caminho de uma transição democrática que viria ser concluída em 2000. Até o Chile – onde reformas favoráveis ao livre mercado foram defendidas por uma ditadura militar sob o comando do general Augusto Pinochet – havia voltado a se aproximar da democracia na eleição de um governo civil em 1989.

A transformação democrática da América Latina foi acompanhada de uma revolução em defesa do livre mercado. As ditaduras latinas, em geral, adotavam estratégias protecionistas e econômicas orientadas pelo Estado. Seus sucessores democráticos tinham muito mais chances de seguir estratégias econômicas ortodoxas: combate à inflação; uma boa recepção de investimentos estrangeiros; um regime comercial mais aberto; privatização.

A transformação da América Latina ilustra como ideias políticas e econômicas podem ser contagiosas – cruzando fronteiras com toda a energia de um vírus obstinado. O continente já havia passado por períodos de mudança política sincronizada antes. A América Latina foi palco de nove golpes militares entre 1962 e 1966.[123] Em 1973, até o Chile, que era uma democracia desde 1932, foi vítima de um golpe militar.

O medo do comunismo incutido pela Guerra Fria contribuiu para a onda antidemocrática que varreu a América Latina nos anos 1960. O retorno da democracia também foi parte de um processo global. A queda dos governos autoritários na Espanha e Portugal nos anos 1970 – e sua substituição por governos democráticos – inevitavelmente teve profunda influência sobre as ex-colônias espanholas e portuguesas na América Latina.

A administração Carter, de 1976 a 1980, com ênfase em colocar os direitos humanos no centro da política externa americana, também pressionou os regimes autoritários latino-americanos. Durante a Guerra Fria, os Estados Unidos se preocupavam com a "teoria do dominó", segundo a qual um país após o outro se tornaria vítima do comunismo. Na América Latina, na Era da Transformação, uma teoria reversa do dominó começou a ter efeito à medida que um país após o outro adotava a democracia.

A primeira peça de dominó foi a República Dominicana, onde as eleições presidenciais de 1978 foram vencidas pela oposição. O governo militar caiu no Equador, em 1979, no Peru, em 1980, em Honduras, em 1981, na Bolívia, em 1982, na Argentina, em 1983, em El Salvador e no Uruguai, em 1984, no Brasil e na Guatemala, em 1985, e no Chile e no Paraguai, em 1989. As últimas peças de dominó a cair foram o Haiti, a Nicarágua e o Panamá – todos realizaram eleições livres em 1990.[124] O modo como a democracia chegou ao continente determinou um padrão que se tornaria conhecido na Europa Central.[125] Regimes autoritários e militares não foram abolidos em revoluções violentas. Em vez disso, as transições foram pacíficas, com generais se reunindo com políticos civis para negociar a passagem para a democracia.

As mudanças na política global sem dúvida influenciaram profundamente o desenrolar dos eventos na América Latina. Contudo – como em grande parte do resto do mundo – foi necessária uma crise econômica para realmente abrir o caminho para as políticas que definiram a Era da Transformação. Foi a crise da dívida externa de 1982 que iniciou a mudança, desacreditando tanto as ditaduras latino-americanas quanto as políticas econômicas que elas defendiam. Nas palavras de Michael Reid, jornalista e escritor: "Quando a crise da dívida de 1982 irrompeu, as ditaduras se esconderam sob o opróbrio do fracasso econômico."[126] Na Argentina, a derrota na Guerra das Malvinas naquele ano também foi vital para desacreditar a junta militar do país.

Em 1982, o México deixou de pagar a dívida, provocando uma crise financeira internacional. Toda a América Latina vinha acumulando dívidas no decorrer dos anos 1970, mas, com o colapso da segurança internacional, o capital foi retirado e os governos da região foram forçados a cortar os gastos públicos. Alguns recorreram à emissão de mais moeda para preencher a lacuna em suas finanças e isso – combinado a moedas em queda – provocou o súbito aumento da inflação no continente como um todo.

A crise econômica proporcionou uma abertura para uma nova geração de economistas latino-americanos voltados para o que vinha acontecendo fora de seus países e que adotaram o sucesso orientado pelas exportações dos Tigres Asiáticos do Sudeste da Ásia como o novo modelo para seu continente. Muitos tinham formação nos Estados Unidos e estavam decididos a romper com as fracassadas políticas protecionistas do passado na América Latina.

A velocidade da mudança no resto do mundo ajudou a convencer os líderes latino-americanos de que os reformistas estavam certos. Em uma viagem para a Europa no início de 1990, logo após a queda do Muro de Berlim, o presidente do México, Carlos Salinas de Gortari, percebeu que seu país precisaria mudar rapidamente se quisesse competir por investimentos com os novos mercados que estavam se abrindo no Leste Europeu. No Fórum Econômico Mundial, em Davos, ele abordou Carla Hills, a representante comercial dos Estados Unidos, com a ideia de negociar um Acordo de Livre-comércio entre México e Estados Unidos (North American Trade Area – Nafta) – a semente do Acordo de Livre Comércio das Américas do Norte (Alca), que seria criado em 1994.[127]

A América Latina não se limitou a receber passivamente, do resto do mundo, lições da economia do livre mercado. Importantes economistas regionais, como o peruano Hernando de Soto, se tornaram importantes colaboradores na nova economia liberal – de Soto também contribuiu em muito na defesa da importância dos direitos de propriedade para os pobres.[128]

Não obstante, a nova economia defendida por todo o continente vinha acompanhada da aprovação do Fundo Monetário Internacional e do Banco

Mundial. Como essas duas poderosas instituições se baseavam em Washington, a prescrição do livre mercado ficou conhecida como o "Consenso de Washington"[129] – uma expressão concebida por John Williamson, economista do Institute for International Economics. Por toda a América Latina, governos buscavam as novas políticas consensuais: reduzir tributos e impostos; facilitar a vida para os investidores estrangeiros; permitir que os mercados definam taxas de juros e taxas de câmbio; reduzir a regulamentação; privatizar.

A história contada até este ponto soa como um conto de moralidade liberal, no qual a liberdade econômica e política avançam lado a lado. Na verdade, as coisas foram um pouco mais complicadas do que isso – e o principal complicador dessa narrativa edificante foi o Chile.

O Chile adotou a economia da Era da Transformação bem antes do resto da América Latina – na verdade, antes da Grã-Bretanha, da China e dos Estados Unidos. O país se tornara um laboratório para reformas favoráveis ao livre mercado já em 1975. Niall Ferguson, historiador de Harvard, argumenta que "Thatcher e Reagan vieram depois. A reação contra o assistencialismo começou no Chile".[130] Estranhamente para aqueles que gostam de acreditar que a liberdade política e econômica são indivisíveis, as reformas chilenas foram lançadas após um golpe militar que derrubou o governo esquerdista de Salvador Allende em 1973. As políticas chilenas de cortes de tributos e impostos, combate à inflação, privatização e reformas previdenciárias foram consideradas um modelo por reformistas favoráveis ao livre mercado ao redor do mundo, mas foram instauradas em um contexto de aprisionamento, tortura e assassinato de dissidentes.

O general Pinochet se voltou ao mercado em 1975, após uma rápida visita de Milton Friedman – o membro mais experiente da escola de economistas de Chicago, que viria a receber o Nobel de Economia no ano seguinte. A guerra contra a inflação teve início um mês depois da visita de Friedman. Sob o governo Pinochet, os "garotos de Chicago" de Friedman – muitos deles economistas chilenos com formação pela University of Chicago – receberam o país todo para fazer dele o que quisessem.[131]

Margaret Thatcher foi uma grande admiradora tanto de Friedman quanto de Pinochet. Quando o general aposentado visitou a Grã-Bretanha, em 1999, a primeira-ministra aposentada o recebeu para um chá. Quando, logo depois, ele foi preso na Grã-Bretanha acusado de violações aos direitos humanos, ela partiu em sua defesa, escrevendo ao *The Times* que Pinochet fora "um bom amigo deste país" durante a Guerra das Malvinas.[132] Os thatcheritas admiravam o anticomunismo do general, bem com seu papel como pioneiro de reformas radicais favoráveis ao livre mercado.

A relação de Ronald Reagan com o avanço da liberdade na América Latina também teve suas ambiguidades. Em 1979, Jeane Kirkpatrick, professora da Georgetown University, desenvolveu uma influente justificativa teórica para o apoio americano aos regimes autoritários na América Latina e em outras partes do mundo que impressionou tanto Reagan que ele a nomeou sua primeira embaixadora nas Nações Unidas. Kirkpatrick argumentou que "regimes autoritários tradicionais", como os regimes militares que, na época, ocupavam o poder na Argentina, no Chile e no Brasil, eram "menos repressivos do que autocracias revolucionárias... mais suscetíveis à flexibilização" do que governos comunistas "totalitários" e "mais compatíveis com os interesses americanos".[133] Dessa forma, era, ao mesmo tempo, moralmente respeitável e estrategicamente importante apoiá-los, ao mesmo tempo em que se opunha ferozmente ao comunismo.

A determinação de Kirkpatrick de não prejudicar os governos pró-americanos na América Latina a fez reagir com alarme quando o governo de Margaret Thatcher decidiu lutar contra a Argentina pelo domínio das Ilhas Malvinas, em 1982. Ela previu, com precisão, que a derrota militar prejudicaria a junta argentina e intercedeu para a negociação de um acordo.[134] Na ocasião, a administração Reagan utilizou sua influência a favor da Grã-Bretanha. Entretanto, o episódio enfatizou as ambiguidades ideológicas da Guerra Fria – algumas das quais foram posteriormente varridas pela narrativa neoconservadora triunfalista em relação ao progresso global da liberdade durante os anos Reagan.

Se Reagan e Thatcher por vezes demonstravam incorência no que se refere a aspectos da transformação da América Latina, essa incoerência era entusiasticamente correspondida por muitos dos reformistas da região. A guerra da Grã-Bretanha contra a Argentina não tornou Thatcher popular na América Latina. Uma longa tradição de antiamericanismo – reforçada pela antipatia pelas políticas da administração Reagan na América Central – dificultou que os reformistas se identificassem muito com o "neoliberalismo" de Reagan.[135] Os reformistas latino-americanos preferiam argumentar que as reformas de mercado que eles recomendavam não passavam de economia de corrente predominante e não tinham relação alguma com a ideologia de governos direitistas radicais da Grã-Bretanha ou dos Estados Unidos.

O papel da América Latina na história da globalização pode por vezes ser negligenciado. A história parece menos bombástica do que o colapso do bloco soviético – ou as transformações na Índia e na China. Isso, em parte, é uma questão de tamanho. A população de toda a região é de 550 milhões de pessoas – menos da metade do tamanho da China ou da Índia.

Contudo, a ascensão da América Latina ainda representa parte importante da história da "nova ordem mundial" que substituiu a Guerra Fria. Em 2010, o Brasil, com uma população de aproximadamente 200 milhões e a décima maior economia do mundo, foi amplamente reconhecido como uma importante potência global emergente. Goldman Sachs, o banco de investimento, ajudou a conferir esse status incluindo o Brasil nos países BRIC – as quatro potências emergentes que, segundo Jim O'Neill, o chief economist do banco, ajudarão a definir o próximo século. Suspeitas injustificadas de que a Goldman incluíra o Brasil – ao lado da China, da Índia e da Rússia – só para criar um acrônimo mais chamativo foram postas de lado à medida que o crescente status internacional do Brasil foi se tornando mais evidente. Em junho de 2009, os países do BRIC organizaram sua primeira reunião de cúpula na Rússia – proporcionando um raro exemplo de um artigo de pesquisa de um banco de investimento provocando uma mudança geopolítica.[136]

Outra razão plausível para explicar por que o papel da América Latina na história da globalização tem sido subestimado é que os registros econômicos das reformas favoráveis ao livre mercado na região são muito mais desiguais – e muito menos interessantes e alarmantes para os norte-americanos e europeus – do que a ascensão aparentemente inexorável da China e da Índia. Houve uma acentuada recuperação por todo o continente latino-americano em meados dos anos 1980, mas que foi seguida de retração econômica. No final da década, a maioria dos países havia dominado a hiperinflação e imposto a sensatez às finanças de seus governos. A redução de barreiras alfandegárias, de fato, incentivou o comércio exterior. Países como o Brasil, o Chile e o México vivenciaram *booms* de exportação.

À medida que o crescimento se fortalecia nos anos 1990, ele ainda foi pontuado por crises financeiras. O "efeito tequila" no México, em 1994, mostrou que o país ainda tendia ao endividamento e a problemas monetários. A crise provocou uma curta, porém muito profunda, recessão e demandou empréstimos de emergência de bilhões de dólares dos Estados Unidos. O pânico do mercado emergente de 1998, que se iniciou com a Rússia, incitou uma nova onda de fuga de capital na

América Latina – espelhando a crise da dívida externa de 1982, que originalmente provocou as reformas favoráveis ao livre mercado. Houve graves recessões e corrida aos bancos por toda a América Latina.

Quando visitei a Argentina pela primeira vez, em 2002, testemunhei parte da crise daquele país, o que me deixou com uma vívida impressão de como seria viver em um sistema financeiro em crise. Os bancos mais se pareciam com fortalezas, reforçadas por chapas onduladas de ferro – com uma porta estreita por meio da qual os clientes entravam em fila na esperança de sacar dinheiro. O resultado da crise foram quatro anos de estagnação econômica, que fez o "Consenso de Washington" ser algo inexistente – na opinião de Moisés Naím, jornalista e ex-ministro do Comércio Exterior venezuelano.[137]

Não obstante, as economias latino-americanas se recuperaram e quase todas as democracias da região sobreviveram. No mandato de George W. Bush, a Venezuela se tornou o foco do antiamericanismo e anticapitalismo de Hugo Chávez, a Bolívia também seguiu um caminho populista sob o governo de Evo Morales e a Cuba de Castro prosseguiu cambaleando. Mas os maiores países da América Latina, o Brasil e a Argentina, em grande parte resistiram às tentações antiamericanistas das gerações anteriores. Eles também evitaram as outras armadilhas do passado, recusando-se a se voltar economicamente para dentro ou a recorrer aos militares em busca de salvação política.

Os efeitos da Era da Transformação sobre a América Latina se provaram duradouros – e isso fez diferença ao redor do mundo –, pois, como argumentou Michael Reid, a América Latina "se tornara um dos laboratórios mais importantes do mundo para testar a viabilidade do capitalismo democrático como um projeto global".[138]

Em 2002, o Brasil elegeu Luiz Inácio Lula da Silva como seu novo presidente. Lula foi o sétimo filho de uma família extremamente pobre do Nordeste do Brasil. Suas primeiras experiências políticas envolveram a liderança de greves de metalúrgicos quando o Brasil ainda era uma ditadura militar. Durante muitos anos, seu Partido dos Trabalhadores defendeu políticas esquerdistas radicais, mas, em sua campanha vitoriosa de 2002, Lula defendeu políticas econômicas pragmáticas e moderadas. Depois de ser eleito, sua primeira importante viagem ao exterior foi para o Fórum Econômico Mundial, em Davos. Quando pediam que ele explicasse sua transformação, Lula costumava responder: "Eu mudei, o Brasil mudou."[139] Foi uma forma agradavelmente sutil de expressar resumidamente a transformação de todo um continente.

CAPÍTULO 8

ÍNDIA, 1991

O segundo gigante asiático desperta

Em meados de 1991, a Índia estava à beira de um desastre político e econômico.

Em maio daquele ano, Rajiv Gandhi, o primeiro-ministro, foi assassinado por um homem-bomba enquanto fazia campanha no Sul do país. A morte de Gandhi e as eleições subsequentes levaram um novo primeiro-ministro ao poder. Narasimha Rao tinha 70 anos, era quieto e pouco carismático. Ele parecia inapropriado para os desafios que encontraria pela frente.

Logo depois de Rao tomar posse, em meados de junho, Manmohan Singh, o novo ministro da Fazenda, informou, em uma reunião a portas fechadas de políticos do alto escalão, que a Índia estava à beira da falência. Suas reservas estrangeiras haviam caído para o equivalente a semanas de importações. Para garantir um empréstimo de emergência de $2,2 bilhões do FMI, a Índia precisaria transportar fisicamente parte de suas reservas de ouro a Londres.[140]

Entretanto, o modo como a Índia lidou com a crise econômica comprovou a sabedoria do antigo ditado segundo o qual "crise" e "oportunidade" muitas vezes são a mesma coisa. O governo Rao aproveitou a oportunidade de promover reformas econômicas radicais que lidavam não só com a crise imediata, mas também com as causas fundamentais de mais de 40 anos de relativo fracasso econômico. Com isso, eles incluíram a Índia na economia global e elevaram acentuadamente os índices de crescimento do país. Treze anos após a abertura da China, a Índia se tornou a última grande potência mundial a entrar no jogo da globalização. Apesar de a Índia chegar atrasada à festa, sua chegada com o tempo pode se provar tão importante quanto a abertura da China.

Para uma enorme nação com uma história antiquíssima, a Índia precisou aturar muita complacência depois de conquistar a independência em 1947. Enquanto as economias da Ásia Oriental disparavam adiante nos anos 1970 e 1980, a Índia parecia presa a um lento crescimento e níveis trágicos e humilhantes de pobreza. Alguns analistas falavam de uma "taxa hinduísta de crescimento" – sugerindo haver um elemento atemporal e espiritual na Índia que fazia o país se mostrar despreparado para a agressividade da economia global.[141] Outros, como o fundador de Cingapura, Lee Kuan Yew, especulavam que talvez a litigiosa democracia da Índia estivesse refreando o progresso do país.

A crise econômica indiana de 1991 já estava em formação há muito tempo. Depois de conquistar a independência política, em 1947, a Índia buscou atingir também a independência econômica. O país se comprometeu a uma política de protecionismo, propriedade pública e economia centralizada.

Em retrospecto, isso pode parecer um erro enorme, mas o protecionismo se alinhava naturalmente ao desejo nacionalista indiano de "autossuficiência" na era pós-colonial. Nas palavras do historiador Ramachandra Guha: "Manifestantes gandhistas queimaram tecidos estrangeiros para incentivar o crescimento da indústria têxtil nacional; agora, tecnocratas nehruvianos produziriam seu próprio aço e maquinário em vez de comprá-los do exterior."[142] A economia centralizada até estava na moda na Grã-Bretanha pós-guerra, onde o primeiro primeiro-ministro da Índia, Jawaharlal Nehru, tinha sido educado e onde um jovem Manmohan Singh estudou economia no início dos anos 1950. Como Singh mais tarde recordou: "O estado de espírito predominante daquela época era que, em países pobres, era necessária grande intervenção do governo para direcionar a economia para um caminho de crescimento autossuficiente."[143] Nehru também era um grande admirador da União Soviética. Ele ficou bastante impressionado quando visitou o país pela primeira vez nos anos 1920 e agora queria que a Índia promovesse um "padrão socialista de sociedade".[144]

No sistema nehruviano, a indústria indiana se viu sufocada por regulamentações, oprimida por um setor público monopolista e tolhida do capital e da tecnologia estrangeira. Enquanto os Tigres Asiáticos do Sudeste da Ásia abriam as portas a multinacionais estrangeiras, a Índia seguia na direção oposta, expulsando empresas como a IBM e a Coca-Cola, no final dos anos

1970. Gurchuran Das, jornalista econômico, escreve que os indianos, "decididos a criar o socialismo, descobriram que, em vez disso, eles criaram o estatismo".[145]

Entretanto, no início dos anos 1990, o país estava à beira de um importante colapso econômico. A crise de 1991 teve raízes profundas nas políticas do socialismo nehruviano promovido desde a independência, mas também teve causas mais imediatas. O governo de Rajiv Gandhi tomara pesados empréstimos do exterior, mas a crise do Golfo de 1991 provocou um acentuado aumento do preço do petróleo e a Índia não tinha dinheiro suficiente para comprar petróleo. Os sintomas conhecidos de uma crise financeira – mais especificamente a fuga de capital – começaram a surgir. O principal membro da equipe econômica montada pelo primeiro-ministro Rao para lidar com a crise foi Manmohan Singh – um diretor cerebral de um banco central e ex-funcionário público. Como Singh explicou mais tarde: "Ninguém estava disposto a nos emprestar dinheiro para financiar nosso déficit em conta corrente. Nossas reservas internacionais tinham literalmente desaparecido, de forma que estávamos à beira da falência".[146] Singh não tentou ocultar de Narasimha Rao a gravidade da situação: "Eu disse a ele que estávamos à beira do colapso... Deveríamos converter a crise em uma oportunidade de construir uma nova Índia."[147]

Transformar a crise em oportunidade significava se livrar de anos de mentalidade e política econômica indiana acumulada. Quando era um estudante, nos anos 1950, Singh recebeu o prêmio Adam Smith de Economia da Cambridge University. Mas a economia que ele aprendeu e praticou na Cambridge como funcionário público na verdade não seguia a tradição de Smith – era uma linha mais keynesiana e estatista. No entanto, Singh ficara profundamente impressionado com o desenvolvimento econômico da Ásia Oriental e, em particular, com uma visita à Coreia do Sul e a Taiwan, em 1987. Em 1960, a Índia e a Coreia do Sul apresentavam estágios de desenvolvimento e níveis de renda aproximadamente iguais. Contudo, no decorrer de duas gerações, a renda *per capita* sul-coreana era aproximadamente 20 vezes maior do que a da Índia. A economia sul-coreana estava longe de ter se livrado da interferência do governo, mas sua ênfase no comércio internacional e um setor privado dinâmico ofereciam lições que poderiam ser aprendidas pela Índia.

Outras importantes autoridades também viram a necessidade e a oportunidade de reforma em 1991 – incluindo Palaniappan Chidambaram, que foi ministro do Comércio Exterior no governo Rao e que formou uma aliança reformista com Singh que ainda se mantinha forte em 2008, quando os dois homens eram, respectivamente, primeiro-ministro e ministro da Fazenda.

Apesar de terem muitas ideias em comum, Singh e Chidambaram tinham personalidades muito diferentes, como descobri quando me encontrei com os dois em 1996. Singh, que sempre usava um turbante sique nos tons azul-claro da Cambridge University, tinha um jeito tímido e acadêmico. Suas qualidades etéreas se destacavam ainda mais pelo fato de nossa reunião ter ocorrido no esplendor silencioso do ministério da Fazenda – parte do grandioso complexo de prédios públicos de Nova Délhi, projetado pelo arquiteto britânico Edwin Lutyens. Chidambaram tem uma personalidade muito mais emotiva. Eu me encontrei com ele no ambiente relativamente menos refinado do ministério do Comércio Exterior indiano. Havia um carro quebrado sustentado por tijolos no pátio do ministério e Chidambaram parecia ansioso e quase aflito quando nos encontramos. Perguntei ao ministro o que o preocupava. Ele respondeu que tinha acabado de se reunir com o ministro do Comércio Exterior da Finlândia e perguntou retoricamente: "Você sabe quantas pessoas vivem na Finlândia? Cinco milhões" Ele fez uma pausa para criar um efeito dramático. "Nós temos cinco milhões de cegos na Índia."[148] Foi um grande lembrete da escala quase opressiva dos problemas enfrentados pelas pessoas que tentam governar uma grande nação de mais de 1 bilhão de pessoas.

Mesmo assim, diante da crise de 1991, Rao, Singh e Chidambaram agiram com velocidade e ousadia. No início de julho, Singh desvalorizou a rupia indiana para incentivar as exportações. Depois, ele e Chidambaram utilizaram a desvalorização para abolir subsídios à exportação e passaram a liberalizar e desregulamentar radicalmente o regime comercial da Índia. A isso se seguiu a "licença Raj" – o sistema de concessões públicas que regulamentava quem podia abrir um novo negócio ou oferecer um novo produto. Uma dramática redução do número de setores industriais controlados pelo Estado foi anunciada na manhã do dia 24 de julho de 1991. Mais tarde, no mesmo dia, Manmohan Singh apresentou seu orçamento e citou o escritor francês Victor Hugo, ao proclamar: "Nenhum poder na Terra pode impedir uma ideia quando for chegada a sua hora." A ideia à qual Singh se referia era "a ascensão da Índia como importante potência global, uma potência econômica... livre da pobreza, da ignorância e da doença. Isso se atinge com a Índia se tornando uma importante participante na economia mundial".[149]

Ao longo dos próximos dois anos, o governo Rao promoveu uma série de reformas baseadas no mercado, para a alegria de qualquer liberal econômico. As concessões industriais foram praticamente abolidas. Empresas em setores como telecomunicações, transporte aéreo e bancário foram abertas ao setor privado. Leis que regulamentavam os investimentos estrangeiros foram liberalizadas – e o capital começou a entrar rapidamente no país. O mercado de ações também foi aberto para investimentos estrangeiros. Os tributos foram acentuadamente reduzidos, bem como os impostos. A taxa de câmbio e as taxas de juros sobre títulos públicos passaram a ser definidas pelo mercado.[150]

A recuperação da economia foi rápida. Como Singh lembrou mais tarde: "A economia se recuperou muito antes, muito mais rapidamente e muito mais profundamente do que eu previra."[151] Isso teve o efeito crucial de garantir que o apoio político de uma economia indiana mais aberta fosse sustentado, mesmo depois de passada a crise imediata. Quando o Partido do Congresso de Singh perdeu poder, em 1996, o próximo governo indiano, liderado pelo partido hindu-nacionalista, o Partido do Povo Indiano (BJP), apoiou a reforma e a abertura econômica.

No decorrer da década seguinte, a velocidade das reformas indianas subsequentes muitas vezes frustrou os reformistas liberais mais fervorosos, que olhavam para o passado com nostalgia em relação aos primeiros dias das reformas de Singh. O próprio Singh recebeu com críticas a timidez da reforma.[152] Mas as mudanças implementadas entre 1991 e 1993 impulsionaram o crescimento econômico, que continuou a ganhar ímpeto – mesmo quando a velocidade das reformas diminuía. O estrangulamento que sufocara o empreendedorismo indiano foi afrouxado o suficiente para permitir o surgimento de novos negócios. Nos anos 1980, o crescimento econômico médio da Índia era de aproximadamente 5% ao ano. Nos anos 1990, essa média subiu para 5% a 7% ao ano. Em 2006 e 2007, a Índia estava crescendo mais de 9% ao ano e, nas palavras de Bill Emmott, ex-editor da *The Economist*, se parecendo "cada vez mais com um país da Ásia Oriental".[153]

As reformas indianas de 1991 representaram o último estágio de uma transformação que criou uma economia capitalista verdadeiramente global no decorrer de apenas 13 anos. A Índia mudou porque o mundo havia mudado. A influência mais direta sobre Manmohan Singh foi o crescimento dinâmico das economias capitalistas da Ásia Oriental, mas o colapso do sistema soviético também foi crucial. Durante muitos anos, a Índia buscou inspiração no bloco soviético – de forma que o colapso do sistema soviético teve profundo impacto. Como Singh explicou mais tarde: "Aquela foi uma prova reveladora de que uma economia planificada não era tão segura quanto pensávamos que fosse... Achávamos... que poderíamos ver a União Soviética como se fosse uma nova civilização, e lá estava uma economia e uma sociedade e uma política incapaz de se defender de todas as suas contradições internas. Assim, o colapso da União Soviética – o fim da Guerra Fria – também foi um fator importante que influenciou o direcionamento das reformas econômicas no nosso país."[154] Singh também admitiu sentir uma "grande admiração" por Margaret Thatcher, apesar de subestimar a influência dela no direcionamento econômico indiano.

A rápida ascensão da economia indiana nos anos 1990 – aliada ao tamanho do país – significava que ela se tornou rapidamente não apenas mais um grande participante da economia global, mas também um poderoso símbolo do próprio processo de globalização. O livro *O mundo é plano* (Objetiva, 2007), de Thomas Friedman, publicado em 2005 e que rapidamente se tornou o livro mais popular jamais escrito sobre a globalização, começava a narrativa em Bangalore, a capital do setor de Tecnologia da Informação (TI) indiano.

A ascensão de Bangalore, de fato, representa uma história espetacular e diretamente atribuível às reformas econômicas indianas. O setor de TI poderia não ter prosperado no antigo sistema da "licença Raj" – no qual os empreendedores precisariam obter a autorização do governo federal para cada mudança na estratégia corporativa.

Em 1996, os estrangeiros estavam apenas começando a notar o surgimento das indústrias de alta tecnologia da Índia. Quando visitei a Infosys naquele ano, a empresa de Bangalore era relativamente modesta, com cerca de 3 mil empregados, em grande parte realizando trabalho terceirizado de baixo nível de qualificação para grandes nomes do setor de TI (Tecnologia da Informação) da Costa Oeste dos Estados Unidos. Quando voltei, 13 anos mais tarde, a Infosys era o ícone do renascimento econômico da Índia – e um importante participante global, concorrendo de igual para igual com as empresas de maior prestígio dos Estados Unidos e da Europa. Ela ocupava um vasto terreno no estilo californiano nas redondezas de Bangalore, empregava 97 mil pessoas e tinha capitalização de mercado de mais de $20 bilhões.[155]

A adoção da economia de mercado por parte da Índia em 1991 e seu surgimento como importante potência global deram um impulso vital à globalização. Mas isso também teve importantes implicações políticas e ideológicas. Durante os anos 1980, o relativo fracasso da Índia em comparação com a China serviu para instigar as pessoas, particularmente na Ásia, que argumentam que a democracia, na verdade, poderia prejudicar a estabilidade e a prosperidade das economias emergentes. Contudo, da mesma forma como a vitória na Guerra Fria fortalecia a autoconfiança ocidental, os indianos, com sua recém-conquistada confiança, também contribuíram para o fomento das ideias democráticas e liberais. Manmohan Singh argumentou: "A democracia liberal é a ordem natural da organização política no mundo de hoje."[156] Foi um resumo perfeito da ideologia liberal confiante que fundamentava a nova Era do Otimismo que começava a surgir em 1991.

Entretanto, naquele ano, muito poucas pessoas em Washington tiveram tempo para prestar atenção ao progresso da reforma econômica na Índia. Elas estavam preocupadas com o colapso da União Soviética. E – como muitas vezes acontece – com conflitos no Oriente Médio.

CAPÍTULO 9

A Guerra do Golfo, 1991
O momento unipolar

O presidente George H.W. Bush notoriamente criticou a si mesmo por não ter "aquela coisa de visão". Diferentemente de Ronald Reagan, ele não era um fervoroso defensor do livre mercado. Diferentemente de Bill Clinton, ele não se sentia particularmente encantado pela globalização ou pela tecnologia moderna (em certa ocasião, ele ficou confuso com um leitor óptico de supermercado). Mas o primeiro presidente Bush concebeu uma expressão que ajudou a definir a Era do Otimismo: "nova ordem mundial".

A referência do presidente Bush a "uma nova ordem mundial" não foi uma reação ao fim da Guerra Fria. Ele usou a expressão pela primeira vez em um discurso ao Congresso, em setembro de 1990, quando Mikhail Gorbachev ainda estava no Kremlin e a União Soviética ainda não tinha se fragmentado. O raro voo de extravagância retórica do presidente foi, em vez disso, provocado pela invasão do Kuwait por parte do Iraque – e a visão de um novo mundo no qual todas as principais potências poderiam se reunir para combater atos de agressão internacional.

Bush elaborou sua visão em seu discurso anual no Congresso logo após o início da primeira Guerra do Golfo contra o Iraque de Saddam Hussein. Ele disse no Congresso: "O que está em jogo é mais do que um pequeno país; são grandes ideias, uma nova ordem mundial, na qual diversas nações se unem ao redor de causas comuns para atingir as aspirações universais da humanidade – paz e segurança, liberdade e o Estado de Direito".[157]

A expressão do presidente foi censurada por críticos tanto da esquerda quanto da direita. Alguns direitistas americanos temiam que o senhor Bush tivesse sido conquistado por defensores de um "governo mundial"; alguns esquerdistas interpretaram que ele falava de um capitalismo global irrefreável. Na verdade, de modo característico, sua visão foi mais limitada do que isso. Como escreve o historiador Lawrence Freedman: "O conceito de Bush para essa nova ordem essencialmente envolvia a antiga ordem pós-Segunda Guerra Mundial funcionando como deveria, pois agora os Estados Unidos e a União Soviética poderiam trabalhar juntos."[158] Como muitas expressões marcantes, contudo, a "nova ordem mundial" acabou ganhando significados que não foram contemplados por seu autor. Na esteira da vitória americana na Guerra do Golfo de 1991 e do colapso da União Soviética, a expressão começou a ser associada a uma nova era dominada pelo poder político americano e uma economia globalizada.

A noção de que os Estados Unidos naturalmente dominariam uma "nova ordem mundial" parecia óbvia após a Guerra Fria. Mas apenas três anos antes, quando a era de Reagan chegava ao fim, muitos intelectuais e políticos americanos ainda estavam atônitos com a ascensão do Japão. O best-seller *Ascensão e queda das grandes potências* (Campus/Elsevier, 1994), do professor de Yale Paul Kennedy, publicado em 1988, representou com precisão e instigou o temor de que os Estados Unidos pudessem estar em declínio. O capítulo de conclusão de Kennedy foi sombrio no que se refere às perspectivas econômicas dos Estados Unidos e bastante confiante em relação ao Japão. "Qual será o poder econômico do Japão no início do século XXI?", ele perguntou retoricamente antes de responder: "A resposta consensual parece ser que o Japão será muito mais poderoso."[159] Mas, como costuma acontecer, a "resposta consensual" era a resposta errada. A bolsa de valores japonesa atingiu o pico no fim de 1989 e deu início a um longo colapso que gradualmente revelou os pontos fracos da "bolha econômica" do país. No final de 1991, o sentimento de que a ascensão do Japão era inexorável e ameaçadora já estava começando a se dissipar – justamente quando os Estados Unidos recuperavam a confiança no próprio poder, após a primeira Guerra do Golfo.

A crise do Golfo começou no dia 2 de agosto de 1990, com a invasão do Kuwait por parte de Saddam Hussein. Em poucos dias, o presidente Bush anunciou sobre a invasão do Kuwait por parte do Iraque: "Não se manterá."[160] Em questão de semanas já estava claro que seria necessário usar a força militar para expulsar o Iraque do Kuwait. Margaret Thatcher, que se aproximava do fim de seus 12 anos no poder, fez uma memorável declaração incentivando o presidente Bush a não "hesitar".[161]

Após o meticuloso processo de reunir apoio diplomático nas Nações Unidas e uma enorme coalizão militar no Golfo, as hostilidades tiveram início com ataques aéreos no dia 16 de janeiro. A invasão em solo se seguiu no dia 24 fevereiro e durou apenas três dias. O Iraque foi facilmente expulso do Kuwait. As baixas aliadas foram em número relativamente baixo, com as forças de coalizão sofrendo menos de 400 mortes. A fase final da guerra foi, na expressão moralmente desconcertante da época, uma sessão de "tiro ao alvo" nas tropas iraquianas em fuga.

Contudo, só em retrospecto uma vitória fácil na Guerra do Golfo parecia inevitável. Eu estava trabalhando como jornalista em Washington DC nos meses que antecederam o conflito e me lembro muito bem da intensa ansiedade gerada pelo envio de tropas americanas a uma guerra no Oriente Médio. Memórias do Vietnã ainda estavam frescas e eram frequentemente evocadas. Alguns bons analistas estimaram que os Estados Unidos poderiam perder até 15 mil soldados ao tentar expulsar o Iraque do Kuwait.[162]

O presidente Bush se vangloriou do fato de que a vitória fácil na Guerra do Golfo "enterrou a síndrome do Vietnã de uma vez por todas".[163] Isso certamente transformou a atitude americana em relação ao uso da força. Os Estados Unidos derrotaram um grande e experiente exército no outro lado do mundo e asseguraram o abastecimento de petróleo do mundo em questão de semanas. Os políticos americanos voltaram a acreditar na possibilidade de rápidas vitórias militares.

A nova disposição americana de levar a guerra em consideração foi um aspecto determinante da nova Era do Otimismo que começava a surgir em 1991. Isso pode ser visto ao se comparar os números de votos do Congresso autorizando a primeira e a segunda Guerra do Golfo. Em 1991, o argumento para uma guerra era claramente muito mais forte, já que Saddam Hussein havia invadido um país estrangeiro. Em 2003, o presidente George W. Bush estava basicamente pedindo que os Estados Unidos proclamassem uma "guerra por escolha" preventiva, com base em pressupostos sobre o que Saddam poderia fazer no futuro. Mesmo assim, o apoio do Congresso para a segunda guerra com Saddam foi muito maior do que para a primeira. O Senado votou para autorizar o uso de força, vencendo por apenas 52 a 47 votos em 1990. Doze anos mais tarde, a votação para entrar em guerra foi de 77 contra 23. Richard Haass, que trabalhou tanto para o primeiro quanto para o segundo presidente Bush, acredita que a disparidade do número de votos refletiu o efeito traumático dos ataques terroristas a Nova York e Washington DC em 2001: "Muitas das pessoas que votaram, desta vez, não queriam ficar na história após o 11 de Setembro, por se oporem a uma guerra que, na época, era popular."[164]

O trauma nacional sofrido pelos Estados Unidos em 11 de Setembro sem dúvida teve muita relação com a disposição do país de ir à guerra em 2003, mas a crença renovada na possibilidade de uma rápida vitória militar que havia sido um legado da primeira Guerra do Golfo de 1991 também foi fundamental.

No final de 1991, a expressão "nova ordem mundial" passara a significar muito mais do que Organização das Nações Unidas mais eficaz. Apesar de o ano de 1989 ser muitas vezes visto, especialmente na Europa, como o ano de maiores mudanças na Era da Transformação, para o mundo como um todo, 1991 foi pelo menos tão significativo. A abertura da Índia representou a última grande peça do quebra-cabeça da globalização. O colapso da União Soviética pôs um fim definitivo à batalha ideológica e geopolítica que definia a política mundial desde 1945. A vitória fácil da coalizão liderada pelos Estados Unidos na Guerra do Golfo deu aos políticos americanos um vislumbre inebriante de um novo mundo definido por uma combinação incontestável de poder americano tecnológico, militar, econômico, ideológico e político. O momento unipolar estava começando.

PARTE II

A ERA DO OTIMISMO
1991-2008

Introdução

A Era do Otimismo foi um período de poder americano inigualável. Poder econômico, com os Estados Unidos no centro da economia global. Poder financeiro, com Wall Street direcionando os fluxos de dinheiro ao redor do mundo. Poder militar, com os Estados Unidos gastando mais do que todo o resto do mundo. Poder tecnológico, com os Estados Unidos no centro das revoluções da informática e da internet. Isso levou ao poder intelectual – o poder de criar uma nova história para o mundo.

Com o colapso da União Soviética, em 1991, uma sedutora imagem de uma "nova ordem mundial" se fez visível. Era a visão de um mundo mais pacífico, no qual todas as principais potências assumiam posturas econômicas e políticas similares no que se refere à democracia e aos livres mercados. Essa ideia foi representada com precisão em uma nova palavra da moda – "globalização" – que se tornou o tema político e econômico dominante da Era do Otimismo que se estendeu de 1991 a 2008.

Os quatro primeiros capítulos desta seção analisam as ideias que fundamentaram a Era do Otimismo e o que as pessoas mais associaram a essas ideias. Os outros capítulos examinam até que ponto a confiança americana na democracia, nos mercados, na "paz democrática" e no poder da tecnologia foi compartilhada na Ásia e na Europa. Isso explica por que todas as principais potências do mundo adotaram a globalização e como um longo período de crescimento econômico criou um mundo do tipo ganha-ganha, que reduziu as chances de conflito internacional.

O primeiro escritor americano a traduzir o espírito da nova era foi Francis Fukuyama, cujo famoso ensaio sobre o "fim da história" foi publicado no verão de 1989, justamente quando a transformação revolucionária do bloco soviético estava começando a ganhar ímpeto. O argumento de Fukuyama foi que o fim da Guerra Fria poderia sinalizar o "ponto final da evolução ideológica da humanidade", anunciando a eventual vitória da democracia liberal no estilo ocidental por todo o mundo. Apesar de as ideias de Fukuyama terem sido amplamente atacadas como presunçosas (e, de forma similar, amplamente mal-entendidas), uma versão de sua tese fundamentou a política externa americana durante a Era do Otimismo. Tanto a administração de Bill Clinton quanto a de George W. Bush colocaram a promoção da democracia no centro de suas políticas estrangeiras – e os dois presidentes acreditavam que estavam se colocando no lado certo do "fim da história" ao fazer isso.

Quando Fukuyama proclamou o "fim da história", ele estava pensando, acima de tudo, na política e no triunfo da democracia liberal. Mas quando os americanos se perguntaram o que realmente levou à vitória na Guerra Fria, a democracia foi apenas parte da resposta. O outro elemento-chave, como costumava ser o consenso, era constituído pelos livres mercados. Na Era do Otimismo, muitas pessoas também começaram a acreditar em algo como o "fim da história econômica".[165] Os grandes debates econômicos pareciam ter sido solucionados. Por todo o mundo, essa foi a era do governo mínimo, de menos impostos, privatização, desregulamentação, abertura de mercado e globalização.

Alan Greenspan, que fora nomeado chairman do Federal Reserve em 1987 para ocupar o cargo até 2007, resumiu as ideias econômicas da Era do Otimismo. Greenspan era um libertário, que desconfiava instintivamente da intromissão do governo. Ele dizia: "Não é possível dizer quando um mercado está supervalorizado e não é possível lutar contra as tendências do mercado." O longo surto de prosperidade da Era do Otimismo garantiu que Greenspan se tornasse personalidade respeitada não apenas nos Estados Unidos, mas por todo o mundo. Isso porque os Estados Unidos não somente ocupavam o centro da economia mundial como também eram o centro intelectual dos economistas. Não foi por acaso que as ideias favoráveis ao livre mercado promovidas ao redor do mundo durante a Era do Otimismo passaram a ser conhecidas como o "Consenso de Washington".[166]

Uma razão pela qual os próprios Estados Unidos mantiveram a crença na globalização durante o período de 1991 a 2008 foi que a economia americana estava crescendo rapidamente. Nos anos 1990, já estava claro que os Estados Unidos estavam na vanguarda de uma revolução tecnológica. A ascensão de empresas de alta tecnologia como a Microsoft, a Apple e o Google, na Costa Oeste dos Estados Unidos, pareceu mais do que compensar a perda de empregos na indústria do Cinturão da Ferrugem.* Como resultado da capacidade americana de gerar empolgantes novos produtos e empresas, a cultura corporativa americana, nas palavras de Alan Greenspan, passou a "fazer inveja ao mundo".

A revolução tecnológica também influenciou profundamente a mentalidade política da era, reforçando a crença americana de que os países que obstruíam a democracia e o livre fluxo da informação fracassariam. Como Bill Clinton explicou a um grupo no Pentágono, em 1998: "Pouco a pouco a era da informação está desgastando as barreiras econômicas, políticas e sociais que, no passado, limitavam as pessoas e impediam a entrada da liberdade e da prosperidade."[167]

As potências em ascensão na Ásia e na União Europeia tinham as próprias razões para receber a globalização com um espírito de otimismo. As economias da China, da Índia e da maioria do Sudeste da Ásia cresciam em velocidades sem precedentes. Novas oportunidades também foram criadas para os países da Europa Central, que, pelo menos, se viram livres para adotar a democracia e os livres mercados. Em consequência, a União Europeia dobrou de tamanho e se tornou a maior economia do mundo.

No entanto, nem todas as grandes potências estavam satisfeitas com seu lugar na "nova ordem mundial". A grande exceção era a Rússia. A caótica transição do país a uma economia de mercado nos anos 1990 deixou muitas pessoas comuns em pior situação do que quando viviam sob o comunismo. No processo, tanto o liberalismo político quanto econômico foram desacreditados. No final da década, a liderança da Rússia também já se via em estado de espírito colérico – convencida de que os líderes ocidentais haviam quebrado a promessa de não expandir a aliança militar da Otan até as fronteiras russas. Mesmo assim, muitos membros da elite russa tinham interesses pessoais

---

Nota da Tradutora: Também conhecida como Cinturão da Manufatura, é uma região no Nordeste dos Estados Unidos que se estende aproximadamente de Chicago a Nova York, e cuja economia se baseia principalmente na indústria pesada e na manufatura.

diretos na nova ordem globalizada – na forma de contas em bancos suíços e imóveis em Londres.

Na esteira das crises econômicas asiática e russa do fim dos anos 1990, o movimento antiglobalização encontrou sua voz. Os antiglobalizadores argumentavam que grandes partes do mundo – mais especificamente na África e no Oriente Médio – não se beneficiaram do crescimento econômico liberado pela globalização. Alguns argumentavam que a maior da riqueza criada pela globalização foi conquistada pelas elites internacionais – banqueiros ocidentais, oligarcas russos, industriais asiáticos – em suma, o público de Davos.

O ataque mais violento e chocante contra a globalização e a "nova ordem mundial" lideradas pelos Estados Unidos foi lançado em 11 de Setembro. Os ataques da al-Qaeda a Nova York e Washington representaram agressão simbólica aos dois principais pilares da Era do Otimismo – a globalização e o poder americano – com os aviões sequestrados colidindo no World Trade Center e no Pentágono.

Os Estados Unidos reagiram a esse ataque reafirmando o poder militar americano e a ideologia do livre mercado que analisamos no capítulo final desta seção. Para os neoconservadores, que defenderam as invasões do Iraque e do Afeganistão, a guerra ao terror proporcionou uma oportunidade para os Estados Unidos recriarem o mundo – esmagando seus inimigos e exportando as virtudes da democracia e dos livres mercados.

As Guerras do Iraque e do Afeganistão, contudo, deixaram os limites do poder americano penosamente claros. As guerras da era Bush corroeram o otimismo americano. Mas a Era do Otimismo chegou definitivamente ao fim devido ao crash de Wall Street, em 2008. Os Estados Unidos estavam mergulhados em sua mais profunda recessão desde os anos 1930, com um índice de desemprego de dois dígitos e uma dívida pública fora de controle. A crise econômica também representou enorme golpe contra a autoestima e o prestígio internacional dos Estados Unidos. A Era do Otimismo viu uma tentativa americana de criar o mundo à sua imagem e semelhança, mas o modelo criado na América fracassou na própria América.

CAPÍTULO 10

DEMOCRACIA

Francis Fukuyama e o fim da história

No início de 1989, Francis Fukuyama voltou à Chicago University, sua *alma mater*, para proferir uma palestra. A palestra fazia parte de uma série sobre o declínio do Ocidente, organizada por seu antigo professor, Allan Bloom, autor do célebre e soturno tratado conservador *O declínio da cultura ocidental – Da crise da universidade à crise da sociedade* (Best Seller, 1989).[168] Só havia um problema. No início de 1989, o estado de espírito de Fukuyama estava longe de ser soturno. Como ele lembrou mais tarde: "Eu disse que daria a palestra, mas que não seria sobre o declínio do Ocidente, mas, sim, sobre a vitória do Ocidente. E ele disse: 'OK, tudo bem, o que você quiser.' Então eu dei a palestra em fevereiro de 1989."[169]

A tese que Fukuyama delineou em Chicago ficou famosa como "o fim da história". Um americano de ascendência oriental e de fala mansa, com jeito acadêmico e opiniões conservadoras, Fukuyama tinha 36 anos em 1989. O tema de seu doutorado fora política externa soviética. Após um tempo trabalhando no Departamento de Estado durante a administração Reagan, ele voltou a estudar a política soviética na Rand Corporation, uma catalisadora de ideias nas proximidades de Los Angeles. À medida que acompanhava o desenrolar das reformas de Gorbachev em 1988, Fukuyama percebeu que o comunismo soviético havia entrado em colapso como um sistema ideológico. O Ocidente havia vencido.

Então, quando o professor Bloom o procurou, ele tendia a ser contra o pessimismo instintivo de seu mentor. Em Chicago, Fukuyama argumentou: "O que podemos estar testemunhando é não apenas o fim da Guerra Fria ou a passagem de um período específico da história pós-guerra, mas o fim da história como a conhecemos, isto é, o ponto final da evolução ideológica da humanidade e a universalização da democracia liberal ocidental como a forma final de governo humano."[170] Em junho de 1989, quando uma versão revista da palestra de Fukuyama foi publicada como um artigo na *National Interest*, uma revista intelectual de Washington, o mundo estava pronto para sua mensagem. O império soviético no Leste Europeu cambaleava. As primeiras eleições livres na Polônia haviam acabado de ocorrer, a Cortina de Ferro estava começando a mostrar rachaduras com a abertura da fronteira entre a Hungria e a Alemanha Oriental. Na China, naquele mesmo mês, os tanques entraram na Praça da Paz Celestial e esmagaram o movimento estudantil. Falar do colapso do comunismo e da vitória final da democracia não era nenhum absurdo.

A agitação gerada pela tese do "fim da história" foi intensificada pelo fato de que, quando o artigo foi publicado, Fukuyama estava de volta ao governo, trabalhando como diretor adjunto da equipe de planejamento político do Departamento de Estado na administração do primeiro presidente Bush. Era tentador demais ler a tese de Fukuyama como a expressão das opiniões secretas do governo americano. O fato de o planejamento político ser o departamento no qual George Kennan concebera a doutrina da "contenção" – definindo a política externa americana durante a Guerra Fria – só fez reforçar essa aura de mistério.

Com efeito, o artigo de Fukuyama era um texto curioso. Extravagante, e repleto de longas digressões envolvendo obscuros filósofos hegelianos, mais se parecia com um rascunho escrito às pressas de um aluno de pós-graduação brilhante, porém pouco disciplinado. Jornalistas e diplomatas estrangeiros, ansiosos para adivinhar a mentalidade secreta da administração Bush, se viram lendo frases como: "Desejo evitar o determinismo materialista que diz que a economia liberal inevitavelmente produz a política liberal, porque acredito que tanto a economia quanto a política pressupõem um estado de consciência autônomo prévio que as possibilita."[171]

Contudo, a linguagem obscura e as divagações filosóficas hegelianas não importavam. O insight central de Fukuyama era poderoso e brilhante. O fim da Guerra Fria pôs um fim à competição ideológica. A democracia liberal reinaria suprema.

Nos anos subsequentes, passou a ser quase compulsório para os comentaristas políticos esboçar uma observação crítica sobre Fukuyama e descartar a tese do "fim da história" como bobagem presunçosa.[172] Parte do problema costuma ser um mal-entendido do que Fukuyama estava realmente dizendo. Ele não estava prevendo o fim dos eventos. Em vez disso, seu argumento era que a batalha das ideias tinha chegado ao fim. Os comunistas tinham parado de acreditar no próprio sistema e não se via um novo contestador ideológico à democracia liberal. Isso não significava que todos os países imediatamente se tornariam democracias liberais ou que o conflito seria varrido da face da Terra. Na verdade, Fukuyama previu uma "gradativa expansão do mundo pós-histórico"[173] de democracias liberais que entrariam em conflito intermitentemente com um mundo "histórico" de países que ainda não fizeram a transição à democracia liberal.

As declarações mais grandiloquentes de Fukuyama tiveram claramente a intenção de provocar e estavam abertas a contestação. Mas também ficou claro que ele tinha algo em vista. Como observou no livro escrito a partir de seu artigo original, a expansão da democracia liberal, desde a fundação dos Estados Unidos no fim do século XVIII, foi verdadeiramente notável. Em 1790, ele argumentou, havia apenas três democracias parlamentares no mundo – os Estados Unidos, a Grã-Bretanha e a Suíça (algumas pessoas podem até contestar isso, considerando a escravidão nos Estados Unidos e o fato de que a Grã-Bretanha só adotou o sufrágio universal no século XX). Em 1848 havia cinco democracias, em 1900 havia 13, em 1960 havia 36 e, em 1990 havia 61. O número de Estados democráticos variou com a ascensão do fascismo e do comunismo, mas a tendência geral foi, inexoravelmente, de crescimento.[174]

Além disso, em 1989, a nova e longa onda de democratização global que tivera início na Europa Ocidental, em meados dos anos 1970, estava prestes a ganhar um novo ímpeto. A Freedom House, catalisadora de ideias de Nova York que acompanha o progresso da democracia ao redor do mundo, registra que, em 1989, havia 69 democracias eleitorais no mundo, representando cerca de 41% dos Estados-nação. Vinte anos mais tarde, em 2009, o número de democracias eleitorais havia aumentado para 119, respondendo por 62% dos países.[175] O fato de os dados da Freedom House serem ligeiramente diferentes dos oferecidos por Fukuyama em 1991 é explicado por questões de definição, mas a tendência geral é clara.

O colapso do sistema soviético e o avanço global da democracia pareciam confirmar a tese de Fukuyama, e uma versão simplificada de suas ideias influenciou profundamente a política externa americana durante a Era do Otimismo. Como Fukuyama, autoridades americanas decisivamente voltaram as costas ao "declinismo" que estavam em voga no fim dos anos 1980, quando os Estados Unidos ainda se preocupavam com a ascensão do Japão. Em vez disso, uma nova e otimista política externa americana se baseava na crença no triunfo do sistema ocidental e na inexorável ascensão da democracia e dos livres mercados.

Al Gore, vice-presidente de Bill Clinton, resumiu com eloquência a nova mentalidade em uma sessão de brainstorming na Casa Branca em 1994: "Nossa civilização está se tornando uma civilização global", ele disse ao presidente e a seus conselheiros. "Há um sentimento universal de que a democracia é a forma de organização política escolhida pela humanidade e que o livre mercado é a forma de organização econômica escolhida pela humanidade."[176]

Esse "sentimento universal" não se restringia aos Estados Unidos. Nos anos 1990, assegurar a democracia no antigo império soviético se tornou missão determinante para a União Europeia. Manmohan Singh, o mentor das reformas econômicas indianas, soou como um eco asiático de Fukuyama quando afirmou: "A democracia liberal é a ordem natural da organização política no mundo de hoje. Todos os sistemas alternativos... são, em variados graus, aberrações."[177]

Para os Estados Unidos, contudo, a tese do "fim da história" respondia uma pergunta mas levantava outra. A história terminaria sozinha ou precisaria de ajuda? Dito em termos menos abstratos, os Estados Unidos deveriam esperar pelo triunfo da democracia ao redor do globo? Ou eles deveriam adotar uma política visando promover ativamente a democracia?

Uma interpretação da tese do "fim da história" foi que os americanos deveriam tirar as tão merecidas férias após a Guerra Fria e usufruir de seu "dividendo de paz". Newt Gingrich, mentor da ressurgência republicana no Congresso em meados dos anos 1990, defendia uma política externa mais expansiva, mas ele estava ciente de que o otimismo nos Estados Unidos, na verdade, estava promovendo a introspecção. Mais tarde ele descreveu a época dos meados dos anos 1990 como "um pouco como *O grande Gatsby*: um período de bem-estar com ameaças relativamente modestas e no qual a nação mais poderosa do mundo tinha supremacia praticamente hegemônica".[178]

Outros, contudo, queriam que os Estados Unidos assumissem papel muito mais ativo na promoção da democracia. Anthony Lake, o primeiro conselheiro de segurança nacional do presidente Clinton, queria tornar a "expansão democrática" o elemento central da política externa da nova administração. O próprio presidente Clinton respondeu ao apelo em um discurso às Nações Unidas em 1993: "Em uma nova era de riscos e oportunidades", ele proclamou, "nosso maior objetivo deve ser expandir e fortalecer a comunidade mundial de democracias com base no mercado".[179]

O grupo de ativistas republicanos da política exterior que, mais tarde, sob o governo do presidente George W. Bush, ficou famoso como "os neocons", defendia políticas similares. Durante os anos Clinton, o debate foi importante, mas não urgente. Depois dos ataques terroristas de 11 de Setembro, contudo, a questão de até onde os Estados Unidos deveriam ir para promover a democracia no exterior se tornou muito mais crítica e controversa.

A "política da liberdade" do presidente Bush e sua ênfase constante na necessidade de expandir a democracia liberal ao redor do mundo foram, em grande parte, resultado dos posicionamentos intelectuais defendidos por Fukuyama em 1989. Mas a posição do próprio Fukuyama era ambígua. O início de sua carreira política o posicionou firmemente em campo neoconservador. Seus primeiros cargos públicos na administração Reagan envolveram trabalhar para o neocon Paul Wolfowitz, outro protegido de Allan Bloom.[180] Quando os neocons organizaram um grupo de lobby e catalisador de ideias chamado Project for the New American Century (PNAC), em 1997, Fukuyama foi um dos 25 cossignatários do manifesto de fundação, ao lado de celebridades como Wolfowitz, Dick Cheney e Donald Rumsfeld – e que, mais tarde, atuaram em posições de alto escalão na administração de George W. Bush. O PNAC exigia uma política externa americana mais assertiva baseada na promoção da democracia, liberdade econômica e um compromisso renovado com a segurança nacional. Muito rapidamente, o PNAC também se associou estreitamente à campanha por uma "mudança de regime" no Iraque de Saddam Hussein.

No entanto, mesmo antes de 11 de Setembro e da subsequente motivação para a guerra ao Iraque, Fukuyama estava claramente começando a se sentir pouco à vontade em seu círculo. Em um artigo publicado na revista *Commentary*, em 2000, ele criticou seus colegas neoconservadores pelo total silêncio mantido em relação à economia internacional e à globalização.[181]

Na esteira da Guerra do Iraque, Fukuyama rompeu completamente com seus antigos amigos. Em um livro publicado em 2006, ele reconheceu que "se considerou um neoconservador por muito tempo", mas prosseguiu dizendo:

"Concluí que o neoconservadorismo... evolui para algo que não consigo mais tolerar." Especificamente, as ideias neoconservadoras "eram utilizadas para justificar uma política externa americana que enfatizava a utilização da força e levava logicamente à Guerra do Iraque". Contudo, no ano que precedeu a invasão, Fukuyama passara a acreditar que a guerra "não fazia sentido".[182]

Muitos dos ex-colegas de Fukuyama se sentiram traídos por seu repúdio ao neoconservadorismo, e o próprio Fukuyama reconhece que sua tese do "fim da história", de fato, poderia ter sido interpretada para proporcionar a base da visão neoconservadora de mundo. Alguns neoconservadores, ele observou: "Me comparavam com a Lucy segurando a bola de futebol americano para Charlie Brown chutar e retirando-a no último instante... Segurei a bola dizendo haver tendência global inexorável à democracia e a retirei logo antes de eles invadirem o Iraque."[183] Fukuyama, contudo, insiste que nada do que ele disse em Chicago em fevereiro de 1989, ou em seu artigo e livro subsequentes sobre o "fim da história", poderia ser interpretado como justificativa para a invasão do Iraque. Sim, ele acreditava em uma tendência mundial para a democracia, mas "nunca acreditei na ideia de que o poder americano pode ser utilizado para acelerar acentuadamente esse processo em um país com tantas restrições culturais".[184]

A democracia avançou ao redor do mundo durante a Era do Otimismo, mas a tese do "fim da história", de Fukuyama, parecia se tornar cada vez mais, e não menos, controversa. No fim da administração Bush, muitos estrangeiros consideravam o discurso americano da globalização da democracia e da política de liberdade do presidente uma fachada para a agressão americana. A ideia da "promoção da democracia" dividia até os americanos.

Entretanto, apesar de a crença na universalidade da democracia na verdade nunca ter sido universal durante a Era do Otimismo, outras partes da crença internacionalista liberal realmente pareciam ter conquistado o mundo nos anos entre o colapso da União Soviética e a crise financeira de 2008. A ideia mais importante de todas foi a crença na economia de mercado.

CAPÍTULO 11

PROSPERIDADE

Alan Greenspan e o fim da história econômica

Quando Bill Clinton proferiu seu primeiro discurso em uma sessão conjunta do Congresso, em fevereiro de 1993, sua equipe orquestrou a ocasião com muito cuidado. Hillary Clinton estava sentada na primeira fila da galeria do Senado. Alan Greenspan, chairman do Federal Reserve, estava diretamente ao lado dela. Foi uma mensagem deliberada para tranquilizar os mercados e os americanos em geral. Na prática, a mensagem era: "Não se preocupem. Greenspan está aqui."

Nenhum homem incorporou tão bem a economia da Era do Otimismo como Alan Greenspan. Nomeado chairman do Federal Reserve pela primeira vez em 1987 no governo de Ronald Reagan e depois renomeado por três presidentes consecutivos, Greenspan controlou a economia mais poderosa do mundo no decorrer do período – deixando o cargo somente em 2006, apenas dois anos antes da crise financeira global. Seu sucesso ao orientar a economia através das tempestades do crash do mercado de ações de 1987, das crises financeiras asiática e russa de 1997 e 1998 e do rompimento da bolha das pontocom de 2001, o transformou em uma mistura de guru e amuleto da sorte.

A imprensa só tinha elogios a Greenspan. Em 2001, Bob Woodward – talvez o jornalista americano mais famoso da época – publicou uma biografia do chairman do Federal Reserve intitulada *Maestro*.[185] Bill Clinton estava longe de ser o único político americano a reconhecer as qualidades talismânicas de

Greenspan. George W. Bush tomou o cuidado de renomeá-lo quando foi eleito presidente, em 2001. John McCain, o candidato republicano em 2008, em certa ocasião gracejou que, se Greenspan morresse, a única coisa a ser feita seria colocar óculos escuros nele e colocá-lo sentado atrás de sua mesa. Em uma área de transformações tecnológicas, políticas e econômicas, Alan Greenspan parecia ser um ponto fixo de bom-senso maduro e tranquilo.

A agitada economia americana estava no centro de um prolongado surto de prosperidade mundial, de forma que o culto a Greenspan passou a ser global. Em 2002, ele foi agraciado com o título honorário de cavaleiro (tornando-se Sir Alan Greenspan) pela rainha Elizabeth, da Grã-Bretanha.

O próprio Greenspan tinha modos gentis e corteses. Quando eu era um jovem produtor da BBC, em meados dos anos 1980, escrevi a ele um bilhete para me desculpar por uma confusão que o deixou esperando no estúdio, desperdiçando seu tempo. Fiquei surpreso ao receber pelo correio uma carta escrita à mão, me dizendo para não me preocupar. Mesmo no cargo de chairman do Federal Reserve, ele mantinha uma postura encantadoramente despretenciosa para um homem acostumado a tanta adulação.

Nascido em uma família judia e de recursos modestos de Nova York, ele estudou no mesmo colégio que Henry Kissinger em Manhattan – apesar de os dois homens não terem se conhecido na escola. Além de ser um talentoso matemático e economista, Greenspan era um talentoso músico. Na juventude, ele tocou por um tempo na mesma banda de jazz que o lendário Stan Getz, mas o lado nerd de Greenspan sempre se destacou. Ele ajudava os membros de sua banda de jazz a preencherem as declarações de imposto de renda. Muitos anos mais tarde, quando namorava Andrea Mitchell, que se tornou sua segunda esposa, ele a convidou, após um jantar romântico, para ir ao apartamento dele, "onde lhe mostrei um ensaio que havia escrito sobre políticas antitruste para Ayn Rand".[186]

A referência a Rand talvez seja tão reveladora quanto as incomuns técnicas de namoro de Greenspan. Isso porque Greenspan não era um mero técnico ou triturador de números. Ele era um homem de intensas convicções libertárias e de livre mercado, que, ao mesmo tempo, representou e influenciou o espírito de sua época.

Na juventude, Greenspan fora cativado pela personalidade e ideias de Ayn Rand, uma exilada russa, filósofa e escritora de romances best-sellers que, nas palavras de Greenspan, "defendia o capitalismo do *laissez-faire* como a forma ideal de organização social".[187] Conversar com ela, Greenspan lembrou mais tarde, era "como começar um jogo de xadrez achando que eu jogava bem e, mais tarde, me ver em cheque mate".[188] Rand era baixa, vigorosa, carismática e dominava muitos de seus jovens discípulos. Um deles, Nathaniel Brand, se envolveu em um caso amoroso com ela, apesar de ser 25 anos mais novo. (Rand convenceu o próprio marido e a esposa de Brand a aceitarem a situação.) A devoção de Greenspan a Rand era totalmente cerebral, mas ele se tornou, nas próprias palavras, um "jovem acólito" que escreveu "ardentes comentários para os boletins informativos dela".[189] Quando ele foi nomeado para seu primeiro alto cargo no governo como presidente do Council of Economic Advisers do presidente Ford, ao se aproximar dos 50 anos, Rand estava a seu lado na cerimônia de posse na Casa Branca. Quando Rand faleceu, em 1982, Greenspan compareceu ao enterro, onde uma das coroas de flores tinha dois metros de altura e era feita de notas de dólar.

A reverência de Greenspan por Ayn Rand por vezes foi utilizada para retratá-lo como ligeiramente excêntrico – quase o membro de um culto. Contudo, quando assumiu a posição no Federal Reserve, aos 62 anos, Greenspan já era perfeitamente capaz de rejeitar algumas das ideias mais radicais de sua mentora. O "Objetivismo" de Rand, por exemplo, sustentava que toda tributação era imoral, por envolver roubo de propriedade privada por parte do governo. Como uma autoridade econômica no governo americano, Greenspan estava preparado para assumir atitude mais pragmática.

Mesmo assim, o chairman do Federal Reserve trouxe consigo a crença de Rand nas alegrias e virtudes da irrestrita concorrência no mercado. No início de sua carreira no governo, em meados dos anos 1970, ele estava fora de sintonia com o espírito ideológico da época. Em encontros da Organização para a Cooperação e Desenvolvimento Econômico (OCDE) – que reunia economistas de 24 nações – Greenspan se via quase isolado: "Só Hans Tietmeyer, da Alemanha Ocidental, e eu defendíamos uma política baseada no mercado."[190] Contudo, quando ele assumiu a posição no Federal Reserve, em 1987, as ideias favoráveis ao livre mercado mais uma vez estavam em alta.

Como chairman, o instinto de Greenspan era sempre se submeter ao bom-senso e à sabedoria dos mercados. Em uma famosa ocasião – em meio a um longo período de otimismo no mercado de ações em 1996 –, ele ponderou abertamente sobre a ideia de que os mercados poderiam ter caído vítimas da "exuberância irracional". Os investidores não prestaram atenção ao alerta por muito tempo. Em pouco tempo, o mercado de ações retomou sua tendência de alta e Greenspan sentir ter reaprendido uma valiosa lição – algo que Rand certamente teria lhe dito: "Não é possível saber quando um mercado está supervalorizado e não é possível lutar contra as tendências do mercado."[191] Como observa o jornalista Justin Fox: "Essa era a ideologia de Greenspan... Os mercados financeiros é que mais sabem... Eles regulam as questões econômicas globais com rapidez e decisão que os governos não têm como acompanhar."[192]

O fato de o chairman do Federal Reserve sustentar essas visões foi fundamental para o desenrolar da Era do Otimismo, por se tratar de um período de notável crescimento nos mercados financeiros, não apenas nos Estados Unidos, mas ao redor do mundo. Quando eu era correspondente estrangeiro na Ásia, nos anos 1990, observei o desenvolvimento de bolsas de valores em países que ainda eram nominalmente comunistas, como a China e o Vietnã. Os primeiros fundos mútuos voltados a estrangeiros foram lançados na Índia e logo começaram a apresentar rápido crescimento. Em qualquer viagem a uma capital asiática, uma de minhas primeiras visitas seria aos escritórios dos grandes bancos de investimento ocidentais – como Goldman Sachs e Morgan Stanley –, que direcionavam o fluxo de dinheiro e os investimentos ao redor do mundo.

Para os líderes ocidentais, lutando para convencer os eleitores (e a si mesmos) das virtudes da globalização, o crescimento e o poder dos bancos de investimento ocidentais representavam parte vital da argumentação. O argumento era: permita que os asiáticos se especializem em manufatura de baixo custo e o Ocidente pode controlar o mercado em áreas muito mais lucrativas, como a alta tecnologia e as altas finanças. O próprio Greenspan se referiu com aprovação aos fundos de hedge como um "vibrante setor de trilhões de dólares dominado por empresas americanas".[193]

Entretanto, para que o setor financeiro apresentasse resultados, ele precisava se livrar de restrições. Greenspan passou a ser uma voz fundamental argumentando em prol da desregulamentação. Em 1999, ele trabalhou para promover as mudanças que finalmente aboliram os últimos traços do Glass-Steagall Act – uma lei aprovada durante a Grande Depressão que criou barreiras entre os bancos de investimento e os bancos comerciais. O objetivo dessa lei era restringir os riscos que os bancos poderiam assumir, mas seus adversários temiam que ela engessasse a inovação e reduzisse oportunidades, e transferiram os negócios financeiros para fora dos Estados Unidos, para mercados menos regulamentados, como o de Londres. Tanto Greenspan quanto os principais bancos de investimento concordavam que o Glass-Steagall era uma relíquia. O chairman do Federal Reserve se permitiu um raro momento de vaidade ao enaltecer seu papel na aprovação do Financial Services Modernization Act – a lei de modernização dos serviços financeiros – de 1999, que finalmente inutilizou o Glass-Steagall Act. Mais tarde ele escreveu que se tratou de "um marco da legislação dos negócios, e sempre me lembrarei disso como um momento não celebrado da elaboração de políticas que mereceria alguns aplausos".[194]

Além de promover a desregulamentação, Greenspan apoiou os que queriam combater tentativas de levantar barreiras para regulamentar novas áreas das altas finanças – mais especificamente, o desenvolvimento de derivativos financeiros exóticos. O crescimento desse mercado no tempo em que Greenspan presidiu o Federal Reserve foi espantoso. O volume dos derivativos comercializados no "mercado de balcão", e não através da bolsa de valores, cresceu de $866 bilhões a $454 trilhões nos 20 anos entre 1987 e 2007.[195]

A extraordinária natureza desses valores naturalmente causou certo alarmismo. O lendário financista Felix Rohatyn alertou que os derivativos poderiam se revelar "bombas de hidrogênio financeiras".[196] O Congresso começou a se mover para regulamentar esse mercado novo e, em grande parte, desregulamentado. Contudo, o setor estava decidido a resistir à regulamentação e Alan Greenspan concordava com isso. Tudo aparentava estar indo tão bem, e o setor financeiro estava gerando lucros, arrecadação fiscal e bônus tão vultosos que parecia insensatez intervir. Como Greenspan refletiu em sua biografia publicada apenas um ano antes do crash de 2008: "Para que inibir a polinização das abelhas de Wall Street?"[197]

O volume de dinheiro gerado pelos gigantescos bancos de investimento era, sem dúvida, uma enorme fonte de influência – e até de corrupção e conflito de interesses.[198] Os discípulos do Goldman Sachs, o mais prestigioso e lucrativo de todos os bancos, pareciam estar por toda parte. Robert Rubin, que se tornou um poderoso secretário do Tesouro na administração Bill Clinton, fora cochairman do Goldman Sachs. Quando a crise financeira finalmente irrompeu nos últimos anos da presidência de Bush, o Tesouro americano estava sob o comando de outro ex-chairman do Goldman Sachs, Hank Paulson. O trânsito entre o governo e Wall Street era de mão dupla. Jerry Corrigan, que duvidava dos negócios de derivativos quando era um legislador no Federal Reserve de Nova York, mais tarde foi contratado como diretor-geral do Goldman Sachs. O mesmo se dava na Europa. Peter Sutherland, que, na qualidade de comissário de assuntos econômicos e monetários da União Europeia em Bruxelas, foi em parte responsável pela regulamentação dos bancos de investimento, ressurgiu posteriormente como cochairman do Goldman Sachs International em Londres. Mario Draghi, que presidiu o Fórum de Estabilidade Financeira criado pelo G20 para lidar com a reforma das finançass globais na esteira do crash, era outro discípulo do Goldman.

Entretanto, apesar de o esforço de combater a regulamentação dos bancos em geral e dos derivativos em particular ter sido motivado por um desejo de maximizar os lucros, ele também se fundamentava em princípios e ideias. Os lobistas que lideraram a luta dos bancos para manter o mercado de derivativos em grande parte desregulamentado eram libertários que acreditavam intensamente no que estavam fazendo. Denis Brickell, o líder da organização do lobby do setor, foi um seguidor de Hayek e acreditava na absoluta sabedoria dos mercados.[199]

Felizmente para Brickell e os operadores de derivativos, essa visão estava alinhada com a de Alan Greenspan. O chairman acreditava que os participantes do mercado – cujos próprios interesses financeiros estavam diretamente em risco – tinham mais chances de garantir que os riscos fossem adequadamente avaliados do que os legisladores, que inevitavelmente estariam muitos passos atrás do mercado. Foi uma lição cujas origens podem ser encontradas "no simples e comprovado princípio promulgado por Adam Smith em 1776: indivíduos negociando livremente uns com os outros de acordo com o próprio interesse pessoal levam a uma economia crescente e estável".[200]

Mais para o fim da Era do Otimismo, e antes do crash, ficou claro que o mercado financeiro global era tão enorme e tão complexo que nenhum indivíduo ou instituição era capaz de compreender plenamente sua amplitude – e nenhum legislador era capaz de controlá-lo. No entanto, essa constatação não perturbou Greenspan, que acreditava firmemente na capacidade do mercado de se autorregulamentar: "Na minha opinião... os mercados financeiros globais, em grande parte desregulamentados, com algumas exceções dignas de nota, pareciam estar passando de um estado de equilíbrio a outro. A mão invisível de Adam Smith estava funcionando em escala global."[201]

Em 2008, o mundo estava diante da mãe de todas as "exceções dignas de nota". O sistema financeiro global estava à beira do colapso e a economia mundial estava entrando na recessão mais profunda desde os anos 1930. Longe de assegurar os próprios interesses e exemplificar as virtudes da busca pelos lucros, os gigantes de Wall Street desmoronaram, como o Lehman Brothers, ou precisaram ser salvos pelos contribuintes, com recursos na casa dos bilhões de dólares.

Um Alan Greenspan criticado e angustiado testemunhou diante do Congresso. Suas palavras pareciam tão desesperadas e incompetentes quanto as do funcionário da NASA, que disse: "Obviamente foi um grande mau funcionamento", logo depois que o ônibus espacial Challenger explodiu em 1986. Quando o congressista Henry Waxman questionou o ex-chairman, então com 82 anos, ao dizer: "Você descobriu que a sua visão do mundo, a sua ideologia, não estava certa. Não estava dando certo", Greenspan foi sincero e estava traumatizado o suficiente para concordar. "Exatamente", ele respondeu. "É exatamente por isso que estou chocado, porque passei 40 anos ou mais com evidências bastante consideráveis de que isso estava funcionando excepcionalmente bem."[202]

A questão do que exatamente deu errado se tornou rapidamente tema de fervorosos debates que manterão os economistas ocupados durante décadas, mas todas as explicações mais plausíveis apontavam para pontos fracos na crença de Greenspan na mágica autorreguladora e autoajustadora do mercado global. Em retrospecto, parecia claro que uma bolha do crédito se formara nos Estados Unidos – promovida pela política de Greenspan de taxas de juros extremamente baixas e pelos "desequilíbrios econômicos globais" que permitiram o acúmulo de enormes excedentes comerciais na Ásia para depois serem reciclados nos Estados Unidos. A crença de Greenspan na desregulamentação e no interesse próprio dos grandes bancos de investimento como a melhor garantia da saúde do sistema financeiro também parecia complacente e errônea.

Entretanto era fácil demais, após o crash, pôr toda a culpa nos erros do envelhecido "Maestro" e em sua indulgência em relação aos financistas de Wall Street. Não foi culpa de Greenspan ele ter se tornado objeto de uma veneração irracional. Ao promover o livre mercado, o setor financeiro e a globalização, ele fez parte de uma tendência ideológica muito mais ampla, que varreu o mundo na Era do Otimismo.

No mundo ocidental, o triunfo da ideologia do livre mercado foi sinalizado pela aceitação por parte da centro-esquerda americana e britânica das revoluções de Reagan e Thatcher. Em seu discurso anual no Congresso, em 1996, Bill Clinton proclamou que "a era do grande governo chegou ao fim" e depois lançou uma ambiciosa reforma que cortou benefícios previdenciários para melhorar os incentivos ao trabalho – uma ideia que teria atraído só conservadores linha-dura apenas uma década antes.[203] Em 1994, três anos antes de assumirem o poder na Grã-Bretanha, Gordon Brown e Tony Blair – a dupla que definiu o New Labour – visitaram Alan Greenspan no escritório dele no Federal Reserve e em Washington. Como Greenspan observou: "Brown, em particular, adotara a globalização e os livres mercados."[204] O chairman do Federal Reserve ficou impressionado.

Na primavera de 1997, pouco antes de ser eleito o primeiro primeiro-ministro do Partido Trabalhista em 18 anos, Tony Blair fez um discurso no Corn Exchange, no coração de Londres, no qual anunciou: "Aceitamos e, na verdade, promovemos o papel da livre iniciativa na economia. Não recuaremos dessa posição."[205] Mais especificamente, o Partido Trabalhista anunciou que não recuaria da alíquota tributária máxima de 40% introduzida no governo de Margaret Thatcher – uma questão de importância crucial para os londrinos. Blair também tomou para si a responsabilidade de promover os livres mercados entre os partidos esquerdistas mais céticos da França e da Alemanha. Em 1999, ele instaurou uma reunião de cúpula com Gerhard Schroeder, o recém-eleito chanceler social-democrata da Alemanha. Os dois homens emitiram uma declaração em conjunto proclamando sua crença na importância dos mercados.

A onda do livre mercado era ainda mais forte no mundo em desenvolvimento. Após o choque do levante na Praça da Paz Celestial, Deng Xiaoping e o Partido Comunista Chinês dobraram suas apostas no crescimento econômico como uma força estabilizadora crucial na China. A livre iniciativa, o investimento estrangeiro e o crescimento impulsionado pelas exportações receberiam apoio. Na Índia, a nova estratégia para solucionar o antigo problema da pobreza persistente era incentivar o empreendimento privado. Como disse o reformista Palaniappan Chidambaram: "O crescimento é o melhor antídoto para a pobreza."[206]

O argumento de Chidambaram era vital. Os livres mercados começaram a receber apoio em um país após o outro no mundo todo, não porque venceram em algum debate acadêmico, mas porque estavam produzindo resultados – reduzindo a pobreza em alguns dos países mais pobres do mundo e fundamentando um longo período de prosperidade nos Estados Unidos e na Europa. Calcula-se que as reformas iniciadas por Deng Xiaoping tiraram até 200 milhões de chineses da pobreza absoluta. A proporção de indianos vivendo na pobreza absoluta caiu de 60% para 42% desde o início das reformas.[207]

Também nos Estados Unidos, a longa expansão econômica da Era do Otimismo parecia quase milagrosa. Bill Clinton capitalizara a ansiedade econômica para vencer as eleições presidenciais. Sua equipe de campanha adotou o celebrado lema: "É a economia, seu idiota." Contudo, no final de seu mandato, Clinton conseguiu observar, com orgulho, que os Estados Unidos vivenciavam "sua taxa de desemprego mais baixa em três décadas, o menor número de pessoas recebendo benefícios previdenciários em 32 anos, o melhor índice de criminalidade em 27 anos, o maior índice de pessoas com casa própria na história americana e três anos consecutivos de excedentes orçamentários".[208] Os anos de George W. Bush passaram por alguma turbulência econômica com o fim da bolha das pontocom, mas cortes tributários, um surto de crescimento do setor imobiliário e a política do Federal Reserve de baixas taxas de juros sob o comando de Greenspan conseguiram recuperar a economia e estender a longa expansão americana.

Um período prolongado de prosperidade global teve resultado improvável: transformou economistas e banqueiros centrais, normalmente as pessoas menos carismáticas, em heróis da época. A veneração a Alan Greenspan nos Estados Unidos foi somente o exemplo mais extremo desse fenômeno. Na China, Zhu Rongji, ex-presidente do Banco Central e amigo de Greenspan, foi nomeado primeiro-ministro entre 1998 e 2003. Na Europa, os executivos do Banco Central europeu foram aclamados pela capacidade de administrar o sucesso da introdução do euro, a nova moeda pan-europeia introduzida em 2002 e que simbolizava a crescente ambição da União Europeia. Na Índia, Manmohan Singh, um distinto economista acadêmico, exerceu papel fundamental nas reformas econômicas, primeiro como ministro da Fazenda e depois como primeiro-ministro. No México, o Acordo de Livre Comércio da América do Norte (Alca) foi negociado em 1993 por Carlos Salinas, um presidente com doutorado em Economia por Harvard.

A autoconfiança da profissão da economia também estava em alta. Em 2004, Ben Bernanke, que viria a suceder Greenspan na posição no Federal Reserve em 2006, proferiu um discurso sobre um fenômeno que ele chamou de "a Grande Moderação". Ele chamou a atenção dos ouvintes ao "declínio substancial da volatilidade macroeconômica" nos últimos 20 anos ou, em termos não técnicos, o surgimento de um longo e tranquilo surto econômico, cujos picos e vales foram muito menos acentuados do que os vivenciados em épocas econômicas mais turbulentas. Bernanke levou em consideração três explicações possíveis para esse bom resultado – sorte, fatores estruturais e uma melhor política econômica. Ele sugeriu que todos os três fatores deram sua contribuição. Contudo, a maior parte de seu discurso foi dedicada às contribuições da melhor política econômica.[209] Talvez como Gordon Brown, o ministro da Fazenda da Grã-Bretanha, gostava de dizer: "Chega de altos e baixos." Os economistas desvendaram o mistério.

O crescente prestígio do estudo da economia provavelmente se refletiu no aumento gradativo da circulação da *The Economist* durante o período. Quando comecei a trabalhar na revista (ou no jornal, como eles insistem em chamar) em 1991, a circulação global ainda era de menos de 300 mil. Mas, quando saí, em 2006, as vendas semanais haviam chegado a 1 milhão no mundo todo.[210] Isso era significativo porque a *The Economist* não era apenas uma revista semanal de notícias, mas também fervorosa promotora de muitas das ideias econômicas que fundamentaram a Era do Otimismo – em especial, o livre comércio e a globalização. Como disse Michael Mandelbaum, um acadêmico americano, a *The Economist* era "a crônica semanal da globalização".[211]

Nos Estados Unidos, o crescente prestígio dos economistas e da complexidade técnica da área e dos mercados financeiros implicava que os conselheiros econômicos ganhassem o status de um sacerdócio particularmente reverenciado nos círculos legislativos. Derek Chollet e James Goldgeier, que trabalharam na administração Clinton, observaram: "No decorrer da Guerra Fria, quem dominava eram os diplomatas do Departamento de Estado e os planejadores militares do Pentágono. Agora, em muitas das mais importantes questões globais, esperava-se que influenciadores tradicionais da política externa americana acatassem a opinião de pessoas com experiência nos mercados globais. Quando [Robert] Rubin ou [Larry] Summers argumentavam em defesa de determinada linha de ação... os especialistas em segurança nacional não tinham a expertise econômica para contestá-los com eficácia."[212]

Os economistas pareciam ser "os sujeitos mais espertos na sala". A imprensa percebeu o novo estado de espírito. Quando Greenspan, Rubin e Summers pareciam ter impedido o desastre econômico na esteira das crises financeiras asiáticas e russa em 1999, a revista *Time* publicou um empolgado artigo de capa sobre os três homens, sob o memorável título: "Um comitê para salvar o mundo". Anos mais tarde, a capa ainda enfeitava a parede do escritório de Rubin, em Manhattan. Só alguns poucos críticos acadêmicos argumentavam que resgatar os bancos de investimento de Wall Street das consequências de suas más decisões estava criando um péssimo precedente e acumulando problemas para o futuro.[213]

Contudo, como viria a se tornar ainda mais evidente em 2008, fatores abstratos de "riscos morais" nos bancos de investimento não eram muito considerados, em comparação com a evidente ameaça de um desastre no sistema financeiro global.

Mais importante, as finanças globais constituíam parte vital da globalização – facilitando a passagem de capital ao redor do mundo. Na Era do Otimismo, os promotores da globalização sentiam que os argumentos morais estavam predominantemente do lado deles. Foi a integração dos mercados globais que levou a reduções sem precedentes da pobreza global e fundamentou o longo surto econômico no mundo desenvolvido.

Os livres mercados e os homens livres – a liberdade econômica e a liberdade política – também estavam inextricavelmente ligados. Não foi coincidência que os dois gurus econômicos de Thatcher e Reagan – Hayek e Milton Friedman – se preocupassem profundamente com a liberdade humana. A obra mais famosa de Hayek foi um ataque ao poder do Estado intitulado *O caminho da servidão*. Uma coletânea das palestras mais importantes de Friedman recebeu o título *Capitalism and Freedom* – capitalismo e liberdade.

Mesmo para líderes como Clinton e Blair, que não eram seguidores de Hayek nem de Friedman, a globalização tinha fins morais. Para Bill Clinton, em particular, ela era uma força para uma maior paz e prosperidade global. De qualquer forma, não fazia sentido tentar impedir o progresso da globalização. Clinton acreditava que um novo mundo estava sendo criado pelo poder inexorável e irreversível das novas tecnologias.

12

Progresso

Bill Gates e a vitória da tecnologia

A Era do Otimismo foi definida e influenciada por uma revolução tecnológica. O advento do computador pessoal e da internet criou novos setores, destruiu antigos, elevou a produtividade econômica, transformou a vida social e impulsionou a globalização.

O surto tecnológico dos Estados Unidos foi crucial para banir o temor do declínio nacional que pairava incessantemente sobre o país nos anos 1980, mesmo quando Ronald Reagan proclamou "o amanhecer na América" e os Estados Unidos saíram vitoriosos na Guerra Fria. Marcas japonesas pareciam dominar tudo, desde carros até eletroeletrônicos de consumo. Como Alan Greenspan mais tarde observou: "Até as televisões das quais dependíamos para saber as novidades eram das marcas Sony, Panasonic e Hitachi. Desde o Sputnik os Estados Unidos nunca se sentiram em desvantagem tão tenebrosa." Mas então, disse Greenspan: "Veio o surto tecnológico e mudou tudo. A América tornou-se uma cultura de negócios exuberante, empreendedora, destemida, de fazer inveja ao mundo."[214]

Apesar de o poder das altas finanças ser celebrado na Costa Leste dos Estados Unidos, a Costa Oeste era a capital da revolução tecnológica. O surto tecnológico dos anos 1990 deu aos Estados Unidos todo um novo conjunto de empresas vencedoras, fontes de admiração e inspiração: Microsoft, Apple, Oracle, Netscape, eBay, Amazon, Intel, Yahoo!, Google. Isso fez homens de negócios e empreendedores voltarem a ser heróis. Em 1991, a revista *Time* não escolhia um empreendedor como "homem do ano" há mais de três décadas. Mas, nos anos 1990, ela escolheu três empreendedores dos setores da tecnologia e da mídia – Ted Turner, da CNN, em 1991, Andy Grove, da Intel, em 1997 e Jeff Bezos, da Amazon, em 1999.

Bill Gates teve de esperar até 2005 para receber essa honra, quando a compartilhou por seu trabalho de caridade com sua esposa Melinda e com Bono, o músico de rock. Mas o fundador da Microsoft foi – dentre muitos concorrentes – o empresário dominante de sua era. Gates fundou a Microsoft em 1975 e lançou a primeira versão de seu sistema operacional Windows em 1985. A versão revolucionária – o Windows 3.0 – foi lançada em 1990.[215] Ele tornou os computadores da IBM muito mais fáceis de usar e assegurou a posição do Windows como o padrão do setor.

Para muitos dos tecnófilos mais entusiásticos, Gates era uma espécie de vilão, já que eles consideravam os produtos da Microsoft inferiores aos produzidos por Steve Jobs na Apple. No decorrer dos anos 1990, Gates e a Microsoft também foram acusados de práticas anticompetitivas e a empresa se tornou alvo de processos antitruste de alta visibilidade tanto nos Estados Unidos quanto na Europa, resultando em multas na casa dos bilhões de dólares.

No entanto, o próprio Gates extraordinariamente atraiu poucas críticas, considerando o fato de ser uma personalidade tão visível. Após a explosão da bolha das pontocom em 2000, a América corporativa se viu engolfada em uma série de escândalos, da Enron à WorldCom. A remuneração dos altos executivos era cada vez mais tema de escândalos e controvérsias, mas poucos criticaram Gates por sua fortuna. Ele se tornara o homem mais rico do mundo por meio de seu próprio brilhantismo e motivação. Ele era a refutação viva do velho ditado cético de que "por trás de toda fortuna há um grande crime". Nas melhores tradições da filantropia americana, Gates estava decidido a usar seu dinheiro para melhorar o mundo. A Gates Foundation, fundada em 1994, comprometeu bilhões de dólares ao desenvolvimento, à saúde e à educação.

Como jornalista, sempre tentei seguir a regra de não me deixar intimidar por ninguém, mas Gates foi uma exceção. Encontrei-me com ele pela primeira vez em janeiro de 2008 (em Davos, inevitavelmente). Havia algo verdadeiramente impressionante em toda aquela energia, determinação e brilhantismo aplicados aos problemas que ele queria que sua fundação solucionasse. Os maneirismos de Gates são um tanto quanto incomuns. Ele tem o hábito de balançar o corpo para trás e para frente quando fala sobre um tema que considera particularmente envolvente. Quando está especialmente ansioso para defender algum argumento, ele por vezes se levanta rapidamente e marcha pela sala, praguejando e gesticulando, mas a força do intelecto de Gates não deixa espaço para dúvida. Sobre cada tema que conversamos, da prevenção da malária à água potável e à Aids, ele parecia ter devorado as pesquisas acadêmicas e se dedicado a promover novos avanços.

Contudo o mais impressionante no fundador da Microsoft não era sua fortuna ou sua mente. Era seu otimismo. Gates estava convencido de que os mais difíceis problemas do mundo podiam ser solucionados – se você conseguisse encontrar as pessoas certas, tivesse dinheiro suficiente e aplicasse o poder da tecnologia. Ele era a epítome do espírito americano das infinitas possibilidades – um homem com uma crença quase vitoriana no progresso que parecia ter sido em grande parte perdida na Europa. E por que não? Gates e os pioneiros da tecnologia na Costa Oeste já tinham transformado o mundo uma vez.

O otimismo tecnológico personificado por Bill Gates influenciou toda uma era entre o fim da Guerra Fria e o colapso financeiro de 2008. A crença, e até a euforia, em relação às novas possibilidades criadas pela alta tecnologia fundamentaram o otimismo americano no que se refere à economia, à globalização, às altas finanças, à política, à paz e democracia, ao poder militar americano e à capacidade do mundo de combinar o rápido crescimento econômico com a proteção do ambiente.

No decorrer de grande parte dos anos 1980, os economistas se perguntaram por que a informática da América não estava levando ao aumento da produtividade – e à maior riqueza resultante do aumento da produtividade. Contudo, nos anos 1990, os ganhos de produtividade começaram a surgir. A informática realmente parecia ter dado um grande ímpeto à capacidade da economia americana e mundial. Mais uma vez, Greenspan, ao mesmo tempo, exemplificou e influenciou o consenso emergente. Em 1995, à medida que o setor de tecnologia prosperava, ele sugeriu aos colegas do Federal Reserve que a revolução da TI significava que o mundo havia "entrado no que viria a se provar um período prolongado de inflação mais baixa, taxas de juros mais baixos, maior produtividade e pleno emprego". Tratava-se, ele sugeriu, do tipo de revolução tecnológica que só acontecia uma ou duas vezes em um século.[216]

A ascensão do setor de tecnologia da informação nos Estados Unidos facilitou em muito a promoção da globalização. Se a indústria de manufatura tradicional ainda estivesse no centro da economia americana, a concorrência com trabalhadores de baixo custo no México ou na China seria muito mais assustadora. Entretanto, com a América liderando o mundo nas tecnologias novas, mais limpas e mais lucrativas do computador pessoal e da internet, uma nova e atrativa divisão global de trabalho estava para surgir. Por que não terceirizar as sujas e antigas fábricas a outro lugar no mundo – e se voltar ao trabalho mais inteligente, lucrativo e de maior valor agregado nos Estados Unidos?

A ascensão da terceirização na Índia após os anos 2000 sugeriu que essa imagem cor-de-rosa poderia ter sido um pouco simplista demais. E se os indianos pudessem realizar o trabalho mais inteligente também? O best-seller de Thomas Friedman sobre a alta tecnologia e a globalização, *O mundo é plano*, publicado em 2005, passa algum tempo se digladiando com as implicações da terceirização impulsionada pela internet, mas, no fim, Friedman se posiciona com determinação ao lado dos otimistas, argumentando que a América prosperaria em um mundo plano investindo mais na educação e na tecnologia.[217]

As novas tecnologias estavam claramente no centro dos novos setores da Costa Oeste dos Estados Unidos, mas elas também estavam revolucionando outro setor icônico da era – as altas finanças. Os bancos de Wall Street passaram a confiar cada vez mais no poder da computação para modelar riscos e elaborar sofisticados novos produtos. Os derivativos de crédito, que se descontrolaram com um efeito tão mortal em 2008, eram produto dessa nova era de confiança na alta tecnologia. Os banqueiros do J.P. Morgan que ajudaram a criar os novos produtos estavam encantados com as novas possibilidades. Como Gillian Tett, do *Financial Times*, mais tarde escreveu: "O poder de computação e a matemática de ordem superior estavam distanciando o negócio de suas fronteiras tradicionais e esse pequeno grupo de mentes brilhantes estava mapeando o desconhecido território das cyberfinanças."[218] Dennis Winter, do J.P. Morgan, lembra: "Parecia que tínhamos descoberto essa fantástica tecnologia, na qual realmente acreditávamos e a qual queríamos levá-la a todas as partes do mercado."[219]

A revolução tecnológica resultou em otimismo não apenas no que se refere à economia americana, mas também na política e nas relações internacionais. Bill Clinton acreditava profundamente que a tecnologia estava transformando o mundo de formas que favoreciam os Estados Unidos e o mundo democrático. Em seu primeiro discurso de posse, ele falou com deferência sobre a revolução tecnológica. "As comunicações e o comércio são globais", ele declarou.

"Os investimentos fluem livremente. A tecnologia é quase mágica." Clinton estava bem ciente do poder destrutivo das novas tecnologias e sua equipe de segurança se preocupava com as armas de destruição de massa. Contudo, em última instância, ele estava do lado dos otimistas. Em certas ocasiões a crença na tecnologia beirava o místico. Ele disse a seus conselheiros econômicos: "Com a internet, com a tecnologia, posso sentir a mudança. Posso ver crescimento por toda parte."[220]

Com o tempo, a revolução tecnológica solucionaria o problema desconcertante da China antidemocrática. Clinton explicou sua forma de pensar em uma visita à China em 1998: "Nesta era global das informações, quando o sucesso econômico se baseia em ideias, a liberdade pessoal é... essencial para a grandiosidade de qualquer nação moderna."[221]

Se a tecnologia da informação de fato fosse a chave para a nova era econômica, os regimes que se baseavam no controle e na contenção das informações sem dúvida estariam fadados ao fracasso no longo prazo. O argumento foi elaborado de forma eloquente em um livro que impressionou Clinton profundamente, de Robert Wright, *Não zero: a lógica do destino humano* (Campus/Elsevier: 2000), o qual sustentava que os avanços tecnológicos estavam levando inexoravelmente a uma maior cooperação entre as nações. Wright acreditava que as autocracias eram incompatíveis com a Era das Informações. Ele escreveu: "Até a China, uma nação autoritária (e no passado totalitária), no fim dos anos 1990 já havia percebido que precisava da internet... A nação estava mais permeável a informações externas do que em qualquer outro momento desde a revolução comunista. É possível conceber que o regime poderia reverter essa tendência – mas o preço seria um futuro econômico sombrio."[222]

A teoria de Wright era que a disseminação da tecnologia ao longo dos anos levou a humanidade a formas ainda mais profundas de cooperação, ou, como ele diz, de "não soma-zero". A globalização impulsionada pela tecnologia estava levando esse antigo processo a novos níveis. Nas palavras de Wright: "A era atual, na qual as relações entre as nações se aproximam cada vez mais da não soma-zero a cada ano, é o desdobramento natural de vários bilhões de anos de desenvolvimento da lógica da não soma-zero."[223] Wright defendeu entusiasticamente que não era mais possível pensar no mundo em termos de "soma-zero", nos quais o ganho de um país era a perda de outro. Em vez disso, a globalização criou um mundo do tipo ganha-ganha.[224] Apesar da preferência de Wright por jargões incompreensíveis, Clinton ficou profundamente impressionado. Na opinião do presidente, *Não zero* era "uma obra genial".²²⁵

Muitos conservadores – tanto da variedade "neo" quanto da tradicional – consideraram as teorias de Wright um pouco "Nova Era" demais. Até a paixão de Clinton pela globalização parecia um pouco piegas e suspeita. A equipe de George W. Bush era conhecida por ridicularizar o termo "globalização" como uma "palavra de Clinton".

Entretanto, os conservadores americanos tornaram-se presas da própria forma de euforia tecnológica durante a Era do Otimismo. Eles passaram a acreditar firmemente que a "revolução das questões militares", impulsionada pela tecnologia, criara uma nova era de domínio americano irrefutável.

A visão de uma vitória militar rápida e relativamente limpa arrebatou pela primeira vez os Estados Unidos na primeira Guerra do Golfo de 1991, quando os telespectadores foram introduzidos a mísseis teleguiados de cruzeiro, apontados implacavelmente a seus alvos em Bagdá. O poderio aéreo pareceu comprovar suas credenciais mais uma vez nas guerras dos Bálcãs em meados dos anos 1990. No período que antecedeu a invasão do Iraque em 2003, Donald Rumsfeld, o secretário da Defesa parecia decidido a utilizar a guerra iminente para provar sua própria crença na nova era das operações militares de alta tecnologia que demandariam muito menos soldados do que alguns de seus próprios generais estavam exigindo. Na esteira da rápida queda de Bagdá, a estratégia de Rumsfeld parecia ter sido justificada. O presidente Bush exultou: "Aplicamos os novos poderes da tecnologia... para atacar uma força inimiga com velocidade e incrível precisão... Estamos redefinindo a guerra nos nossos termos."²²⁶

Até a ameaça de uma catástrofe ambiental foi, de alguma forma, amenizada e enfraquecida pela euforia tecnológica do período. A ameaça do aquecimento global pairava sobre a Era do Otimismo. O aquecimento global foi tema central da ECO-92, organizada pelas Nações Unidas no Rio de Janeiro, em 1992. Al Gore, vice-presidente de Bill Clinton, era notoriamente efusivo em relação ao tema – apesar de ter se envolvido com muito mais empenho depois de deixar a política, mas Clinton não estava muito preocupado. Em sua autobiografia de mais de mil páginas, o aquecimento global é mencionado apenas quatro vezes.

Se até um defensor liberal da globalização como Clinton estava relativamente tranquilo em relação ao aquecimento global, os conservadores se mostravam abertamente céticos. Não que eles necessariamente duvidassem das evidências científicas – apesar de alguns duvidarem –, mas muitos acreditavam que a tecnologia resolveria o problema. A *The Economist* exemplificou esse estado de espírito em um artigo sobre temores ambientais, publicado em dezembro de 1997. "Os profetas da escassez e da ruína", a revista anunciou, estão "invariavelmente errados". O artigo investigou a história dos temores ambientais desde as previsões de Thomas Malthus da extrema escassez de alimentos iminente no século XVIII até previsões contemporâneas de que o petróleo ou o alimento do mundo estava acabando. Como o artigo ilustrava, os profetas da escassez e da ruína jamais conseguiram prever como as novas tecnologias resolveriam os problemas que os preocupavam. Por exemplo, a Revolução Verde na agricultura deixou os neomalthusianos do século XX perplexos. A revista prosseguiu: "Hoje em dia o pai de todos os temores é o aquecimento global. Nesse caso, a questão ainda está em aberto." Mas estava bem claro qual seria o veredicto de acordo com a *The Economist*. A revista argumentava: "Os temores ambientais se provaram erros ou exageros grosseiros."[227]

Se até uma revista de centro-direita, publicada na Europa, assumia essa postura, seria possível esperar que os conservadores americanos fossem ainda mais céticos em relação ao aquecimento global – e otimistas em relação às possibilidades de a nova tecnologia solucionar o problema. O presidente George W. Bush incorporou ambas as tendências. Em seu primeiro mandato, ele se mostrou particularmente relutante em se envolver com o aquecimento global. Em 2001, o presidente formalmente retirou o apoio americano ao Protocolo de Quioto, argumentando que o acordo tinha "defeitos fatais". Como observa Strobe Talbott, presidente da Brookings Institution: "Quando a Environmental Protection Agency, em maio 2002, endossou a visão... de que o problema era gerado pela humanidade, Bush... disse apenas: 'Li o relatório divulgado pela burocracia'."[228] Um ano depois, os recursos federais e as palavras cordiais que Bush direcionou a uma iniciativa de criar um carro movido a hidrogênio refletiram seu desejo de encontrar uma solução de alta tecnologia para o aquecimento global.

No fim da Era do Otimismo, a *The Economist* já havia se unido àqueles que consideravam o aquecimento global tanto real quanto ameaçador. E o mesmo aconteceu com o presidente, um tanto quanto relutante – e também, com um pouco mais de fervor, com John McCain, o candidato republicano à presidência em 2008.

Entretanto, a demora em levar o aquecimento global a sério demonstra importante verdade sobre a Era do Otimismo. Foi um período no qual uma revolução tecnológica parecia prometer uma solução, não apenas para problemas ambientais, mas para alguns dos dilemas políticos e econômicos mais antigos e mais complicados – desde como combinar o alto crescimento com a baixa inflação a como convencer as nações do mundo a conviver em paz. Bill Clinton, em particular, acreditava que a globalização impulsionada pela tecnologia era a chave para a paz internacional. As antigas regras das relações internacionais – segundo as quais os países competiam por recursos e poder – estavam sendo substituídas por um novo mundo cooperativo, no qual todos os países enriqueciam juntos. O mundo soma-zero estava se rendendo ao mundo ganha-ganha.

CAPÍTULO 13

PAZ

Bill Clinton e o mundo ganha-ganha

Em 1996, Thomas Friedman, colunista do *The New York Times* e defensor da globalização, argumentou que "dois países com McDonald's nunca entram em guerra um contra o outro... As pessoas em países com McDonald's não gostam de lutar em guerras; elas gostam de esperar na fila para comprar hambúrgueres".²²⁹ Apesar do tom de gracejo, o exuberante Friedman estava falando sério. Sua linha de argumentação traduziu uma das mais importantes formas de pensar da Era do Otimismo – a teoria da "paz democrática".

A "paz democrática" era o ponto de encontro do "fim da história", do "fim da história econômica" e da crença na tecnologia e na globalização. A ideia era que o capitalismo, a democracia e a tecnologia progrediriam simultaneamente – e a paz global seria o produto final.

A teoria de Friedman, "dos arcos dourados da prevenção de conflitos" soava afrontosa, mas, para a geração que cresceu durante a Guerra Fria, as relações entre o avanço do capitalismo, da democracia e da paz pareciam absolutamente claras. Quando o bloco soviético foi derrubado, o movimento de aproximação da economia de mercado foi rapidamente seguido por revoluções democráticas. A Europa agora estava unida por uma cultura democrática, capitalista e consumista comum. Isso, por sua vez, reduziu acentuadamente a ameaça de outra guerra mundial irrompendo no velho continente.

A euforia tecnológica da Era do Otimismo acrescentou uma camada adicional à teoria. O mundo dividido da Guerra Fria foi substituído por uma economia global unificada, ligada pela alta tecnologia. As novas tecnologias capacitaram indivíduos e derrubaram fronteiras nacionais. Em um "mundo sem fronteiras", a ideia de Estados-nação entrando em guerra parecia absolutamente ultrapassada. Em seu segundo livro sobre a globalização, *O mundo é plano*, Friedman elaborou outra versão da teoria da "paz democrática" para ilustrar o argumento. A "teoria da Dell da prevenção de conflitos" argumentava que uma guerra entre a China e Taiwan passou a ser muito menos provável (impossível, segundo Friedman) devido ao fato de eles fazerem parte da mesma cadeia de suprimento de alta tecnologia que fabricava computadores da Dell.[230]

Friedman estava popularizando com destreza ideias que já faziam parte da teoria liberal há muitos anos. Os grandes defensores britânicos do livre comércio no século XIX, Richard Cobden e John Bright, sempre acreditaram que a paz internacional e o comércio internacional andavam lado a lado. Em um mundo de livre comércio, os países poderiam abandonar a lógica imperialista segundo a qual era necessário garantir o controle físico sobre o território para garantir sua riqueza. Era possível comprar o petróleo ou os diamantes – ou qualquer outra coisa necessária – no mercado global aberto.

Uma vez que os países adotassem o liberalismo econômico, de acordo com a teoria, eles teriam muito mais chances de também adotar o liberalismo político. As pessoas que se acostumavam a tomar as próprias decisões como consumidores, trabalhadores e empregadores mais cedo ou mais tarde também passariam a exigir direitos políticos. A disseminação da democracia fortaleceria a paz internacional porque as democracias têm muito poucas chances de entrar em guerra umas com as outras.[231] Mais uma vez, várias teorias sugeriam por que as democracias provavelmente não entrariam em guerra. Os sistemas políticos que enfatizavam os direitos individuais e a liberdade de imprensa tinham menos chances de tolerar as mazelas da guerra. Países que compartilhavam os mesmos valores políticos provavelmente não se sentiriam ameaçados um pelo outro. Democracias que ganharam legitimidade por meio de eleições não precisariam de conflitos internacionais para arregimentar pessoas sem o conhecimento de seus governos, e cidadãos que experimentaram a realização e dignidade como consumidores e eleitores seriam menos suscetíveis às tentações demagógicas do nacionalismo.

A ideia da "paz democrática" não funcionava apenas na teoria. Ela também parecia funcionar na prática. Muitas pesquisas acadêmicas mostravam que as democracias, de fato, tinham muito menos chances de combater umas às outras.²³²

A teoria da "paz democrática" poderia ter sido customizada para seduzir Bill Clinton. Como um democrata sulino e de centro, ele passara toda a sua carreira política tentando encontrar um território comum entre antigos adversários – negros e brancos, conservadores e liberais. Em 1991, logo antes de anunciar sua candidatura à presidência, ele proferiu um bem recebido discurso para o Democratic Leadership Council que resumiu sua abordagem inclusiva. Os democratas, ele disse, reconheciam que os americanos "são uma comunidade. Estamos todos juntos no mesmo barco e progrediremos ou afundaremos juntos".²³³

Como presidente, Clinton pegou essa filosofia e a aplicou ao mundo. James Steinberg, alto funcionário do Conselho de Segurança Nacional de Clinton, mais tarde contou que o presidente "não via necessidade de uma competição inerente entre as nações. O sucesso de algumas não ameaçava as outras. A ameaça estava em seu fracasso".²³⁴

Foi um distanciamento radical da visão "realista" tradicional das relações internacionais que sustentava que a rivalidade entre as nações era a postura natural. Clinton acreditava que a globalização mudara tudo isso. As grandes potências – Estados Unidos, China, Rússia, Índia, Japão e a União Europeia – enriqueceriam juntas. Com efeito, em um mercado global, o sucesso econômico de cada grande potência era cada vez mais dependente do sucesso das outras.

Para que o mundo do tipo ganha-ganha fosse uma realidade, contudo, a globalização precisaria criar mais do que crescimento econômico – ela precisaria produzir convergência política. Se a China enriquecesse demais, mas continuasse sendo uma ditadura unipartidária, os interesses americanos poderiam ser ameaçados. Contudo, se a globalização transformasse a China em um país mais livre e mais democrático, as chances de conflito com os Estados Unidos com certeza diminuiriam. Esse era o grande atrativo da teoria da "paz democrática".

Em sua campanha presidencial, Clinton criticou o primeiro presidente Bush por favorecer os "açougueiros de Pequim" após o massacre na Praça da Paz Celestial.²³⁵ Todavia, como presidente, ele promoveu uma política conciliatória baseada em comércio exterior, investimentos e globalização. Ele não assumiu essa postura por desejar evitar o confronto, mas também porque ele acreditava que, quanto maior fosse a abertura econômica da China, mais chances o país tinha de mudar politicamente. Clinton deixou isso claro em um discurso para receber a China na Organização Mundial do Comércio em 2000: "Ao se unir à OMC, a China não está apenas concordando em importar mais de nossos produtos. Ela está concordando em importar um dos valores mais importantes da democracia, a liberdade econômica. Quanto mais a China liberalizar sua economia, mais plenamente ela liberará o potencial de seus cidadãos... E, quando as pessoas têm o poder não apenas de sonhar, mas de concretizar seus sonhos, elas exigirão mais voz."[236] Nas palavras do acadêmico Michael Mandelbaum, o apoio por parte de Clinton da liberalização econômica na China foi "um cavalo de Troia a ser levado para dentro das muralhas que os comunistas chineses levantaram contra o liberalismo político".[237] Políticas similares foram adotadas nas proximidades da Rússia, onde o apoio americano à liberalização econômica foi considerado vital para sustentar a frágil democracia que estava sendo estabelecida sob o comando de Boris Yeltsin.

Só havia um problema com a teoria da "paz democrática" nos anos Clinton. Os anos 1990, de fato, representaram uma grande década para o avanço da democracia, mas eles não pareceram ser muito pacíficos. A dissolução da Iugoslávia provocou a guerra mais séria na Europa desde 1945, com cerca de 300 mil pessoas morrendo somente nos confrontos na Bósnia. O genocídio ruandês de 1994 levou ao assassinato de cerca de 800 mil pessoas – o pior exemplo de genocídio desde o holocausto.

Como explicar essa divergência entre a sedutora teoria da paz democrática e os horríveis fatos? Uma resposta foi que as aparências enganam. Gareth Evans, ex-ministro de Relações Exteriores australiano, ficou tão estarrecido com os eventos na Bósnia e na Ruanda que liderou o desenvolvimento de uma nova doutrina nas relações internacionais chamada de "responsabilidade de proteger" – justificando a intervenção internacional para impedir "crimes de atrocidade em massa". Até Evans observa que, na esteira da Guerra Fria, "ao contrário do senso comum, e talvez de todas as nossas intuições, houve significativa tendência de queda... no número de guerras". Essa queda se aplica a todas as formas de violência política: guerras civis, guerras entre Estados, casos de genocídio e outras atrocidades em massa.[238] Mencionando pesquisas conduzidas pelo projeto Human Security Report, no Canadá, Evans afirma que houve "declínio extraordinário de 80% desde o início dos anos 1990" no número de mortes causadas por graves conflitos e assassinatos políticos em massa. Nos primeiros anos do século XXI, cerca de 20 mil soldados ao ano morriam em guerras ao redor do mundo. Isso se compara com uma média de 100 mil mortes anuais em combate entre 1945 e 1990.[239]

As tendências que fundamentam a visão de Clinton de um mundo do tipo ganha-ganha – a expansão da democracia, dos mercados e da tecnologia – representaram apenas parte da explicação para a redução da violência política. Evans também observa o "fim da era do colonialismo" e "o enorme surto de atividades na prevenção de conflitos" e operações de paz durante os anos 1990.[240] O fim da Guerra Fria também pôs fim à "guerra proxy", ou guerra por procuração, entre a União Soviética e os Estados Unidos, na qual ambos os lados apoiavam milícias e governos rivais ao redor do mundo com resultados fatais. Cerca de 3 milhões de pessoas morreram nas guerras na Indochina nos anos 1970. Mais 1 milhão de pessoas morreram na Guerra Civil de Angola – outro conflito indireto entre os Estados Unidos e a URSS. Essa competição mortal entre superpotências terminou com a Guerra Fria.[241]

No entanto, mesmo se a situação em geral estivesse melhorando, as guerras nos Bálcãs e o genocídio ruandês horrorizaram tanto Clinton quanto Kofi Annan, o então secretário-geral das Nações Unidas. Juntos com Tony Blair, Bernard Kouchner (fundador da organização sem fins lucrativos de ajuda humanitária Médicos sem Fronteiras e, mais tarde, ministro de Relações Exteriores da França), Gareth Evans e outros, eles começaram a desenvolver novas ideias sobre o "intervencionismo liberal". A ideia central era que, no mundo globalizado, as principais potências do mundo não poderiam mais aceitar "crimes de atrocidade em massa" – mesmo se ocorressem dentro das fronteiras de um Estado, como Ruanda, ou como parte de uma guerra civil, como no caso da antiga Iugoslávia. A lógica era em parte humanitária, mas também havia uma justificativa de segurança nacional. Clinton acreditava que as maiores ameaças à segurança do ocidente provavelmente viriam de Estados falidos como a Somália, o Afeganistão, a Ruanda e a Iugoslávia.

A crescente disposição dos Estados Unidos de intervir militarmente no exterior durante os anos Clinton não foi apenas reflexo dos interesses humanitários do presidente ou de suas teorias sobre a globalização. Isso também refletiu uma crescente confiança americana na capacidade do país de utilizar com sucesso a força militar no exterior. Essa confiança foi um legado da primeira Guerra do Golfo de 1991.

Em retrospecto, a linha que leva da Guerra do Golfo, de 1991, passando pelas campanhas da Otan, na Bósnia, e em Kosovo durante o mandato de Clinton e chegando finalmente à invasão do Iraque em 2003, é clara, mas não foi uma linha reta. As experiências iniciais de Clinton com a intervenção militar foram humilhantes e desencorajadoras. Os Estados Unidos se retiraram da Somália depois que 18 soldados americanos foram mortos em Mogadishu em 1993. Logo depois, a Marinha americana, em uma missão para transportar educadores e engenheiros civis para ajudar em uma missão das Nações Unidas no Haiti, foi forçada a recuar diante de uma multidão furiosa nas docas. Essas experiências foram tão perturbadoras que Richard Holbrooke, um diplomata americano sênior na administração Clinton, referiu-se à síndrome da "Vietmália" – relacionando as experiências traumatizantes no Vietnã e na Somália.[242] Mas a administração Clinton recuperou sua crença no intervencionismo liberal nos Bálcãs. Foram os Estados Unidos que exigiram a campanha de bombardeio da Otan que reverteu os resultados da Guerra da Bósnia. Em 1999, a Otan derrotou a Sérvia na Guerra de Kosovo utilizando apenas o poderio aéreo – e sem perder nenhum soldado americano.

Entretanto, como Clinton conciliou sua crença no poder pacificador da globalização com sua crescente disposição de utilizar a força militar ao redor do mundo? O presidente tentou explicar isso em uma cerimônia na Casa Branca no meio da Guerra de Kosovo: "A maioria de nós tem essa visão de um mundo do século XXI com o triunfo da paz e da prosperidade e da liberdade pessoal... dentro de um contexto de valores compartilhados, poder compartilhado, fartura compartilhada... Essa visão, ironicamente, é ameaçada pelo mais antigo demônio da sociedade humana – a nossa vulnerabilidade ao ódio alheio. Diante disso, não podemos ser indiferentes, nem internamente nem no exterior. É por isso que estamos em Kosovo."[243]

Foi um bom e emotivo resumo das atitudes em relação à guerra e à paz que caracterizaram os Estados Unidos durante a Era do Otimismo. Os Estados Unidos acreditavam que a globalização econômica e os livres mercados eram forças promotoras da prosperidade e da paz ao redor do mundo. Contudo, nos locais aonde os mercados não conseguiam levar paz, prosperidade e estabilidade, a América estava preparada para intervir com a força militar.

Bill Clinton, um incansável visionário, foi quem melhor expressou a ideia de um mundo do tipo ganha-ganha (apesar de nunca ter utilizado essa expressão.) George W. Bush, seu sucessor, adotou a mesma filosofia.

A ideia de que Clinton e Bush compartilhavam a mesma abordagem em relação ao mundo provavelmente teria irritado os dois – e certamente teria horrorizado seus defensores mais intransigentes. Os estilos dos dois presidentes certamente eram muito diferentes. Onde Clinton instintivamente procurava pontos em comum entre as nações, Bush era famoso por tender a fazer distinções maniqueístas entre países que amam a liberdade e um "eixo do mal".

Mesmo assim, por trás da retórica, as semelhanças eram notáveis. As justificativas de Clinton para a utilização do poderio militar americano durante a Guerra de Kosovo prenunciaram muitas das ideias utilizadas por Bush após 11 de Setembro – em particular, o modo como ele enfatizou o terrorismo e as armas de destruição de massa como ameaças à liberdade e à prosperidade. A atitude de Bush em relação a novas potências emergentes era visivelmente similar à de Clinton. Como Clinton, Bush, em sua candidatura à presidência, flertara com uma abordagem mais confrontadora à China. Quando eleito, ele promoveu uma política baseada na cooperação e na abertura econômica. Bush explicou essa abordagem em 1999: "A liberdade econômica cria hábitos de liberdade, e os hábitos de liberdade criam expectativas de democracia... Se comercializarmos livremente com a China, o tempo estará do nosso lado."[244]

As premissas americanas fundamentais sobre a globalização e a "paz democrática" continuaram inalteradas no decorrer da Era do Otimismo.

Mas o que as potências em ascensão na Ásia achavam disso?

CAPÍTULO 14

KISHORE MAHBUBANI
E O SÉCULO ASIÁTICO

Na noite de 30 de junho de 1997, o Foreign Correspondents Club (Clube dos Correspondentes Estrangeiros) em Hong Kong estava lotado. O grupo estava reunido para assistir pela televisão à cobertura das cerimônias que marcaram o fim do domínio colonial britânico sobre Hong Kong e sua devolução à China. As pessoas no bar eram jornalistas, eles eram ocidentais e estavam embriagados, de forma que a atmosfera era ruidosa e irreverente. As cerimônias oficiais, com seus hinos, bandeiras e autoridades de aparência sombria, foram recebidas com zombaria e risos. De repente, de trás do bar, ouviu-se um grito: "Calem a boca, todos vocês!" Era uma mulher chinesa que trabalhava no bar. Ela estava assistindo ao hasteamento da bandeira chinesa na Government House com extasiada atenção e lágrimas escorrendo pelo rosto.

A devolução de Hong Kong à China foi um marco do crescente poder da China. A renúncia forçada do território à Grã-Bretanha após as Guerras do Ópio foi um dos momentos mais humilhantes do "século de humilhação" da China. Margaret Thatcher, que se encarregou das negociações com os chineses durante os anos 1980, achou difícil acreditar que era realmente necessário entregar Hong Kong, que ela considerava um templo do capitalismo do livre mercado e um tributo à sabedoria do domínio colonial britânico. Vez após vez, oficiais britânicos tiveram de explicar a Thatcher que, em uma frase que ela mesma tornou famosa em outro contexto, "não havia alternativa". A legislação internacional, a política do poder e o tempo estavam do lado da China.

Os chineses negociaram com habilidade, paciência e determinação. A devolução de Hong Kong foi conquistada sem a utilização de força. Isso só deixou claro que Hong Kong não poderia esperar sobreviver além do vencimento, em 1997, do acordo de soberania britânica sem a aprovação chinesa. Não era possível negar a uma China o seu destino.

O processo como um todo exemplificou uma abordagem ao mundo na Era do Otimismo que a China chamou de "ascensão pacífica". A expressão foi criada por um acadêmico chinês chamado Zheng Bijian – mas resumia a filosofia estabelecida por Deng Xiaoping. A China deveria se concentrar e desenvolver sua força econômica para o longo prazo. Para isso, era necessário um ambiente internacional estável e permissivo. Dessa forma, a China deveria evitar alarmar a potência dominante mundial – os Estados Unidos – ou, nas palavras de Deng: "Observe com sobriedade os acontecimentos, mantenha a sua posição, enfrente os problemas com calma, oculte a sua capacidade e espere o momento propício, permaneça livre de ambição e nunca alegue ter a liderança."[245]

O único momento durante esse período no qual a China violou ostensivamente os princípios da "ascensão pacífica" foi quando o país ameaçou realizar testes com mísseis perto de Taiwan em 1995 e 1996. A China acredita que Taiwan, como Hong Kong, é parte inalienável do território chinês. Taiwan era governada pelos herdeiros do governo nacionalista que os comunistas expulsaram do continente chinês em 1949 – e a ideia de que a ilha poderia declarar formalmente sua independência era considerada intolerável. Os testes com mísseis chineses pretendiam demonstrar que, em último caso, a China invadiria em vez de conceder a independência, mas o plano acabou provocando os Estados Unidos, que enviaram porta-aviões ao Estreito de Taiwan em 1996, em uma demonstração aberta de poderio militar visando apoiar Taiwan e impedir a China. Logo depois, a China interrompeu os testes com mísseis.

Os chineses recuaram. Mas também aprenderam uma lição valiosa. O confronto aberto com os Estados Unidos era contraprodutivo. Nos anos que se seguiram à crise do Estreito de Taiwan, a China se concentrou em desenvolver um grande crescimento econômico e um envolvimento cada vez mais profundo com o mercado internacional e a economia americana. Uma importante meta da política nacional foi atingida quando a China conseguiu se afiliar à Organização Mundial do Comércio (OMC) em 2001, conquistando, dessa forma, as proteções e o acesso ao mercado que a afiliação na OMC concedia. Nos bastidores, a China também estava aumentando seus gastos militares em taxas anuais na casa dos dois dígitos – talvez para assegurar uma posição melhor no surgimento da próxima crise de Taiwan.

Entretanto, a imagem pública do poderio chinês era quase sempre cautelosa e comedida. Com efeito, quando conheci Zheng Bijian em um banquete em Pequim em 2007, até a expressão "ascensão pacífica" fora modificada para não soar tão provocativa. A nova expressão era "desenvolvimento pacífico com características harmoniosas". Sinais de endurecimento só podiam ser notados quando se tratava de Taiwan. Nesse caso, a postura de Zheng era: "Taiwan é de interesse nacional essencial para a China. Não flexibilizamos sobre essa questão."[246]

Com os oficiais chineses seguindo o conselho de Deng de "ocultar a nossa capacidade e esperar o momento propício", o país deixava aos outros explicar claramente as implicações da ascensão da China e do resto da Ásia. É claro que, em muitos aspectos, é absurdo procurar porta-vozes para um continente tão amplo e variado quanto a Ásia. E foi particularmente estranho quando esse papel foi assumido pelos líderes de Cingapura, uma minúscula cidade-Estado com uma população de apenas 5 milhões.

Todavia, apesar de as tentativas cingapurenses de falar pela Ásia serem presunçosas, também valia a pena ouvi-las. A cidade-Estado conseguiu se posicionar como um centro comercial asiático e uma ponte entre o Oriente e o Ocidente. Em meados dos anos 1990, Cingapura já era o porto mais movimentado do mundo e a segunda nação mais rica da Ásia (em termos *per capita*), depois do Japão. Lee Kuan Yew, fundador do país, assumiu gradativamente o papel de estadista internacional experiente e porta-voz da Ásia. Lee foi um brilhante estudante de Direito em Cambridge na juventude, mas rejeitou a ideia de que as nações asiáticas necessariamente convergiriam para o modelo ocidental. Em vez disso, ele se posicionou como um porta-voz dos "valores asiáticos", que definiu como mais voltados à comunidade e mais respeitosos em relação à autoridade do que o ocidente indisciplinado e individualista.

"Os americanos", declarou o senhor Lee, "acreditam que da controvérsia, do conflito de diferentes ideias e ideais, se obtém um bom governo. Não pensamos assim na Ásia".[247] Era conveniente para o senhor Lee defender o autoritarismo, considerando o próprio relacionamento distintamente duvidoso de Cingapura com a democracia.[248] Contudo Lee também estava proporcionando uma refutação refletida e bem elaborada ao evangelismo democrático dos Estados Unidos durante a Era do Otimismo. Na prática, ele estava elaborando a justificativa intelectual para a repressão chinesa do movimento pró-democracia em 1989. Lee acreditava que a democracia prematura poderia ser fatal: "Veja o exemplo das Filipinas. Eles tiveram a democracia desde o início em 1945. Eles nunca decolaram. Foi caótico demais."[249]

A desconfiança de Lee no que se refere à democracia fez dele um cético no que se refere às possibilidades econômicas da Índia. Sua herança chinesa e formação autoritária também podem ter desenvolvido nele mais simpatia pelas culturas confucionistas da Ásia Oriental. No final dos anos 1990, contudo, já estava claro que também a Índia passara a fazer parte do grande milagre econômico asiático. O principal porta-voz dessa nova forma de otimismo pan--asiático foi outro cingapurense, Kishore Mahbubani, um diplomata e acadêmico que comandara o serviço de relações exteriores do país.

A história pessoal de Mahbubani o posicionava tão bem quanto qualquer outro a assumir o quase impossível papel de porta-voz da "Ásia". Nascido em uma família indiana no Paquistão, ele foi criado na sociedade de Cingapura, de maioria chinesa, ao lado de uma comunidade substancialmente malaia. Para Mahbubani, a ascensão da Ásia da pobreza à riqueza representou uma intensa história pessoal além de um processo histórico abstrato. Como ele lembra em seu livro *The New Asian Hemisphere* – o novo hemisfério asiático:

> As circunstâncias da minha infância eram modestas (alguns diriam pobres). Até os 10 anos, eu morava com outros quatro membros da família em uma casa de um quarto. Não tínhamos refrigerador, telefone nem televisão, mas o maior desconforto é que não tínhamos banheiro com descarga... E se me pedissem para dizer a data na qual minha vida entrou no mundo moderno, eu diria que o marco foi a chegada do banheiro com descarga. Naquele dia senti que minha vida passara por uma transformação mágica. Eu de repente senti que poderia ter uma vida mais digna.[250]

No meio de sua carreira, Mahbubani já era um membro idôneo do círculo de Davos – um ex-embaixador cingapurense para as Nações Unidas e reitor da Lee Kuan Yew School of Public Policy. Um homem de porte pequeno, elegante e invariavelmente bem-vestido, Mahbubani não esqueceu suas origens. Elas permeavam sua visão de mundo com uma estranha mistura de otimismo, gratidão, orgulho, chauvinismo asiático e impaciência diante dos pressupostos de ocidentais mimados. Eles não sabem o que é passar por privações ou adversidades – e mesmo assim pretendem ensinar os asiáticos? Em um seminário em Cingapura em 2007, eu o vi recriminar alguns visitantes da Brookings Institution de Washington pela falta de imaginação e empatia no que se referia à Ásia. "Vocês não sabem o que é ser forçado a se sentir inferior a outra cultura", ele reclamou.[251] Foi por isso, Mahbubani argumentava, que os pressupostos ocidentais de que outros asiáticos estavam aterrorizados pela ascensão da China eram inapropriados. Pelo contrário, ele insistia, a maioria dos asiáticos sentia admiração e solidariedade pela ascensão da China da pobreza e "achavam que os chineses conseguiriam".[252] A história asiática, ele insistia, não podia ser contada apenas em termos abstratos. Era uma história sobre o "empowerment de centenas de milhões de pessoas que antes se sentiam totalmente impotentes em suas vidas".[253]

Mahbubani acreditava que a transformação do destino de milhões de asiáticos se refletiria na transformação do destino do continente como um todo. Para o profeta de Cingapura, a grande história da nossa era foi a ascensão da Ásia e "a irresistível transição do poder global para o oriente". Como ele escreveu: "O crescimento e o sucesso da Ásia nas últimas décadas superou os sonhos mais delirantes dos asiáticos... Os asiáticos hoje não precisam ser convencidos a ser otimistas."[254] Evidências de pesquisas de opinião sustentam a afirmação de Mahbubani sobre o otimismo asiático. Uma pesquisa de opinião internacional conduzida em novembro de 2005 revelou que 76% dos chineses e 75% dos indianos se consideravam pessoalmente otimistas em relação ao futuro – porcentagens muito mais elevadas do que as registradas nos Estados Unidos ou na Europa.[255]

Mahbubani sabia muito bem que o crescente otimismo na Ásia poderia provocar pessimismo no ocidente, mas ele adotou uma versão da ideia de Bill Clinton de um mundo no qual todos saem ganhando, no qual a globalização e a crescente prosperidade potencialmente criavam as condições para uma nova era de paz e harmonia internacional. Como ele escreveu: "A competição no século XIX por influência política e controle territorial era um jogo de soma-zero. A competição na segunda metade do século XX poderia se tornar um jogo de soma-positiva. As economias em crescimento poderiam beneficiar, e não prejudicar, umas às outras."[256]

Diferentemente de muitos pensadores ocidentais, Mahbubani não acreditava na teoria da "paz democrática". Na opinião dele, a democracia não tinha muita relação com a paz. A verdadeira base da paz internacional era a prosperidade crescente. "Na raiz da verdadeira razão pela qual os norte-americanos e europeus não entram em guerra entre si existe uma poderosa classe média com pouco desejo de sacrificar sua vida confortável."[257] A ascensão de uma classe média asiática representava, portanto, uma enorme força na promoção da paz global e significava que "a paz mundial não é um castelo no ar".[258] Como Lee Kuan Yew gostava de argumentar, se fosse necessário um período de autoritarismo para assegurar a estabilidade necessária para criar uma classe média chinesa, não valeria pagar o preço? Em consequência, uma transição precoce à democracia na China poderia não levar à paz global como os teóricos ocidentais gostavam de acreditar.

Mahbubani elaborou a filosofia de seu mentor, Lee Kuan Yew, posicionando firmemente a Índia como parte da grande história de sucesso asiática. A transformação do moral das classes médias indianas e a ascensão das empresas indianas durante o período foi, sem dúvida, notável e palpável a um estrangeiro em visita ao país.

A Índia dos mendigos, das vacas sagradas e das estradas de terra ainda podia ser vista em Bangalore em 2008, mas as dependências de grandes empresas de TI como a Infosys pareciam tão modernas quanto qualquer coisa que se poderia encontrar na Califórnia. Foi uma decisão deliberada. Uma tentativa de repelir qualquer sentimento persistente de inferioridade cultural do tipo ao qual Mahbubani se referiu. Como um executivo da Infosys me explicou, eles construíram dependências de alta tecnologia no estilo californiano – incluindo lanchonetes, lojas e academias de ginástica – para enviar uma mensagem tanto para os empregados quanto para os clientes. Os dois grupos deviam sair com uma mensagem muito clara: que as empresas de TI de Bangalore e suas instalações não são apenas excentricidades indianas, concorrendo somente com base no custo. Elas são tão boas quanto seus concorrentes em qualquer lugar no mundo. Eu estava visitando a Infosys na semana após o colapso da Lehman Brothers nos Estados Unidos. Depois da visita, escrevi que a empresa ainda estava "solidamente estabelecida em Bangalore na última sexta-feira, enquanto Wall Street cambaleava de um lado ao outro. Aqui uma crise financeira nos Estados Unidos parece um transtorno temporário".[259]

Existem, contudo, duas importantes condições para a ideia de que o período de 1991 a 2008 foi uma Era do Otimismo na Ásia. A primeira foi o destino do Japão. Após a explosão da economia de bolha no fim dos anos 1980, a economia japonesa entrou em um longo período de estagnação que passou a ser conhecido como a "década perdida". Em 2009, com a economia ainda letárgica, ela estava começando a se parecer com uma geração perdida. Apesar disso tudo, o Japão ainda era uma nação que se sentia à vontade com o sistema internacional vigente. Os anos de rápido crescimento pertenciam ao passado, mas o Japão continuou sendo um país rico e disciplinado; a segunda maior economia do mundo no período, um título que só foi cedido à China em 2010. Como o maior aliado asiático dos Estados Unidos, o Japão estava à vontade com o "momento unipolar". Como uma importante potência exportadora, o Japão tinha poucos motivos para questionar os méritos da globalização.

A crise financeira asiática de 1997 a 1998 deu a alguns dos vizinhos do Japão muito mais motivos para fazer perguntas fundamentais sobre o funcionamento do sistema capitalista internacional. Em uma sequência de assustadores eventos que prenunciaram a crise financeira global de 2008, uma série de economias asiáticas foi atingida por fuga de capital, moedas em queda, inadimplemento de empréstimos, falência de empresas e, finalmente, quedas aparentemente catastróficas na produção econômica. O PIB da Coreia do Sul caiu cerca de 30% entre 1997 e 1998; a Tailândia sofreu uma queda de 40%.[260]

No entanto, a crise econômica não muda a narrativa geral sobre a ascensão da Ásia no decorrer da última geração. Em 1999, até as economias mais prejudicadas já tinham começado a se recuperar. Uma década mais tarde, estava claro que países como a Coreia do Sul foram bastante abalados – mas não perderam permanentemente os ganhos econômicos que conquistaram com tanto esforço ao longo das gerações anteriores. Eles ainda eram países de renda média que retomaram sua trajetória ascendente.

Contudo, a crise teve três efeitos duradouros. Em primeiro lugar, ela plantou profundas raízes de ceticismo em muitas mentes asiáticas no que se refere à capacidade e à imparcialidade do Fundo Monetário Internacional. O FMI foi acusado de promover políticas sadomasoquistas, que envolviam elevar taxas de juros, cortar gastos públicos e permitir a falência de bancos em dificuldades. Alguns argumentavam que essas políticas foram adotadas mais de acordo com os interesses de credores e bancos ocidentais do que das próprias nações asiáticas. Quando os Estados Unidos e a Europa foram atingidos pelas próprias crises financeiras em 2008, a Ásia, sem dúvida, notou que as políticas adotadas pareciam ser exatamente o contrário das políticas impostas à Ásia uma década antes – taxas de juros foram acentuadamente reduzidas, bancos foram resgatados, governos se permitiram enormes gastos.

Uma segunda importante consequência da crise financeira asiática foi o fato de ela ter incentivado países da região a acumular grandes reservas estrangeiras para se proteger e criar uma rede de segurança contra futuras ondas de especulação. Em 2008, quando a crise financeira global se abateu, as reservas apenas da China eram de quase $2 trilhões. Reservas tão vultosas deram aos legisladores asiáticos um enorme aumento de confiança ao lidar com os colegas ocidentais.

Por fim, a crise financeira asiática precipitou uma transferência de poder no próprio continente asiático. Os países mais afetados foram a Tailândia, a Indonésia e a Coreia do Sul. Os efeitos colaterais também foram sentidos pelos outros Tigres Asiáticos do Sudeste da Ásia como a Cingapura e a Malásia, mas os gigantes asiáticos em ascensão – a China e a Índia – foram relativamente pouco afetados. Suas economias desaceleraram, mas elas não caíram em recessão. A primeira parte da história asiática foi sobre a ascensão do Japão na era pós-guerra. Depois vieram os primeiros Tigres Asiáticos – a Coreia do Sul, Taiwan e Cingapura. Quando me mudei para Bangcoc em 1992, a ação tinha sido transferida para o Sudeste da Ásia. Por um tempo, a Tailândia foi a economia de mais rápido crescimento do mundo. O crescimento foi retomado na Tailândia e no Sudeste da Ásia após a crise financeira asiática, mas a atenção do mundo já estava em outro lugar. Em 1999, já estava claro que os acontecimentos que realmente abalariam o mundo ocorriam na China e na Índia.

Na qualidade de um cidadão de uma nação do Sudeste da Ásia, Kishore Mahbubani poderia ter se preocupado com esse fato. Em vez disso, ele escolheu celebrar a ascensão do continente da Ásia como um todo. Mahbubani se preocupava mais com o Ocidente. Será que os Estados Unidos teriam a sabedoria de receber de braços abertos a "ascensão pacífica" da China? E a União Europeia conseguiria se desvencilhar de sua soturna introspecção?

O cingapurense se mostrava particularmente desdenhoso em relação à Europa. Ele argumentava que a Europa estava sob o domínio ao mesmo tempo do derrotismo e de uma forma perigosa e desagradável de arrogância cultural. "Enquanto a maioria dos europeus olha adiante para o futuro", ele declarou, "eles estão ficando cada vez mais pessimistas".

Entretanto, apesar de Mahbubani ter acertado em relação ao otimismo asiático, ele estava errado no que se refere à Europa. Na União Europeia, os 20 anos após a queda do Muro de Berlim também marcaram uma Era do Otimismo – um otimismo que fundamentou alguns dos projetos políticos e econômicos mais notáveis e ambiciosos da era.

CAPÍTULO 15

EUROPA

Gunter Verheugen e o sonho europeu

No início de 2001, uma pequena equipe da Comissão Europeia em Bruxelas voou para o Noroeste da Bulgária. Um grupo de várias centenas de pessoas assistiu aos helicópteros pousando em um enlameado campo de futebol, virando os rostos no último instante para se proteger da lama e da poeira levantada pelas hélices. A delegação da União Europeia, liderada por Gunter Verheugen, desembarcou dos helicópteros e foi levada para a cidade em um comboio. Na prefeitura, o prefeito de Vidin, uma cidade com cerca de 70 mil habitantes nas proximidades das fronteiras entre a Sérvia e a Romênia, relatou uma triste história de declínio. Fábricas locais fecharam desde o colapso do comunismo. A guerra na Sérvia e o bloqueio do Rio Danúbio representaram outros golpes na economia. O nível de desemprego estava em 25%. "Vocês representam esperança para nós", ele concluiu, em tom de melancolia.

Essa era a Europa que o fim da Guerra Fria deixou como herança. A queda do Muro de Berlim foi um momento de enorme esperança e oportunidade para a Europa Central, mas também um profundo choque e um grande transtorno. Indústrias foram derrubadas à medida que as economias comunistas eram implodidas. Durante vários anos, o nível de desemprego decolou e os padrões de vida caíram. Vidin ficava a apenas uma hora de avião da modernidade e prosperidade de Milão, mas ela estivera do lado errado da Cortina de Ferro e sofria terrivelmente.

Por toda a Europa Central, uma nova classe de capitalistas enriqueceu incrivelmente enquanto os padrões de vida de muitas pessoas comuns caíam. Diante de condições similares, a democracia na Rússia vacilava e recuava para a autocracia controlada de Vladimir Putin. Os cidadãos da Europa Central conheciam muito bem o péssimo exemplo e a persistente ameaça da Rússia. Como me disse Radek Sikorski, futuro ministro de Relações Exteriores da Polônia, em 2001: "Imagine um grande rio dividindo a Europa. De um lado está a Rússia. Do outro está a União Europeia. Sabemos de que lado precisamos estar."[261] Gunter Verheugen era o comissário de expansão da União Europeia. Era o trabalho dele estender a mão e puxar a Europa Central com segurança para o outro lado do rio.[262]

Durante a Era do Otimismo, muitos intelectuais asiáticos e conservadores americanos trataram a União Europeia com indisfarçado desdém. Os Estados Unidos dominavam o presente; o futuro parecia ser asiático. A Europa era o passado. A economia da União Europeia crescia mais lentamente do que a dos Estados Unidos, sem mencionar a da China. As taxas de fertilidade europeias eram baixas, de forma que a população do continente estava diminuindo. A Europa era incapaz de lidar com uma guerra no próprio território, de forma que os conflitos nos Bálcãs nos anos 1990 precisaram ser resolvidos pelo poder diplomático e militar americano. Apesar de suas pretensões à unidade, a União Europeia ficou dividida em relação à Guerra do Iraque em 2003. Na esteira daquele conflito, Max Boot, neoconservador americano, escreveu: "Pelos indicadores tradicionais de poder, a Europa está em declínio: o crescimento econômico é anêmico, os orçamentos militares estão em queda livre, a taxa de fertilidade está em declínio."[263] Na esteira de 11 de Setembro, alguns conservadores americanos observavam a crescente população muçulmana na Europa como uma ameaça particular à estabilidade da Europa.[264]

No entanto, para um continente em suposto declínio, a Europa ainda parecia "representar esperança" para milhões de pessoas ao redor do mundo. Mesmo em seu auge imperial, quando as nações europeias dominavam os interesses do planeta, a Europa foi um continente do qual as pessoas fugiam. Poloneses, italianos e irlandeses imigraram em grandes números aos Estados Unidos em busca de uma vida melhor. Os espanhóis e portugueses foram para a América Latina; os britânicos foram para a Austrália e para o Canadá. Mas, no fim do século XX, a União Europeia – junto com os Estados Unidos – já era um dos dois maiores centros de paz e prosperidade do mundo. Imigrantes, legais e ilegais, invadiam a Europa – vindos da Ásia, África, América Latina do Caribe e do mundo árabe.

Paralelamente à descontrolada e desconfortável experiência que a Europa estava vivenciando com a imigração de países pobres – e, em particular, do mundo muçulmano –, a União Europeia passava por uma expansão muito mais controlada na direção do Oriente. Isso também demonstrava que, apesar do escárnio que por vezes atraía, a União exercia uma atração quase magnética para seus vizinhos mais pobres. Em 1990, logo após a queda do Muro de Berlim, a União Europeia era uma organização de apenas 12 nações. Em 2007, a União já tinha se expandido para incluir 27 países e lançado a própria moeda pan-europeia, o euro. Ela era um gigante de quase 500 milhões de pessoas, com uma economia maior do que a dos Estados Unidos ou da China.

Gunter Verheugen, o homem que concebeu a maior expansão da história da União Europeia, foi um herói improvável. Sem muito carisma, com ralos cabelos grisalhos e óculos sem armação, ele foi derrotado em Bruxelas depois que sua carreira política na Alemanha perdeu a força.

Como muitos alemães modernos, Verheugen suspeitava naturalmente de tudo o que soava como nacionalismo, abordando o tema com cautela, como se fosse uma bomba prestes a explodir. Na Bulgária em 2001, eu me vi conversando com ele fora de um banquete oficial, enquanto ele ponderava como responder a uma pergunta aparentemente simples feita por um tablóide alemão: "Você se orgulha de ser alemão?" Para um político na maioria dos países normais, a resposta a uma pergunta como essa seria óbvia, mas Verheugen ficou perturbado. Ele me perguntou se eu tinha orgulho de ser inglês. Eu disse que sim. Ele se voltou a seu porta-voz francês. Ele também se orgulhava de ser francês, mas Verheugen não diria o óbvio. "Não posso dizer que me orgulho de ser alemão", ele disse. "Tenho orgulho do que realizei. Mas eu nasci alemão. Isso não é uma realização." A mente sutil do comissário era uma qualidade diplomática. No jantar, a ministra de Relações Exteriores da Bulgária, Nadezhda Mihailova, nos disse acreditar que Monica Lewinsky fora diretamente colocada no caminho do presidente Clinton por conspiradores que planejavam destruí-lo. Era um dilema delicado para Verheugen. Se ele concordasse, estaria confirmando uma teoria da conspiração. Se discordasse, arriscava insultar a ministra. Então, ele respondeu: "Sim, é o que minha esposa acha."

Mas, apesar de toda a sua modéstia e boas maneiras, Verheugen também era capaz de inspirar as pessoas. Alguns anos mais tarde, testemunhei o comissário receber uma emocionada ovação em pé de estudantes da Universidade de Tecnologia de Budapeste, que fora o centro do levante húngaro fracassado de 1956. Seu discurso foi amplo, evocando as tragédias da Segunda Guerra Mundial e do comunismo no Leste Europeu. Ele apelou a um sentimento de irmandade europeia, e acenou com a perspectiva de um futuro melhor. Com a Hungria, conduzida por Gunter Verheugen, prestes a finalmente ser recebida pela União Europeia, tanto a mensagem quanto o homem foram recebidos com enorme entusiasmo.

O discurso de Verheugen em Budapeste foi proferido no mesmo mês em que tropas americanas entraram em Bagdá. Como o presidente Bush e os Estados Unidos, a União Europeia e Verheugen estavam promovendo a "política da liberdade" – com base em uma profunda crença na disseminação da democracia, do capitalismo e dos valores liberais. Contudo as duas cruzadas foram conduzidas de maneiras completamente diferentes. O estilo europeu se baseava em burocratas e não em tanques. Era um estilo mais paciente e de longo prazo. Ele envolvia mais a "reconstrução da nação" do que a "construção da nação". Qualquer país que aspirasse entrar na União Europeia precisaria alinhar suas leis às da União, aprovando 80 mil novas páginas de leis e regulamentações, mas os países envolvidos se submeteram voluntariamente a esse tortuoso processo porque sabiam de qual lado do rio eles precisavam estar.

Todo o processo era irritantemente lento. Em Washington, no início dos anos 2000, os legisladores americanos muitas vezes balançavam a cabeça incrédulos com o torpor da União Europeia. Como era possível, eles se perguntavam, que, mais de uma década após a queda do Muro de Berlim, a União Europeia ainda não tivesse admitido países como a Polônia e a República Tcheca? A resposta era que se tornar um membro da União Europeia demandava um complexo processo que envolvia uma profunda forma de adaptação mútua de ambos os lados. Os países candidatos precisariam ajustar suas sociedades e governos. Os membros existentes da União Europeia também assumiam sérias obrigações. Todos eles mais cedo ou mais tarde deveriam abrir as fronteiras para uma imigração potencialmente ilimitada de novos membros muito mais pobres. Eles deveriam oferecer bilhões de euros de ajuda. Eles deveriam convidar países muito mais pobres a se associar a eles em uma união política e lhes conceder poder de voto na definição de leis que se aplicariam a 27 nações.

A expansão sem dúvida levou muito tempo, mas, no final, deu certo. Após as profundas recessões pós-comunistas, o crescimento – um rápido crescimento – retornou à Europa Central. De acordo com o Banco Mundial, entre 1998 e 2003, mais de 40 milhões de cidadãos da Europa Central deixaram de ser pobres.[265] Nos anos imediatamente após a "expansão do big bang" de maio de 2004 – que admitiu 10 novos países na União –, cada um dos novos membros da Europa Central estava crescendo mais rapidamente do que os antigos Estados da União Europeia na Europa Ocidental. À medida que a indústria manufatureira imigrava para os novos centros de baixo custo na União Europeia, investidores empolgados começaram a chamar a Europa Central de "a China ao lado". À medida que os investidores iam para o leste, os trabalhadores iam para o oeste – beneficiando-se dos salários mais altos e novas oportunidades de viajar, possibilitadas pela afiliação à União Europeia. Cerca de meio milhão, em sua maioria jovens, de poloneses se mudou para a Grã-Bretanha nos anos que se seguiram à expansão. Eles foram motivados em parte pelo fato de o nível de desemprego ainda estar alto na Polônia, mas também estavam se beneficiando das novas oportunidades oferecidas por uma Europa recentemente unida. A expansão não dizia respeito apenas à reunificação da Europa. Também era uma parte fundamental da história da globalização – a remoção de barreiras ao fluxo livre de pessoas, capital e bens.

Praticamente dobrar o tamanho da União Europeia era um empreendimento enormemente ambicioso. Contudo, essa não foi a única medida visionária tomada pela Europa na geração que se seguiu à queda do Muro de Berlim. Além de estabelecer a meta de ampliar a Europa por meio da expansão, os líderes da União Europeia concordaram em "aprofundar" a Europa por meio de uma maior integração econômica e política. No Tratado de Maastricht, assinado em 1992, os europeus concordaram em criar uma política externa comum e uma moeda comum.

Para os países com tradições menos integracionistas, em particular a Grã-Bretanha, isso tudo significava ir longe demais, rapidamente demais. Os britânicos reagiram com hostilidade e ceticismo às novas proposições. Em 1993 John Major, o primeiro-ministro britânico que sucedeu Margaret Thatcher, ridicularizou o plano de implementar uma moeda única como tendo "toda a estranheza de uma dança da chuva, e praticamente o mesmo poder".[266] No entanto, no devido tempo, o projeto foi implementado. No Ano-Novo de 2002, os saques em caixas eletrônicos em 12 países por toda a União Europeia começaram a ser feitos em notas de euro. (A Grã-Bretanha, a Suécia e a Dinamarca foram os três membros da União Europeia que escolheram ficar de fora do experimento do euro.)

Muitos economistas se perguntaram se isso poderia durar. Essa ansiedade começou a parecer profética após a crise financeira de 2008, quando a alta dos déficits fiscais por toda a região do euro levantou questões sobre a solvência de alguns de seus membros – em particular, a Grécia – e sobre a durabilidade da própria moeda única. O otimismo de alguns anos antes, quando a União lançou o euro, de repente parecia quase temerário.

Entretanto, até no auge da Era do Otimismo, os líderes da Europa se preocupavam com a relativa falta de dinamismo econômico do continente. Debates angustiados sobre o crescimento relativamente lento da Europa, sua baixa produtividade, a falta de ímpeto empreendedor e o alto nível de desemprego preencheram tardes sombrias em Bruxelas. No entanto, quase sem perceber, a Europa havia criado o maior mercado unificado do mundo. Na virada do milênio, a União Europeia já era o maior destino de investimentos estrangeiros americanos (muito maior do que a China) e o maior mercado para exportações chinesas. A Alemanha, sozinha, já era a maior exportadora do mundo – um título que só foi cedido à China em 2009. O tamanho do mercado europeu significava que as decisões tomadas em Bruxelas precisariam ser obedecidas ao redor do mundo. Em 2001, quando as autoridades da União decidiram que uma fusão proposta entre a General Electric e a Honeywell era anticompetitiva, as duas enormes corporações – ambas orgulhosamente americanas – tiveram de abandonar seus planos. Elas não podiam se dar ao luxo de ignorar o gigantesco mercado europeu.

O sonho da Europa era replicar seu poder econômico na arena política. Quando os europeus se decidiram a tentar elaborar uma constituição em 2002, Valéry Giscard d'Estaing, ex-presidente francês e presidente do Conselho da Convenção Constitucional, expressou a esperança de que a União Europeia um dia fosse uma superpotência global, "que falará de igual para igual com as maiores potências do planeta".[267] No entanto, as pretensões europeias de atingir o status de superpotência foram sistematicamente eliminadas pelo ceticismo popular – a Constituição de Giscard d'Estaing foi rejeitada em consultas populares na França e na Holanda em 2005. As divisões internas da União e a falta de poder militar também minaram suas ambições. O fracasso europeu nos Bálcãs em meados dos anos 1990 foi uma amarga lição. Depois, no meio da convenção constitucional, a Europa se dividiu novamente, dessa vez em relação ao Iraque. "A unidade europeia é uma piada", reclamou Javier Solana, o desafortunado diplomata espanhol que deveria representar a União Europeia aos olhos do mundo.[268]

No entanto, por trás das dolorosas divisões em relação ao Iraque entre governos europeus, alguns pensadores vislumbraram uma unidade mais profunda – a formação de uma consciência pública pan-europeia. Quando milhões de europeus saíram às ruas em fevereiro de 2003 para manifestar contra a entrada na Guerra do Iraque – com enormes demonstrações em Londres e Madri, onde os governos se comprometeram com a guerra, bem como em Berlim e Paris –, Dominique Strauss-Kahn, um proeminente político francês (que mais tarde seria nomeado diretor do FMI), exultou: "No sábado, dia 15 de fevereiro, uma nova nação nasceu nas ruas. A nova nação é a nação europeia."[269]

Até os céticos americanos podiam discernir uma abordagem europeia distintiva em relação ao mundo. À medida que o velho "oeste" se dividia em torno da Guerra do Iraque, Robert Kagan, um neoconservador americano de alta visibilidade, publicou uma análise crítica das divisões entre as abordagens europeia e americana em relação ao mundo, intitulada *Do paraíso e do poder* (Rocco, 2003). Os Estados Unidos representavam poder; a Europa representava um "paraíso" pós-político e pacifista.[270] Kagan estava claramente exasperado com o que considerava os europeus pegando carona na garantia de segurança dada pelos americanos, mas o americano não estava sendo totalmente irônico quando se referiu à Europa como um "paraíso". Nos 20 anos após a queda do Muro de Berlim, uma Europa cada vez mais próspera e unificada tinha razões de sobra para se sentir otimista.

Muitas pessoas em Bruxelas acreditavam que, apesar de todas as dificuldades econômicas da Europa e as divisões na política exterior, a União Europeia estava mapeando um caminho para o futuro do mundo. O argumento era que um mundo globalizado demandava novas formas de governança global. Enquanto os Estados Unidos e a China ainda eram furiosamente nacionalistas e presos a uma visão de Estado do século XIX, eram os europeus que estavam mostrando o caminho adiante para o século XXI. Robert Cooper, um proeminente diplomata da União Europeia, argumentou que a União como uma organização transcendeu a política do poder. Em um novo mundo, definido pelo "fim do império e pela transformação do Estado por meio da globalização", "o aspecto mais promissor é o surgimento do sistema pós-moderno de segurança na Europa".[271] Na opinião de Cooper, um "sistema pós-moderno" não se baseava mais no equilíbrio de poder entre Estados vizinhos, mas, sim, em uma profunda integração econômica e política.

Essa visão de que a Europa representava o futuro foi primorosamente representada em um livro publicado em 2005 por Mark Leonard, que viria a se tornar o primeiro diretor do novo Conselho Europeu de Relações Exteriores. O livro de Leonard, que recebeu o título ousado de *Why Europe Will Run the 21st Century* (Por que a Europa dominará o século XXI), argumentava que "a Europa representa uma síntese da energia e liberdade resultantes do liberalismo com a estabilidade e o bem-estar resultantes da democracia social. À medida que o mundo enriquece e vai além de satisfazer necessidades básicas como alimento e saúde, o estilo de vida europeu se tornará irresistível".[272]

Mesmo assim, apesar de os intelectuais em Bruxelas acreditarem que a União Europeia representava uma abordagem mais gentil e branda ao capitalismo, à globalização e às relações internacionais, nem todos os europeus pensavam assim. Muitos esquerdistas passaram a acreditar que a União trairia sua missão original ao tornar-se um agente da globalização irrestrita. À medida que a Era do Otimismo progredia, a Europa passou a ser alvo das críticas internacionais contra a globalização.

CAPÍTULO 16

OS ANTIGLOBALIZADORES

Seattle parecia ser o lugar perfeito para celebrar o comércio internacional e a globalização: uma cidade próspera na Bacia do Pacífico; lar da Microsoft, da Boeing e da Starbucks, três das empresas mais internacionalmente renomadas dos Estados Unidos. Qual seria um lugar melhor para lançar uma nova rodada de abertura de mercado sob os auspícios da Organização Mundial do Comércio (OMC)?

No entanto, foi em Seattle, no fim de novembro de 1999, que ficou claro que um amplo movimento contra a globalização havia se desenvolvido. Os políticos, homens de negócios, economistas e jornalistas que participaram do encontro – a maioria dos quais aceitava as virtudes da globalização como verdade absoluta – inicialmente tiveram dificuldade de levar os manifestantes em Seattle a sério. Philippe Legrain, que estava lá para cobrir o encontro para a *The Economist* e que, mais tarde, passou a trabalhar para a OMC, observou com escárnio que as ruas de Seattle estavam "cheias de jovens universitários americanos ostentando câmeras japonesas e tênis da Nike e protestando contra as iniquidades do comércio global".[273] Contudo, no segundo dia de protesto, ficou claro que os manifestantes em Seattle não estavam brincando. Milhares de pessoas marcharam pelas ruas, protestando contra tudo, desde a dívida do Terceiro Mundo até a ameaça apresentada pelo comércio internacional e as tartarugas marinhas. Os protestos se agravaram e janelas e vitrines do Bank of

America, da Niketown e uma série de outras lojas foram quebradas. As ruas ficaram repletas de gás lacrimogêneo, vidro quebrado e policiais do batalhão de choque. Os representantes no encontro da OMC estavam sitiados.

Larry Summers, então secretário do Tesouro dos Estados Unidos e um renomado economista acadêmico, não conseguiu disfarçar seu desdém pelos manifestantes contra a globalização em nome da justiça internacional. "Algumas crianças estão trabalhando na indústria têxtil na Ásia e se prostituiriam nas ruas se não tivessem esses empregos", ele observou de maneira incisiva.[274] Os políticos profissionais tomaram o cuidado de assumir uma postura mais respeitosa. Bill Clinton, o maior defensor da globalização que podia ser encontrado nos escalões superiores da política ocidental, disse que os ambientalistas e sindicalistas que protestaram nas ruas de Seattle tinham argumentos válidos que os políticos precisavam ouvir.[275]

Durante alguns anos após o encontro de Seattle, os manifestantes se fizeram presentes em quase todos os encontros internacionais que tivessem qualquer relação com a globalização. No encontro do G8 em Gênova em 2001, a polícia italiana chegou a matar um manifestante. Em Gotemburgo, na Suécia, no verão de 2001, estive presente em um dos últimos encontros da União Europeia que foram seriamente prejudicados por protestos antiglobalização. Misteriosos anarquistas mascarados conhecidos como "black blocs" transformaram a cidade em uma zona de guerra; a polícia bloqueou as ruas com gigantescos contêineres de metal, trazidos das docas.

De repente tudo isso acabou e os encontros internacionais voltaram a ser conduzidos em relativa tranquilidade. O que mudou? A resposta foi o 11 de Setembro. Os ataques da Al-Qaeda à América pareciam ter drenado a força do movimento antiglobalização ocidental. Em parte isso ocorreu porque, na esteira do 11 de Setembro, a segurança foi intensificada a ponto de se tornar quase impossível para os manifestantes se aproximarem de um encontro. A OMC tomou a precaução de realizar seu próximo importante encontro em Doha, na inacessível Catar, mas os jovens ocidentais que compunham a maior parte dos manifestantes antiglobalização também podem ter perdido parte do apetite por protestos violentos após 11 de Setembro. Isso porque, da sua própria maneira, a al-Qaeda também estava atacando uma ordem global capitalista dominada pelos americanos. Os antiglobalizadores originais foram superados estrategicamente por um movimento rejeicionista muito mais violento, implacável e radical.

Os críticos da globalização eram tão diversificados que era impossível escolher uma única pessoa para incorporar o movimento. Eles variavam amplamente, desde um economista ganhador do Prêmio Nobel como Joseph Stiglitz a jornalistas incisivos como Naomi Klein e – no extremo – movimentos terroristas como a al-Qaeda. O grupo da antiglobalização incluía radicais da extrema esquerda que desprezavam o capitalismo global e radicais da extrema direita que acreditavam que a globalização era uma desculpa para a criação de um governo mundial único. Alguns argumentavam que a globalização estava destruindo os empregos de trabalhadores ocidentais ao sujeitá-los à concorrência implacável de asiáticos trabalhando por menos de um dólar ao dia. Outros argumentavam que a globalização envolvia a exploração brutal dos pobres do mundo por multinacionais ocidentais. Alguns críticos, como Naomi Klein, defendiam os dois argumentos simultaneamente. Ela acreditava que o domínio da economia mundial por multinacionais ocidentais estava minando a democracia e aumentando a desigualdade por todo o mundo.[276]

No período imediatamente após a Guerra Fria, os primeiros críticos da globalização no ocidente se concentraram na ameaça aos empregos de trabalhadores em seus países. Nos Estados Unidos, a efetivação do Acordo de Livre Comércio da América do Norte (Alcoa) com o Canadá e o México, levou Ross Perot – um candidato presidencial em 1992 – a prever um "enorme som de sucção" de empregos americanos cruzando a fronteira na direção do México. Na direita republicana, Pat Buchanan confrontou o internacionalismo do presidente George H.W. Bush com um nacionalismo brutal, que fez uma grande tempestade em copo d'água da ameaça aos empregos americanos. Buchanan reclamou: "Depois de declarar uma política americana de livre-comércio e abertura das fronteiras, por que estamos surpresos ao ver executivos corporativos fechando suas fábricas no Cinturão da Ferrugem e transferindo-as para o exterior... demitindo americanos que trabalham por $20 a hora e contratando asiáticos que fazem a mesma coisa por $0,50 a hora?"[277]

Tanto Buchanan quanto Perot provocaram um grande impacto na política americana, mas nenhum deles conseguiu promover uma mudança decisiva. A vitória de Bill Clinton nas eleições presidenciais de 1992 garantiu que, pelos próximos oito anos, a Casa Branca fosse ocupada por um grande adepto das virtudes da globalização. Além disso, o longo surto econômico dos anos 1990 facilitou lidar com o sentimento protecionista, mas os argumentos nunca desapareceram por completo. À medida que ficava claro que os salários reais dos americanos estavam entrando em estagnação, a crítica econômica da globalização era aperfeiçoada. O novo argumento era que remover as barreiras ao comércio e ao investimento internacional foi projeto de elite que beneficiou apenas os ricos e altamente qualificados. Sem dúvida, era verdade que uma firme crença nos princípios da globalização só prevalecia entre os grupos de elite. Pesquisa de opinião conduzida pelo Pew Research Center em 2005 revelou que 84% dos americanos acreditavam que "proteger os empregos dos trabalhadores americanos" deveria ser a maior prioridade do governo; mas apenas 24% de um grupo de "formadores de opinião" concordavam com isso.[278]

A Europa seguia a mesma tendência. Com o nível de desemprego obstinadamente alto, slogans protecionistas conseguiam mobilizar os eleitores. Em 2005, uma consulta popular na França sobre a constituição proposta da União Europeia foi vencida por uma campanha do "Não" que fundamentou seus argumentos no medo do "encanador polonês" – um apelido para a concorrência de baixo salário à qual os trabalhadores franceses vinham sendo expostos após a expansão da União Europeia em 2004. Quase todos os políticos franceses faziam discursos insinceros defendendo a necessidade de proteger o modelo social europeu da "concorrência injusta", mas o importante era que os políticos europeus tradicionais continuavam comprometidos com uma economia aberta e com a globalização. A expansão da União Europeia prosseguiu. Apesar da rejeição em consultas populares na França e na Holanda, a Constituição da UE foi reelaborada na forma do Tratado de Lisboa e aprovada por votação parlamentar.

Foi só no final dos anos 1990 que o argumento de que a globalização também era prejudicial para o mundo em desenvolvimento realmente começou a ganhar força. O que motivou isso foi a crise econômica asiática de 1997. As crises econômicas na Rússia em 1998 e na América Latina em 2002 reforçaram ainda mais o argumento.

Foram dúvidas sobre o impacto da globalização sobre os pobres do mundo que motivaram Joseph Stiglitz a romper com o consenso da elite. Stiglitz era adorado pelo movimento antiglobalização por ter vindo da fortaleza do Banco Mundial, acenando com seus textos heréticos. Por ser um ganhador do Prêmio Nobel, ele recebia credibilidade instantânea e garantida – tornando muito mais difícil desmerecer seus argumentos como extravagantes ou desinformados. Por ter sido um economista chefe do Banco Mundial, suas críticas representavam uma eletrizante apostasia.

A obra de Stiglitz, contudo, está longe de ser uma condenação abrangente da globalização. Já nas primeiras páginas de seu livro *A globalização e seus malefícios* (Futura, 2003), ele rapidamente reconhece que "devido à globalização, muitas pessoas no mundo agora vivem com um padrão de vida muito melhor do que antes".[279] Sua raiva e condenação se concentraram em aspectos específicos do processo – em particular, em sua crença de que as políticas defendidas pelo Fundo Monetário Internacional em resposta às crises na Ásia e na Rússia foram equivocadas, tendendo na direção dos interesses de bancos ocidentais e provocando miséria desnecessária. A obra de Stiglitz foi um ataque ao que ele considerava ser um "fundamentalismo de mercado", levando à flexibilização prematura de regimes de câmbio e comércio internacional.

No entanto, apesar de o consenso da globalização ter se desestabilizado após as crises asiática, russo e latino-americana, ele não foi derrubado. As economias abertas em um mundo globalizado eram claramente vulneráveis a súbitas crises financeiras – mas dar as costas para o mundo não era uma solução atraente nem prática. A Coreia do Sul e a Tailândia foram duas das maiores vítimas da crise econômica asiática, mas bastava os sul-coreanos olharem para a Coreia do Norte, no outro lado da fronteira, para serem lembrados de que o isolamento econômico oferecia um futuro muito pior e mais devastador. Os tailandeses podiam fazer o mesmo olhando pela fronteira ocidental para a isolada, ditatorial e empobrecida Burma, onde uma junta militar reprimira violentamente o movimento democrático do país em 1990.

O que Joseph Stiglitz e Naomi Klein revelaram foi um sentimento de que a globalização era um projeto que beneficiava mais as elites do que as pessoas comuns. Era certamente verdade que o "consenso da globalização" parecia mais sólido em locais onde a política internacional e a elite de negócios se reuniam, como o Fórum Econômico Mundial, em Davos. Também era verdade que havia alguns temas comuns na insatisfação gerada pela globalização em países tão diferentes quanto os Estados Unidos, a China, a Índia e a Rússia. O que os unia era uma reclamação de que o crescimento mais rápido associado à globalização fora comprado à custa de uma desigualdade crescente – que foram os oligarcas russos, os industriais chineses e os banqueiros de Wall Street que abocanharam o melhor dos benefícios e usaram parte dos lucros para comprar a anuência das elites políticas.

Para muitos dos críticos esquerdistas da globalização, a resposta era óbvia – abrir o processo e democratizá-lo mais. Stiglitz reclamou que a criação de uma economia globalizada não foi acompanhada pelo surgimento da política globalizada: "Temos um processo de globalização análogo aos primeiros processos nos quais os governos nacionais foram formados. Infelizmente, não temos um governo mundial responsável pelo povo de cada país."[280]

Entretanto, apesar de Stiglitz se lamentar da falta de um "governo mundial", outro grupo do movimento antiglobalização estava aterrorizado justamente pela mesma possibilidade. Para Stiglitz, a crítica era direcionada aos fatores econômicos da globalização, mas, para conservadores na Grã-Bretanha e nos Estados Unidos, o mais alarmante era a política da globalização. Eles acreditavam que o poder estava sendo drenado dos Estados-nação por instituições supranacionais não democráticas atuando em nome do racionalismo econômico ou da paz mundial.

Na Grã-Bretanha, "eurocéticos" se concentravam no poder cada vez maior da União Europeia. Alguns eram nacionalistas viscerais. Outros eram conservadores tradicionais com críticas detalhadas e lógicas contra o "projeto europeu" e preocupações legítimas referentes a suas credenciais democráticas.

Nos Estados Unidos, o foco da paranoia e da suspeita conservadora era as Nações Unidas. A série *Deixados para trás* (United Press, 2002), composta por 16 best-sellers de ficção – sendo que a primeira foi publicada em 1995 –, contava a história do "fim dos tempos" no qual um político romeno chamado Nicolae Jetty Carpathia surgia para se tornar secretário-geral das Nações Unidas, prometendo restaurar a paz e a estabilidade no mundo. Contudo, Carpathia era, na verdade, o anticristo. Pat Robertson, um pastor e em uma ocasião candidato à presidência dos Estados Unidos pelo Partido Republicano, deu voz a esses temores em seu livro *The New World Order*, que afirmava expor uma ampla conspiração para criar um "governo mundial único".

Era fácil para elites urbanas e seculares escarnecer de fenômenos como a série *Deixados para trás* ou as obras de Pat Robertson, mas a paranoia direitista relativa ao "governo mundial" e às Nações Unidas também tinha o potencial de resultar em violência – como ficou tragicamente evidente no ataque ao prédio federal Alfred P. Murrah, em Oklahoma City, em 1994, que matou 168 pessoas. Timothy McVeigh, o homem que conduziu o caminhão-bomba ao prédio, cultivava um ódio fanático contra o governo federal. Ele também era um homem fascinado pela ideia de uma "conspiração entre as Nações Unidas e os Estados Unidos para restringir a liberdade individual e, em última instância, assumir o controle do mundo".[281]

Até os ataques a Nova York e Washington em 11 de Setembro, o atentado a Oklahoma fora a pior atrocidade terrorista da história em solo americano. Os ataques de 11 de Setembro estranhamente representaram a imagem invertida dos temores do terrorista de Oklahoma. Enquanto Timothy McVeigh se enfurecia com a noção de que um governo mundial poderia ser imposto sobre os Estados Unidos, a al-Qaeda via uma América todo-poderosa impondo sua vontade sobre o resto do mundo.

O movimento da al-Qaeda foi motivado por muitas linhas de pensamento, emoção e análise política. No entanto, era impossível deixar de ver o simbolismo de um ataque à capital econômica dos Estados Unidos e ao World Trade Center. Como escreveu Martin Wolf, do *Financial Times*: "Podemos interpretar esse evento como um episódio da resistência do Mundo Islâmico à ocidentalização, como uma testemunha da eterna força da perversidade humana, como o fim do otimismo liberal e como um ataque à globalização liberal. Todas as interpretações são válidas, sem excluir a última. O ataque aos Estados Unidos também foi um ataque à globalização."[282]

No auge do otimismo liberal, durante os anos da administração Clinton, era fácil distinguir as forças mais atraentes que impulsionavam a globalização: novas tecnologias, a expansão da liberdade política, o poder da economia de mercado, a criação de interesses comuns entre nações, até a sabedoria de políticos visionários. Todavia, no mundo pós-11 de Setembro, a administração Bush decidiu reafirmar e demonstrar a força mais fundamental do sistema internacional – o poder americano.

CAPÍTULO 17

Poder

Charles Krauthammer e os neoconservadores

Em fevereiro de 2004, menos de um ano depois que as tropas americanas entraram em Bagdá, Charles Krauthammer proferiu um discurso triunfante no jantar anual do American Enterprise Institute. A importância da ocasião e do palestrante foi salientada pelo fato de que Krauthammer fora apresentado pelo vice-presidente americano, Dick Cheney.

Krauthammer era um colunista de uma agência de notícias que havia superado terríveis problemas pessoais para atingir seu respeitado status na Washington conservadora. Confinado a uma cadeira de rodas na juventude devido a um acidente de mergulho, ele usou seu intelecto e seus contundentes textos para se tornar o popularizador mais eloquente de uma política externa baseada na alocação contumaz do poder americano. Ao lado de Francis Fukuyama, também presente no jantar, Krauthammer foi um dos primeiros analistas a explicitar as implicações da vitória americana na Guerra Fria a um público mais amplo. Seu artigo sobre "o momento unipolar" foi publicado na *Foreign Affairs* no fim de 1990 e salientou a natureza impressionante do poder americano após o colapso do império soviético. Os Estados Unidos, ele afirmou, eram a "superpotência indisputada" e o "centro do poder mundial"[283] – e manteriam esse status por gerações no futuro.

Talvez como fosse de se esperar, considerando os obstáculos pessoais que ele teve de superar, Krauthammer acreditava firmemente no poder da força de vontade. No início de 2001, bem antes dos ataques ao World Trade Center e ao Pentágono, ele sugeriu que o presidente George W. Bush utilizasse o poder americano sem se desculpar. "A América não é mero cidadão internacional", ele escreveu. "É a potência dominante do mundo, mais dominante do que qualquer potência desde Roma. Dessa forma, a América está em posição de mudar as normas, alterar expectativas e criar novas realidades. Como? Por meio de demonstrações contumazes e implacáveis de força."[284]

Agora, na esteira da queda de Saddam Hussein – empolgado com um senso de justiça e vitória – Krauthammer retomava o tema do poder americano incontestável. Ele disse às autoridades de Washington: "No dia 26 de dezembro de 1991, a União Soviética morreu e algo novo nasceu, algo totalmente novo – um mundo unipolar dominado por uma única superpotência sem qualquer rival e com um domínio decisivo em todos os cantos do globo."[285]

Ao ligar as raízes do aparente triunfo dos Estados Unidos no Iraque em 2003 à vitória na Guerra Fria, Krauthammer estava elaborando um importante argumento. Os ataques ao World Trade Center e ao Pentágono em 11 de Setembro não mudaram tudo. Pelo contrário, eles levaram os Estados Unidos a ressaltar algo que o mundo já sabia – que só havia uma superpotência.[286] Se a América quisesse, poderia destronar governos do outro lado do mundo – em questão de semanas.

No entanto, para a maioria das pessoas nos Estados Unidos e no resto do mundo, a sensação era que os dias e meses após os ataques de 11 de Setembro marcavam uma nova época. George Will, um colunista conservador (mas não um neoconservador), resumiu a ideia de que uma era chegara ao fim quando disse que a América usufruiu de "férias da história" nos anos entre a queda da Muro de Berlim e o 11 de Setembro.

A ideia de que uma Era do Otimismo do estilo de *O Grande Gatsby* chegara ao fim foi reforçada pela amarga virada na economia e a explosão da bolha da tecnologia na segunda metade de 2000. Cerca de $5 trilhões em valor de mercado das empresas de tecnologia desapareceram entre 2000 e 2002.[287]

O discurso do presidente Bush nos dias após 11 de Setembro também enfatizou a ideia de que os Estados Unidos estavam diante de um novo mundo e teriam de reagir de novas formas, com "uma prolongada campanha, diferente de qualquer outra que já vimos"[288] – uma campanha que rapidamente passou a ser conhecida como "guerra ao terror".

À medida que ficava claro que a guerra ao terror envolveria invadir não apenas o Afeganistão, mas também o Iraque, as atitudes internacionais aos Estados Unidos mudaram. Os governos europeus se dividiram em relação à Guerra do Iraque, com a Grã-Bretanha, a Espanha, Portugal e a Polônia se unindo à "coalizão dos dispostos" de Bush – e a França, a Alemanha e a Rússia liderando a oposição. A opinião pública europeia, contudo, estava relativamente unida em sua hostilidade contra a invasão do Iraque. A popularidade dos Estados Unidos nas pesquisas de opinião internacionais entrou em queda livre no período que antecedeu a invasão e não se recuperou pelo resto do mandato de Bush.

Tanto os europeus quanto os americanos concluíram que a administração Bush e os Estados Unidos como um todo assumiram direcionamento totalmente novo após os ataques de 11 de Setembro, mas era uma conclusão ilusória. Algumas coisas, de fato, mudaram. Acima de tudo, neoconservadores como Krauthammer passaram a desconfiar muito mais de instituições internacionais (e, com efeito, de países estrangeiros) do que os "clintonianos" – e estavam muito mais inclinados a recomendar que os Estados Unidos agissem unilateralmente. Essa determinação de agir sem assistência estava de acordo com o estado de espírito de muitos americanos após 11 de Setembro e com os instintos do presidente Bush. A retórica absolutista do presidente sobre um "eixo do mal" também contrastava muito com o estilo mais conciliatório e intelectual do presidente Clinton e com sua crença de que, em um mundo globalizado, "estamos todos no mesmo barco".

Entretanto, basta olhar para os fundamentos da política externa de Bush e fica claro que eles permaneceram profundamente enraizados nas premissas da Era do Otimismo que havia começado em 1991. O presidente Bush, como o presidente Clinton que o antecedeu, acreditava firmemente na disseminação dos livres mercados e da democracia ao redor do mundo. O conselheiro de Segurança Nacional de Clinton, Tony Lake, chamou isso de "expansão democrática". Bush usou a expressão "política da liberdade", mas a ideia era a mesma.

Os democratas reconheceram e reagiram à ênfase de Bush sobre a liberdade. A utilização por parte dos neoconservadores da linguagem da liberdade facilitou o desenvolvimento de um consenso sobre a Guerra do Iraque. A principal justificativa da guerra era a suposta ameaça de armas iraquianas de destruição de massa, mas, ao posicionar a campanha contra Saddam em uma longa tradição americana de combate às tiranias, os defensores da guerra ajudaram a atrair liberais à causa. Mais senadores democráticos votaram a favor do que contra a Guerra do Iraque. Os favoráveis incluíram a porta-estandarte do legado de Clinton, a senadora Hillary Clinton.

Fundamentando as políticas de Bush, havia uma intensa noção da moralidade e do poder dos Estados Unidos. Também isso era compartilhado pelos democratas mais influentes. Foram Bill Clinton e sua secretária de Estado, Madeleine Albright, que se referiam com frequência aos Estados Unidos como a "nação indispensável". Clinton colocou a promoção da democracia no centro de sua visão de mundo, exultando em seu segundo discurso de posse em 1997 que, "pela primeira vez em toda a história, mais pessoas neste planeta vivem sob a democracia do que sob a ditadura". A própria Albright reconheceu as continuidades com a política da liberdade de Bush. Como ela disse mais tarde: "Eles pegaram muitas das coisas que estávamos fazendo e as intensificaram exponencialmente."[289]

Clinton também se preocupara com a possível conjunção do terrorismo e armas de destruição em massa, o que proporcionou ao presidente Bush uma justificativa para invadir o Iraque. Em 1998, o presidente Clinton chegou a assinar a Lei de Liberação do Iraque, que comprometia os Estados Unidos à meta de mudar o regime político do Iraque.

Acima de tudo, a disposição de utilizar o poderio militar americano era bipartidária. Ela teve suas origens na fácil vitória na primeira Guerra do Golfo em 1991. Após um início vacilante, o presidente Clinton ficou cada vez mais confiante em sua capacidade de fazer uso eficaz do poderio militar americano. A Guerra de Kosovo em 1999 foi vencida sem uma única baixa americana. Após 11 de Setembro, a fácil derrota do Talibã no Afeganistão em 2002 fortaleceu ainda mais a confiança dos Estados Unidos em sua força militar. Kenneth Adelman, um proeminente neoconservador, resumiu o estado de espírito predominante em seu círculo quando previu que a invasão do Iraque seria uma "moleza". Nas semanas que antecederam a invasão, almocei com um proeminente neoconservador e lhe disse, meio brincando: "Apoiarei essa guerra se vocês garantirem que ela terminará em três dias." Meu companheiro de almoço me olhou com dó e respondeu: "É claro que acabará em três dias."[290]

A confiança dos neoconservadores tinha muitas origens. No fim da Guerra Fria, os Estados Unidos pareciam ser uma nação dominante em todas as áreas – a maior economia do mundo, seu líder tecnológico, tinha as universidades mais importantes do mundo e a cultura popular mais poderosa. A autoridade moral americana também estava no auge. Os Estados Unidos confrontaram o "império do mal" e os povos do Leste Europeu pareciam apropriadamente agradecidos.

Entretanto, o momento unipolar se baseava, acima de tudo, no poderio militar. No início do século XXI, os Estados Unidos gastavam quase o mesmo valor em seus militares do que o resto do mundo combinado. A liderança tecnológica dos militares americanos também estava se ampliando gradativamente, refletindo a posição americana na vanguarda da revolução da TI. Na esteira das rápidas vitórias no Afeganistão e no Iraque, muitos neoconservadores estavam eufóricos em relação ao poder americano. Max Boot, do Council on Foreign Relations, afirmou, exultante, que a supremacia militar americana "supera em muito os recursos de pseudo-hegemonias do passado, como Roma, a Grã-Bretanha e a França Napoleônica".[291]

Essa enorme confiança foi refletida no discurso de Krauthammer no American Enterprise Institute, quase um ano depois da queda de Saddam. Na plateia, Francis Fukuyama estranhou o fato de Krauthammer e o grupo que o aplaudia parecerem considerar a guerra um "sucesso praticamente sem ressalvas... considerando que os Estados Unidos não encontraram armas de destruição em massa no Iraque, tiveram suas ações prejudicadas por uma odiosa insurreição e se isolaram quase totalmente do resto do mundo".[292]

Todavia as dúvidas de Fukuyama eram incomuns àquela altura. Nos círculos neoconservadores, a maioria das pessoas presumia que – nas palavras do presidente Bush, que estavam para ficar famosas – havia sido uma "missão cumprida". À medida que a confiança no poderio militar americano se intensificava, mais neoconservadores começaram a flertar com a ideia do imperialismo. No que se tornou uma das citações que viriam a definir a era, uma autoridade de alto escalão, que preferiu não ser identificada, disse a Ron Suskind, do *New York Times*: "Somos um império agora... e, quando agimos, criamos a nossa própria realidade." A noção de "imperialismo americano" – utilizada no passado unicamente como um termo ofensivo por antiamericanos e a esquerda – começou a ser referenciada em termos mais aprovadores por acadêmicos conservadores como Max Boot e Niall Ferguson.

Se a administração Bush realmente adotara um ideal imperialista, isso de fato teria marcado uma mudança decisiva na política externa americana desde a Guerra Fria. Contudo, no que diz respeito ao presidente Bush, o "mal" que ele estava decidido a combater morava em cavernas, em Estados falidos e potências de porte médio como o Irã e a Coreia do Norte.

Quando o presidente Bush lidava com as principais potências do mundo, ele seguia os princípios que governaram a política americana por toda a Era do Otimismo. Os Estados Unidos apostavam na globalização e na integração econômica internacional para afastar os conflitos internacionais e promover a mudança democrática em adversários potenciais como a Rússia e a China.

Apesar de alguns neoconservadores se preocuparem com uma sinistra e antidemocrática guinada na política local russa sob o governo do presidente Putin, Bush notoriamente disse que olhou nos olhos do presidente russo e "teve um vislumbre de sua alma". Ele obviamente gostou do que viu. As preocupações relativas à terceirização de empregos de colarinho branco à Índia se intensificaram durante a administração Bush, mas o próprio presidente buscou diligentemente firmar uma estreita aliança econômica e estratégica com um país que ele considerava uma superpotência emergente e um aliado democrático. A elite indiana considerava o presidente um amigo do país e um grande defensor da globalização. Os chineses se preocupavam, justificadamente, com a possibilidade de as sondagens do presidente Bush refletirem um desejo tático de equilibrar o crescente poder chinês. Contudo, de modo geral, o governo de Pequim via a administração Bush com bons olhos.

Ao lidar com a China, o presidente Bush adotou as ideias – mas não o vocabulário – do presidente Clinton e seu mundo ganha-ganha. James Miles, da *The Economist*, observou em março de 2006: "A administração Bush está tentando bajular a China para impedir que eles vejam o equilíbrio de forças global em termos de soma-zero e convencê-los, em vez disso, de que uma China em crescimento e uma América forte não apenas podem coexistir como também prosperar juntos."[293] Robert Zoellick, um dos principais internacionalistas da administração Bush, assumiu a liderança da insistência de que a China seja um "stakeholder responsável" na comunidade mundial.[294]

Nota-se complacência inconsciente que se revela em expressões como "stakeholder responsável". No decorrer da Era do Otimismo, a América presumiu ser o definidor de padrões do mundo. O arco da história mundial estava se inclinando na direção dos livres mercados e da democracia. Países que deixassem de aceitar o liberalismo econômico e político acabariam fracassando. Os países que adotassem o liberalismo econômico e político se tornariam mais como os Estados Unidos. Era uma situação em que tanto os Estados Unidos quanto o mundo sairiam ganhando.

Por trás dessa crença estava a confiança na continuidade da dominância militar e econômica dos Estados Unidos. Toda a filosofia neoconservadora – exemplificada pelo discurso de Krauthammer em 2004 – se baseava em uma premissa não verificada da continuidade da supremacia econômica americana.

No fim do mandato de Bush, contudo, os Estados Unidos estavam muito mais conscientes dos limites do próprio poder. Tanto a Guerra do Iraque quanto do Afeganistão se transformaram em conflitos longos, sangrentos e impopulares. Então, em setembro de 2008, o colapso do Lehman Brothers precipitou o maior crash financeiro e econômico dos Estados Unidos desde a Grande Depressão. A crise econômica também foi decisiva para as eleições presidenciais. Depois da queda do Lehmans, Barack Obama abriu uma diferença em relação a John McCain nas pesquisas de opinião que o viram decididamente vitorioso em novembro de 2008.

O novo presidente intitulou seu segundo livro *A audácia da esperança* (Larousse do Brasil, 2007), mas foi necessário um desastroso golpe na economia americana para assegurar sua vitória. Ele assumiu o poder no final da Era do Otimismo.

PARTE III

A ERA DA ANSIEDADE

Introdução

Durante a Era do Otimismo, a globalização e o poder americano serviram de base para o sistema internacional. Os internacionalistas liberais estavam confiantes de que o mundo da prosperidade, liberdade e estabilidade estava em expansão, enquanto pobreza, a ditadura e a anarquia estavam sendo repelidas aos poucos. Todo o verdadeiro poder ainda parecia estar no mundo ocidental: o poder das ideias, o poder do dinheiro e – como um último recurso – o poder militar. No entanto, apesar de a Era do Otimismo ter sido um período de dominância ocidental, as potências ascendentes da Ásia e da América Latina tinham bons motivos para aceitar a ordem internacional. Elas estavam enriquecendo e acreditavam no futuro.

O crash econômico de 2008, contudo, prenunciava uma nova era, a Era da Ansiedade. Os Estados Unidos, em particular, se veem diante de desafios fundamentais à sua posição global. Quando Barack Obama tomou posse, cada uma das cinco ideias que fundamentaram a autoconfiança americana durante a Era do Otimismo estava sendo intensamente criticada. A crença no progresso da democracia fora abalada pelas dificuldades de exportar a democracia ao Iraque e ao Afeganistão e pela crescente confiança da China autoritária. A crença no poder dos livres mercados levou um terrível golpe com a crise econômica e financeira de 2008. A revolução tecnológica não parecia mais ser a panaceia que prometia ser, à medida que problemas tão variados quanto as mudanças climáticas e a ocupação militar se provavam, de modo frustrante, impermeáveis a uma resolução tecnológica. A teoria da "paz democrática" parecia menos convincente, à medida que a Rússia se envolvia em demonstrações de força militar, quase destronando a Geórgia democrática, em agosto de 2008. Finalmente, a crença na natureza imbatível do poder americano que alimentou parte do vigor da administração Bush parecia muito mais abalada com os problemas enfrentados pelas tropas americanas no Afeganistão e no Iraque e a economia americana vacilante.

Em 2010, com a intensificação da crise econômica na União Europeia, já estava claro que o mundo estava testemunhando não apenas um desafio à posição global dos Estados Unidos, mas também um desgaste do poder do mundo ocidental como um todo. A crise ocidental é analisada no Capítulo 18.

Com as bases da Era do Otimismo abaladas, quatro novas forças estão reformando a ordem internacional. A primeira é o surgimento de problemas políticos verdadeiramente globais, como as mudanças climáticas, o terrorismo e desequilíbrio econômicos globais. A segunda é a hesitação e a tentativa controversa de estabelecer novas formas de governança global para lidar com esses problemas. A terceira é a nova confiança nas potências autoritárias do mundo – mais especificamente, a China e a Rússia. A quarta é a ameaça de uma nova onda de Estados falidos. O surgimento dessas novas forças – combinado a um enfraquecimento do poder americano – está substituindo o mundo ganha-ganha da Era do Otimismo por um mundo soma-zero, no qual as principais potências do mundo estão gradativa e perigosamente em divergência uns com os outros.

A natureza dos novos problemas globais é descrita no Capítulo 19. Em certos aspectos, esses problemas representam o lado feio e político da globalização. Na Era do Otimismo, os mais fervorosos defensores do poder dos mercados achavam que, se permitíssemos que a globalização realizasse seu trabalho, ela acabaria por solucionar os mesmos problemas que parecia provocar. Dessa forma, a solução para a pobreza global era permitir que os mercados amadurecessem e incentivar um crescimento mais rápido. A solução para o aquecimento global era se sair com alguma espécie de solução baseada no mercado, como um sistema internacional de comercialização de emissões. Os Estados falidos poderiam ser recuperados se fossem integrados à economia global. A maior demanda por recursos naturais como alimento e petróleo incentivaria o mercado a encontrar novas reservas. O papel dos políticos e legisladores inter-

INTRODUÇÃO

nacionais era derrubar barreiras ao comércio e aos investimentos – e depois sair do caminho e permitir o livre funcionamento do mercado.

É cada vez mais evidente, contudo, que o mundo está diante de muitos perigosos problemas econômicos e políticos internacionais para os quais não existe uma solução de mercado. A reação mais lógica para o surgimento de um conjunto de problemas políticos globais seria desenvolver novas formas de governança global – ou "governo mundial", como diriam seus defensores mais entusiasmados e seus adversários mais paranoicos. Sem dúvida, existe a possibilidade de o fim da Era do Otimismo levar a uma enorme intensificação da cooperação internacional e da governança global em vez do conflito internacional. Essa é a visão internacional estreitamente associada à União Europeia – e existem forças que levam a essa direção. A mais evidente é a formação do grupo G20 de nações líderes, em reação à crise econômica global. O Capítulo 20 discute a promoção da governança global em arenas como o G20, as Nações Unidas e encontros para discutir as mudanças climáticas globais. Isso mostra por que essas tentativas falharão e não conseguirão romper a lógica emergente do mundo soma-zero.

Se nem os Estados Unidos nem alguma forma de "governo mundial" puderem proporcionar a liderança para lidar com os problemas políticos em comum do mundo, uma terceira alternativa é a ascensão de um eixo de autoritarismo, com a China como seu porta-estandarte – e com a Rússia, o Irã e a Venezuela atuando como centros regionais.

Os autoritários não apenas rejeitam a premissa liberal de existir uma conexão inevitável entre a liberdade política e econômica, como também rejeitam a crença liberal de que, no mundo moderno, a "comunidade mundial" deveria intervir para proteger os direitos humanos, impedir atrocidades em massa e restaurar a ordem em Estados falidos. Pelo contrário, os russos e os chineses desconfiam profundamente de qualquer doutrina parecida, temendo que isso desse ao Ocidente uma desculpa para interferir em seus assuntos internos.

As posições defendidas pelos russos e pelos chineses estão ganhando seguidores, até mesmo em algumas nações democráticas. Os chineses capitalizaram com habilidade o ressentimento de grande parte do mundo em desenvolvimento em relação à dominância americana da "nova ordem mundial". Apesar de toda a popularidade de Barack Obama, ele não conseguiu contar com o apoio de uma comunidade mundial para questões internacionais cruciais, como o programa nuclear iraniano ou as discussões sobre mudanças climáticas em Copenhague. Até algumas das maiores democracias do mundo emergente, incluindo o Brasil, a Turquia, a África do Sul e a Indonésia, apoiaram os autoritaristas em questões como mudanças climáticas e intervenção em Estados opressivos ou falidos.

A redução do poder diplomático, econômico e militar americano tornará muito mais difícil para os Estados Unidos intervirem no mundo na próxima década. E isso pode contribuir para o aumento do número de Estados falidos – o que será analisado no Capítulo 22.

Nessas novas circunstâncias internacionais, as principais potências do mundo estão encontrando cada vez mais dificuldade de cooperar. A lógica soma-zero, na qual o ganho de um lado é a perda do outro, está cada vez mais ditando sua abordagem em relação ao mundo. O Capítulo 23 analisa a crescente rivalidade econômica e militar entre os Estados Unidos e a China – e mostra como essa concorrência está demovendo os esforços de solucionar os problemas mais perigosos do mundo, de desequilíbrios econômicos a mudanças climáticas e à ameaça de proliferação nuclear.

O surgimento de um mundo soma-zero implica um duplo perigo. Em primeiro lugar, isso significa que as grandes ameaças globais não serão solucionadas – em vez disso, elas ficarão gradativamente mais perigosas, aumentando as chances de guerras regionais, um colapso do comércio global, escassez de energia e alimento, desastres ambientais e terrorismo nuclear. Mesmo se os piores resultados forem evitados, uma incapacidade de encontrar maneiras cooperativas de lidar com as grandes questões globais envenenará as relações internacionais, à medida que as grandes potências entram em conflito, argumentam entre si e planejam ações para se posicionar melhor.

Nessas novas circunstâncias, é cada vez mais urgente romper a lógica soma-zero na ordem internacional emergente. O último capítulo deste livro sugere novas maneiras de recuperar a cooperação internacional.

CAPÍTULO 18

A CRISE DO OCIDENTE

A crise financeira global que irrompeu em setembro de 2008 desgastou os dois pilares mais fundamentais da ordem estabelecida após a Guerra Fria: o poder americano e a ideologia do livre mercado. Barack Obama, eleito para a Casa Branca com promessas de esperança e otimismo, assumiu o poder de um país diante de uma profunda crise econômica. Os Estados Unidos também estavam diante de uma crise intelectual – questionando seu lugar no mundo e as ideias que pareciam tão óbvias para a geração anterior.

Apenas algumas semanas depois que Obama venceu as eleições presidenciais, me vi em uma conferência sobre a redução da influência dos Estados Unidos sobre o mundo. A Texas A&M University (A&M significando agrícola e mecânica) não era a escolha mais óbvia para uma conferência dedicada a discussões sobre o declínio da América. A universidade envia mais de seus formandos diretamente para os militares do que qualquer outra universidade civil nos Estados Unidos. Membros de seus corpos de treinamento de oficiais percorrem o *campus* em uniformes impecavelmente passados a ferro e botas de couro até os joelhos, cumprimentando uns aos outros energicamente. George H.W. Bush, o presidente no comando quando os Estados Unidos venceram a Guerra Fria, escolheu a A&M para abrigar sua biblioteca e museu presidencial. A exposição reflete uma mistura de inocência pós-Segunda Guerra

Mundial e triunfalismo pós-Guerra Fria. O visitante pode ver uma réplica do Studebaker vermelho no qual a família Bush chegou ao Texas em 1947 para começar uma nova vida. Há fotos de George W. Bush quando bebê e um grande pedaço do Muro de Berlim, que caiu em 1989, quando Bush era o presidente dos Estados Unidos.

No entanto, em novembro de 2008 – menos de 20 anos após o triunfo da América na Guerra Fria – a Texas A&M foi palco de uma ansiosa análise de uma nova crise americana. A conferência foi organizada para discutir um novo relatório sobre tendência globais até 2025, elaborado pelo America's National Intelligence Council (NIC), que coordena os muitos órgãos de inteligência do país. A atmosfera soturna do momento foi traduzida pelo discurso de abertura proferido pelo general Brent Scowcroft, que fora consultor de segurança nacional do primeiro presidente Bush e seu confidente mais próximo. O general, então com cerca de 75 anos, lembrou que, no fim da Guerra Fria, os Estados Unidos se viam em uma posição de potência global imbatível. "Exercitamos esse poder por um tempo", ele refletiu, "só para perceber que ele era efêmero".[295]

Algumas das razões para o pessimismo do general Scowcroft se refletiam na análise do NIC. Como o documento observava abertamente, "a diferença mais dramática" entre o relatório do NIC de 2008 e o emitido quatro anos antes era que os órgãos de inteligência americanos agora previam o fim da hegemonia global do país. Em 2004, espiões americanos projetavam a "continuidade da dominância americana" nas relações internacionais. Agora, o NIC antecipava, até 2025, "um mundo no qual os Estados Unidos exercem um proeminente papel nos eventos globais, mas serão vistos como um entre vários participantes globais".[296]

O que provocou essa mudança? Em parte, uma crescente conscientização do que o NIC chamou de "a transferência sem precedentes de riqueza e poder econômico, em termos gerais, do Ocidente ao Oriente"[297] e a ascensão da China e da Índia, em particular. O sangrento e inconclusivo envolvimento militar americano no Iraque e no Afeganistão também foi crucial. Esses foram os locais onde os Estados Unidos, nas palavras do general Scowcroft, exercitaram seu poder, mas descobriram que ele era "efêmero". A poderosa máquina militar americana aprendeu que poderia derrubar regimes em semanas. Contudo, mesmo depois de anos de banho de sangue, a América não conseguiu assegurar paz e estabilidade prolongada no território ocupado. Nem toda a feitiçaria da alta tecnologia americana conseguiu proteger suas tropas de uma simples bomba à beira da estrada. Nem todo o evangelismo democrático do país e ajuda financeira conseguiu transformar um território tribal e arruinado como o Afeganistão em uma nação operante.

A pesquisa do National Intelligence Council havia em grande parte sido concluída antes do colapso do Lehman Brothers em setembro de 2008, mas a maior crise financeira da América desde os anos 1930 acrescentou uma razão nova e mais profunda ao pessimismo que já se refletia no relatório do NIC.

A vulnerabilidade da economia e do sistema financeiro americano foi em grande parte inesperada, mesmo por aqueles que já estavam convencidos de que o momento unipolar estava chegando ao fim. O relatório do NIC só fez uma rápida menção ao desequilíbrio financeiro. No entanto, um livro bastante lido, de Fareed Zakaria, *The Post-American World*, publicado em 2008 e que refletiu com precisão a nova percepção de limites no final da era Bush, presumia que a economia americana era basicamente sólida. Zakaria escreveu: "O sistema econômico da América é sua maior força, seu sistema político é sua maior fraqueza."[298]

Dessa forma, o crash de 2008 foi um enorme choque. Ele desgastou o que se considerava ser a base do poder americano e disseminou uma nova percepção da vulnerabilidade americana. Após o crash, os Estados Unidos enfrentaram um crescimento mais lento, um nível mais elevado de desemprego e uma dívida pública descontrolada. O déficit fiscal dos Estados Unidos de 2009 foi de cerca de $1.500 bilhões – o triplo do recorde anterior. O Peterson Institute for International Economics, em Washington, estimou que ele provavelmente permaneceria perto de $1.000 bilhões anuais durante a próxima década, empurrando a dívida nacional americana a níveis novos e sem precedentes.[299] Em vez de um modelo econômico novo em folha, impulsionado pela alta tecnologia e altas finanças, os Estados Unidos se olharam no espelho e pensaram ter visto um surto de prosperidade artificial, construído com base em crédito e empréstimos tomados do estrangeiro. Francis Fukuyama, que resumiu o radiante otimismo de 1989, agora adotava uma visão completamente sombria do sistema americano, lamentando: "Perdemos grande parte da nossa base industrial, e a economia de serviços que deveria suplantá-la era uma miragem."[300]

A crença de que o mundo mudara fundamentalmente após o crash de 2008 foi ainda mais acentuada fora dos Estados Unidos. Apenas duas semanas após a queda do Lehman Brothers, eu estava na China, onde me encontrei com Pan

Wei, diretor do Centro de Estudos Chineses e Globais da Universidade de Pequim. Como muitos intelectuais chineses, o professor estava bastante ciente das projeções elaboradas pelo Goldman Sachs, o banco de investimento mais poderoso do mundo, de que a economia chinesa seria maior que a dos Estados Unidos até 2027. Contudo, logo após o crash em Wall Street, ele se perguntava se a Goldman não teria sido um pouco cautelosa demais. "Acredito", ele disse, "que em 20 anos olharemos os americanos diretamente nos olhos, em termos de igualdade, mas pode acontecer antes disso. O sistema deles está um caos e eles precisam de nosso dinheiro para resgatá-los."[301]

A percepção de que o crash de 2008 acelerou o desafio chinês à América se intensificou ao longo do ano seguinte, à medida que a economia americana passava dificuldades e a China se recuperava chegando a um crescimento de 8%. O mais chocante de tudo foi a percepção crescente de que o governo dos Estados Unidos estava dependendo de empréstimos continuados da China. No primeiro ano de Barack Obama na presidência, o déficit orçamentário americano decolou para mais de 12% do PIB. Para financiar o governo, os Estados Unidos precisavam que estrangeiros continuassem comprando sua dívida e, em 2009, os chineses generosamente compraram pelo menos $20 bilhões em letras do Tesouro americano por mês.[302]

Como muitos analistas notaram, a situação era tão desconfortável para os chineses quanto para os americanos. Se os chineses parassem de comprar a dívida americana, eles poderiam precipitar um colapso do dólar e, dessa forma, destruir o valor dos aproximadamente $2,5 trilhões em reservas estrangeiras que a China acumulara nos anos anteriores, a maioria mantida em dólares. Os chineses estavam muito cientes desse dilema. Visitando o país em 2009, fiquei sabendo de uma teoria da conspiração maluca que afirmava que os Estados Unidos estavam deliberadamente planejando destruir a força econômica da China liberando a inflação e, dessa forma, destruindo o valor dos ativos em dólar da China. Como um severo gerente de banco com um credor libertino, o primeiro-ministro Wen Jiabao recomendou vivamente que a América "mantivesse sua credibilidade, honrasse seus compromissos e garantisse a segurança dos ativos chineses".[303] Quando, em 2009, Tim Geithner, o secretário do Tesouro americano, tentou reassegurar a um grupo de estudantes chineses de que os investimentos do país estavam seguros nos Estados Unidos, ele foi recebido com risos sarcásticos.[304]

Passou a ser um clichê que o relacionamento entre o devedor americano e o credor chinês agora é tão dependente que representa uma nova forma de "destruição mútua assegurada" – uma versão financeira do equilíbrio nuclear de terror entre os Estados Unidos e a URSS durante a Guerra Fria. Está claro que nenhum dos dois países está completamente à vontade com a situação, mas a situação sem dúvida é pior para a nação devedora. Shakespeare advertiu: "Não seja um devedor nem um credor." Entretanto, nas relações internacionais, se você precisar escolher entre ser um ou outro, provavelmente é melhor ser um concessor de empréstimos.

A posição econômica enfraquecida dos Estados Unidos após 2008 desgastou o poder e a influência do país de todas as formas. Ela ameaçou seu poder "*hard*", militar, e enfraqueceu seu poder "*soft*", conferido pelo prestígio americano. Os acadêmicos, olhando para as tendências de longo prazo, alertaram sobre o fim da Era do Otimismo. Stephen Cohen e Brad de Long, economistas da University of California, traduziram o novo estado de espírito em um livro cujo título é *The End of Influence* e, o subtítulo, *What Happens When Other Countries Have the Money*. Eles previram abertamente que um resultado seria que os Estados Unidos vivenciariam "perda do poder de empreender ações unilaterais na política externa".[305] Harold James, historiador da Princeton University, não se mostrou mais otimista. Ele observou que "crises financeiras traumáticas normalmente... envolvem uma nova geografia do poder"[306] e previu que "após a crise financeira, a capacidade de fornecer novo crédito se traduzirá em poder político".[307] Com efeito, membros de alto escalão da administração Obama sabiam muito bem disso e disseram isso abertamente, antes que as dificuldades os forçassem a assumir uma postura mais cautelosa.

Antes de assumir o cargo, Larry Summers, que se tornou o conselheiro econômico chefe da Casa Branca sob a presidência de Obama, ponderou: "Por quanto tempo o maior devedor do mundo pode continuar sendo a maior potência mundial?"[308] Em campanha presidencial pelo Partido Democrático em 2008, Hillary Clinton perguntou retoricamente: "Por que não podemos endurecer com a China?" e respondeu: "Como é possível ser durão com o seu banqueiro?"[309] Como secretária de Estado na administração Obama, a senhora Clinton no devido tempo deliberadamente reduziu os interesses tradicionais dos Estados Unidos em relação aos direitos humanos na China.

O poder americano no momento unipolar se baseava em muitos fatores – mas o mais importante, como o mundo descobriu depois de 11 de Setembro, era o poderio militar. No auge da era Bush, sabia-se que os Estados Unidos gastavam mais no setor militar do que o resto do mundo combinado. Esses enormes gastos pretendiam garantir que, como a estratégia de segurança nacional do presidente George W. Bush em 2002 deixava claro, nenhuma potência ascendente pudesse ameaçar a dominância global americana. Os gastos na defesa americana tornaram os militares muito mais tecnologicamente sofisticados do que qualquer rival plausível; na verdade, tão sofisticados que aliados europeus tinham cada vez mais dificuldade de combater ao lado dos americanos. O orçamento do Pentágono também financiava as várias bases militares ao redor do mundo que proporcionavam aos Estados Unidos seu alcance global. Durante o momento unipolar, não havia dúvidas de que a América poderia vencer uma batalha em qualquer parte do mundo onde seus interesses estratégicos estivessem em risco: o Golfo, o Extremo Oriente, a Europa Central.

Robert Kaplan, jornalista particularmente entusiástico, tripudiou em 2005 que os militares americanos haviam "se apropriado do planeta inteiro e estavam prontos para invadir até as regiões mais obscuras com suas tropas em poucos instantes".[310] Um exagero, talvez, mas até os liberais americanos sentiam ser uma necessidade política prestar homenagem ao poder e à importância dos militares americanos. Ao assistir a confirmação da canditatura de Barack Obama à presidência pelo Partido Democrático em Denver, em agosto de 2008, fiquei impressionado com o longo desfile de generais demonstrando apoio que os democratas sentiam ser necessário exibir no palco. Era verdade que os Estados Unidos estavam em guerra na época e que os democratas sentiam a necessidade de exibir suas credenciais patrióticas, mas um espetáculo tão aberto de militarismo seria impensável em uma conferência do partido na Grã-Bretanha – um país que também estava em guerra e era herdeiro de uma longa tradição militar.

Quando Obama foi nomeado, contudo, as guerras no Iraque e no Afeganistão já haviam desgastado a crença de que, em último caso, a América sempre poderia assegurar seus objetivos por meio de seu enorme poderio militar. Tinha ficado claro que os Estados Unidos poderiam muito bem abandonar as duas guerras sem atingir sua meta de estabelecer regimes seguros e amigáveis. Em consequência, também estava claro que a dominância americana no Oriente Médio e no Sul da Ásia deixara de ser algo natural.

A crise econômica levou a questões de prazo mais longo em relação à dominância militar americana na Ásia Oriental e no Pacífico. No ano em que o presidente Obama assumiu a presidência, os Estados Unidos gastavam cerca de 4% do PIB em suas Forças Armadas. Historicamente, essa não é uma proporção particularmente alta para os Estados Unidos e, em épocas normais, sem dúvida seria sustentável, mas, ao longo da próxima década, haverá uma enorme pressão sobre o orçamento federal. Quando os Estados Unidos apresentam déficits orçamentários de 12% ao ano – e grande parte do orçamento é abocanhado por "direitos" garantidos por lei –, o dinheiro gasto nos militares passará a ser questionado.

A situação também deve parecer um pouco estranha vista de Pequim. Os Estados Unidos e a China gostam de dizer que são parceiros, mas também são rivais e quase entraram em conflito em relação a Taiwan em 1996. Os estrategistas militares dos dois países elaboram seus planos também tendo em vista a possibilidade de guerras entre os Estados Unidos e a China. Nos últimos anos, os chineses vêm aumentando seus gastos militares em mais de 12% ao ano, em uma tentativa de se aproximar dos Estados Unidos, mas a China também está simultaneamente financiando a continuada dominância militar americana no Pacífico ao ajudar a financiar o déficit americano e, dessa forma, facilitando manter o nível atual de gastos americanos na defesa.

Atualmente, tropas e navios de guerra americanos estão alocados em toda a Ásia Oriental e o Pacífico, de soldados ao longo da fronteira entre as duas Coreias à enorme base militar americana em Okinawa, no Japão, e a base avançada naval e aérea em Guam. Oficialmente, a China não está sugerindo uma retirada militar americana da Ásia Oriental. Extraoficialmente, alguns chineses influentes dirão aos visitantes que não é natural os Estados Unidos terem uma presença militar tão grande na Ásia e que isso não ficará assim. Existe até uma grande tendência no pensamento chinês que sustenta que uma guerra com os Estados Unidos é inevitável. Um americano, que leciona em uma universidade chinesa e é profundamente solidário com o país, me disse em 2007: "Fiquei perturbado ao constatar quantos jovens para quem dou aulas aprenderam que a guerra com a América é inevitável."[311]

Em sua primeira visita à China, Barack Obama se ateve obstinadamente aos mantras do mundo ganha-ganha que herdou de Bill Clinton e George W. Bush. "Acolhemos favoravelmente as tentativas da China de exercer um papel mais proeminente no cenário mundial", ele declarou. "O poder não precisa ser um jogo soma-zero e as nações não precisam temer o sucesso umas das outras".[312] No entanto, isso não é completamente verdade. Uma China mais poderosa inevitavelmente ameaçará a capacidade dos Estados Unidos de exercer na Ásia e no Pacífico o papel ao qual eles já se acostumaram.

Mesmo antes do crash de 2008, o equilíbrio militar entre a China e a América já estava mudando. Aaron Friedberg, da Princeton University, observou em 2009 que o fortalecimento militar sustentado da China significava que "cada uma das bases relativamente pouco numerosas com as quais os Estados Unidos contam para sustentar sua presença na Ásia Oriental logo estarão ao alcance de bombardeios por salvas repetidas de mísseis de cruzeiro e balísticos tradicionais chineses direcionados com precisão".[313] Os porta-aviões americanos, a chave para sua estratégia no Pacífico são particularmente vulneráveis às novas armas de precisão chinesas. Friedberg advertiu que "Washington deve encontrar maneiras de impedir o desenvolvimento desses recursos pela China. Caso contrário, a tradicional dominância militar americana na Ásia Oriental desaparecerá rapidamente".[314] Ele não era o único a se preocupar. Em um artigo sobre os "ativos depreciados do Pentágono" para a *Foreign Affairs*, também de 2009, Andrew Kreipinevich se preocupava que "as águas da Ásia Oriental estão lenta, porém seguramente, se tornando uma zona potencialmente fechada para os navios americanos". Kreipinevich observou que "os ativos depreciados dos militares americanos são a consequência direta da perda inevitável de seu quase monopólio em armamentos inteligentes".[315] A China também vem trabalhando em sua capacidade de neutralizar satélites de comunicações dos quais o armamento de alta tecnologia americano depende. Quando a China atingiu um dos próprios satélites no céu com um teste de mísseis em janeiro de 2007, a manobra foi amplamente interpretada como uma ameaça tácita aos satélites americanos.[316] Essa queda de braço emergente está sendo acompanhada com muita atenção pelo mundo todo. Na esteira da crise financeira, fui informado por um legislador britânico de alto escalão que "por toda parte na Ásia, você encontra questões sobre quanto tempo a dominância militar americana pode ser sustentada".[317]

Não é apenas o poder militar americano que está sendo ameaçado pelo desgaste da posição econômica do país. A capacidade da América de atingir suas metas internacionais de outras formas também foi prejudicada. O país tem menos dinheiro para gastar – e precisa se preocupar mais com a opinião de seus credores estrangeiros. Falando sobre a capacidade dos Estados Unidos de ajudar países com dificuldades com um oficial de alto escalão do Departamento de Estado, fui informado, sem rodeios, de que "não podemos lançar um Plano Marshall, precisamos recrutar os outros para ajudar".[318]

O prestígio do sistema americano e das ideias que a América representa também sofreu um grande golpe. Michael Mandelbaum, acadêmico que narrou a disseminação das ideias políticas, econômicas e liberais inspiradas pelos americanos em seu livro *As ideias que conquistaram o mundo* (Campus/Elsevier, 2002) refletiu, em 2002, que "uma retração econômica da escala da Grande Depressão colocaria em cheque o valor dos livres mercados, como ocorreu nos anos 1930, e, dessa forma, abalaria os fundamentos do sistema internacional".[319] O mundo parece ter evitado uma nova Grande Depressão na esteira do crash de 2008, mas a mais profunda recessão global desde os anos 1930 – originada, como foi o caso, de uma crise financeira nos Estados Unidos – prejudicou o prestígio tanto da economia do livre mercado quanto da própria América. Esse é um acontecimento que, de fato, ameaça "abalar os fundamentos do sistema internacional".

A União Europeia, o outro pilar do mundo ocidental, parece estar em ainda mais dificuldades do que os Estados Unidos. A crise financeira fez os níveis de dívida decolarem em toda a União. Durante a Era do Otimismo, de 1991 a 2008, as nações europeias se sentiam em segurança, invulneráveis às crises da dívida que atormentavam países como a Argentina e o México. Contudo, em 2010, ficou claro que a Grécia, com um dívida nacional de cerca de 115% do PIB, não podia mais fazer empréstimos de mercados internacionais. A ameaça de as crises da dívida se espalharem pela União Europeia, atingindo países como Portugal, Espanha e Itália, forçou a União a criar um enorme fundo de resgate de quase $1 trilhão que pudesse ser utilizado por países em caso de emergência.

O custo da crise econômica à Europa não foi apenas financeiro. A Europa perdeu respeito ao redor do mundo e confiança no próprio futuro, à medida que cresciam as suspeitas de que o tão exaltado "modelo social europeu" – com seus serviços sociais bem financiados e generosos benefícios do governo para os pobres – era insustentável. O clima de austeridade e dívida aumentou as tensões tanto dentro quanto entre os Estados europeus. Na Grécia, um dos primeiros países a vivenciar grandes cortes salariais e de benefícios sociais, houve agitações fatais nas ruas em maio de 2010. Da Espanha à Grã-Bretanha, nações europeias vislumbravam um futuro de cortes e austeridade e se preocupavam com as consequências sociais e políticas.

Como a chanceler da Alemanha, Angela Merkel, reconheceu, a crise também ameaçava o futuro da própria União Europeia. Especulava-se abertamente que a Grécia seria forçada a abandonar a moeda única europeia – e, se fosse o caso, outros, sem dúvida, seguiriam. Como a criação do euro foi o símbolo mais dramático da "maior união" da história da Europa, a desintegração potencial da moeda única levantava enormes questões sobre o futuro da própria União Europeia. No entanto, um dos custos da manutenção da moeda única, ao fazer empréstimos aos membros mais fracos da união monetária, era uma grande intensificação das tensões entre as nações da União Europeia. Os jornais alemães reagiram com aversão e alarme à ideia de os contribuintes alemães estarem efetivamente pagando para financiar as pensões de funcionários civis gregos. Refletindo sobre a amarga guerra de palavras irrompida entre os gregos e os alemães, um ex-oficial bastante respeitado da União me disse em 2010 que "isso é o mais perto da guerra que se chega na Europa moderna. Dois povos se opondo firmemente um ao outro".

Conversando com autoridades asiáticas e americanas que acompanhavam essa crise da dívida europeia, reparei uma mistura de alarme diante de suas implicações globais com algo próximo de desprezo pela fraqueza e hesitação da Europa.

Entretanto, na esteira do crash econômico, as maiores potências do mundo também adotaram um tom menos respeitoso em relação aos Estados Unidos. Não foram só os chineses, exigindo com atrevimento que os Estados Unidos sustentem o valor do dólar. Até aliados de longa data dos americanos falavam dos Estados Unidos e das ideias defendidas pelo país com um novo desdém. Yukio Hatoyama, que se tornou o primeiro-ministro do Japão após seu Partido Democrático ter vencido as eleições de 2009, surpreendeu a administração Obama quando escreveu, logo após assumir o cargo: "A recente crise econômica resultou de uma mentalidade baseada na ideia que a economia do livre mercado no estilo americano representa uma ordem econômica universal e ideal." Como se não bastasse, o novo primeiro-ministro acrescentou: "Também sinto que, em consequência do fracasso na Guerra do Iraque e da crise financeira, a era do globalismo liderado pelos Estados Unidos está chegando ao fim."[320]

As palavras de Hatoyama foram seguidas de ações. Uma de suas primeiras ações como primeiro-ministro foi exigir que os Estados Unidos retirasse uma de suas controversas bases militares da ilha japonesas de Okinawa – uma exigência que levantou questões sobre o futuro dos aproximadamente 50 mil soldados americanos alocados no Japão. O Tratado de Segurança entre os Estados Unidos e o Japão é fundamental para a estratégia americana no Pacífico, de forma que qualquer dúvida sobre a sua continuidade imediatamente levanta questões sobre o equilíbrio de forças entre os Estados Unidos e a China. A sugestão de que o Japão estava se inclinando na direção da China foi reforçada em dezembro de 2009, quando Ichiro Ozawa, um importante membro do partido de Hatoyama, conduziu uma delegação de mais de 600 pessoas a Pequim, incluindo 143 membros do parlamento. Hu Jintao, o presidente da China, pacientemente posou para fotos com cada um deles. Em Tóquio, logo depois, vi diplomatas ocidentais discutindo abertamente se o Japão, pressentindo uma mudança no equilíbrio de forças global, não estaria começando a se realinhar, distanciando-se da América e aproximando-se da China.

O Japão não era o único aliado tradicional dos Estados Unidos buscando se distanciar da hiperpotência ferida. O presidente Nicolas Sarkozy da França, que, quando foi eleito em 2007 era chamado de "Sarko l'américain" devido à sua franca e pouco francesa admiração pela América, se recolheu a uma posição mais tipicamente francesa após a crise, anunciando pomposamente: "A ideia de que os mercados estão sempre certos era uma loucura... O *laissez-faire* chegou ao fim. O todo-poderoso mercado que sempre sabe o que fazer chegou ao fim."[321]

As observações de Sarkozy foram apenas uma amostra do ataque internacional às crenças do livre mercado que, em grande parte, todas as principais potências do mundo adotaram nos 30 anos anteriores. Desde a abertura da China em 1978 e as revoluções de Thatcher e Reagan de 1979 e 1980, o Estado vinha se retirando em praticamente toda grande economia ao redor do mundo. Os mantras da Era do Otimismo eram desregulamentação, livre comércio, a abolição dos controles de capitais e o incentivo de investimentos transnacionais, mas, na esteira das crise econômica e financeira, o Estado ressurgia em todo o mundo, à medida que os governos se apresentavam para salvar suas economias.

A extensão da reversão intelectual após o crash de 2008 foi extraordinária. O colapso do Lehman Brothers incitou temores imediatos de ruína financeira global – e, dessa forma, levou os governos ao redor do mundo a injetar dinheiro em seus bancos. No decorrer dos 30 anos anteriores, a privatização varreu o mundo. Agora a privatização estava de volta. Analistas do Bank of England calcularam que, ao longo do ano seguinte, o valor total de intervenções do governo para amparar bancos ao redor do mundo foi de $14 bilhões.[322] Inevitavelmente, os novos banqueiros do Estado logo quiseram determinar políticas, insistindo para que os bancos começassem a fazer empréstimos mais rapidamente e, nos Estados Unidos, na Grã-Bretanha e em outros países, tentando estabelecer limites para os bônus dos banqueiros. A nova onda de privatização não parou nos bancos. Os políticos não queriam ser vistos salvando os empregos de odiados financistas e permitindo o desaparecimento dos empregos de trabalhadores inocentes. Então uma nova onda de intervenção do governo, para apoiar a indústria automobilística, foi implementada. Nos nove meses que se seguiram à queda do Lehman Brothers, os governos internacionais injetaram mais de $100 bilhões em assistência direta ou indireta para manter as fábricas de automóveis em operação.[323]

Em circunstâncias extraordinárias e diante de pressões extraordinárias, muitas das premissas sobre os negócios e a economia que prevaleceram nos 30 anos anteriores foram por água abaixo. O "valor ao acionista", a doutrina que sustenta que as empresas devem ser administradas antes de mais nada levando em conta os interesses de seus acionistas, era uma sabedoria de negócios aceita durante décadas. Mas, de repente, Jack Welch, o gestor americano mais respeitado de sua era e o maior defensor do valor ao acionista, se apresentou para anunciar que se tratava de "uma ideia idiota".[324] A ideia de que o mercado deveria ter permissão de definir o pagamento foi abandonada. A crença dominante passou a ser que o crash financeiro foi provocado, pelo menos em parte, por incentivos para assumir riscos excessivos, de forma que os governos por todo o mundo passaram a regulamentar o pagamento dos banqueiros. Nos Estados Unidos e na Grã-Bretanha, conceitos considerados fora de moda nos últimos 30 anos – como a noção de que o governo deveria ter uma "política industrial" – voltaram à tona.

A volta do Estado estava longe de ser confinada ao mundo ocidental. Na verdade, na China e nas nações ricas em petróleo, a crise financeira somente agravou uma tendência que já vinha se desenvolvendo. As reformas pró-mercado na China desaceleraram depois que Hu Jintao se tornou presidente e líder do partido em 2002, com o governo tentando incentivar a formação de grandes empresas controladas pelo Estado em indústrias como a do petróleo, de telecomunicações e aeroespacial. Contudo, essas tendências foram intensificadas pela crise econômica global. O primeiro-ministro Wen Jiabao pode ter dito a um grupo em Davos que estava lendo Adam Smith em busca de inspiração, mas o Estado chinês se tornou mais protecionista após a crise – impedindo um investimento estrangeiro da Coca-Cola, dificultando a vida de executivos do Rio Tinto, que entraram em uma desavença com uma empresa pública chinesa, e promovendo uma política "compre produtos chineses" para os gastos do governo visando estimular a economia.[325]

Os chineses, por sua vez, seguiam uma tendência que vinha sendo notada há alguns anos na indústria do petróleo, à medida que empresas de petróleo ocidentais privadas encontravam cada vez mais dificuldades de atuar nos mercados mais promissores, dominados por grandes empresas públicas nacionais. Como o analista político Ian Bremmer observou, em 2009: "Os governos, e não os acionistas privados, já são os proprietários das maiores companhias de petróleo do mundo e controlam três quartos das reservas de energia do mundo".[326] Em comparação, "multinacionais [ocidentais privadas] produzem apenas 10% do petróleo do mundo e detêm apenas 3% de suas reservas".[327]

Os fundos soberanos, que fazem investimentos estratégicos em nome de governos ricos em reservas, também são participantes cada vez maiores na economia global. O que o relatório do NIC chamou de "a transferência de riqueza e poder econômico do Ocidente ao Oriente" significa que os maiores fundos soberanos são controlados por nações ricas em petróleo, particularmente no Golfo, e nações asiáticas como a China. Os fundos soberanos controlam mais capital do que os fundos de hedge privados; de acordo com Bremmer, em 2009 eles já respondiam por um oitavo do investimento global, e esse número está crescendo.[328] Apesar de os fundos soberanos afirmarem repetidamente que fazem seus investimentos com base puramente econômica, na qualidade de grandes investidores eles têm influência política se optarem por isso. Isso não seria surpresa alguma para o Ocidente, onde há muito tempo tem sido prática comum utilizar o investimento – ou o desinvestimento – como uma arma política. Pense nas campanhas para a implementação de sanções contra a África do Sul nos anos 1980 e contra o Irã atualmente.

Parte dessa revitalização do poder econômico do Estado foi uma reação temporária a uma emergência. O governo americano claramente não tinha desejo algum de deter permanentemente grandes participações das indústrias automobilística e financeira. Contudo, após a crise financeira de 2008, premissas convencionais sobre o papel adequado do Estado na economia mudaram e provavelmente irão se manter assim durante décadas, e isso tem implicações para a globalização – e para o sistema internacional que foi desenvolvido com base na globalização.

Pense nas premissas da Era do Otimismo. Em uma época de livre-comércio, Estados mais enxutos e uma prosperidade global em gradativa ascensão, era muito mais fácil acreditar em um mundo ganha-ganha. Todas as grandes potências poderiam enriquecer juntas se deixassem as tendências do mercado amadurecerem. Elas poderiam cooperar e evitar o conflito. Era um mundo no qual havia tudo em abundância – muito crescimento econômico, muito petróleo, muito tempo para bombear dióxido de carbono na atmosfera.

Entretanto, a economia internacional – e, portanto, a política internacional – é muito diferente em um mundo pós-crash. Os relacionamentos entre as nações e os interesses econômicos nacionais se parecem muito mais com um jogo soma-zero. Não se sabe mais com certeza se o relacionamento econômico mais importante do mundo – entre a China e os Estados Unidos – ainda é mutuamente benéfico. Os americanos se preocupam com seu déficit comercial com a China e argumentam que uma moeda chinesa desvalorizada ajudou a criar a bolha de crédito que estourou em 2008. Os chineses se defendem dizendo que essas alegações são absurdas – e se preocupam com a segurança de seus ativos em dólar. Os dois lados ponderam ideias que podem ser profundamente prejudiciais para o outro lado: os americanos pensam em elevar tarifas, os chineses flertam com a possibilidade de liquidar seus ativos em dólar.

Com o ressurgimento do controle do Estado sobre a economia, também é cada vez mais tentador para as nações utilizar suas posições econômicas estratégicas visando as metas nacionais – isso, por sua vez, ameaça a globalização e a premissa de interesses compartilhados que a fundamenta. As consequências da crise econômica global mostram muitos exemplos, grandes e pequenos, desse processo em funcionamento. O presidente Sarkozy pediu às empresas francesas, em retribuição pela ajuda do Estado, que fechassem suas fábricas em outras partes da Europa – e salvassem as fábricas na França. Quando o chanceler Merkel tentou providenciar para que o Estado resgatasse a Opel, isso foi feito em condições similares: fechar fábricas de automóveis da Opel em outros lugares da Europa e salvar os empregos alemães. Os legisladores americanos assumiram uma linha similar. Bancos de Wall Street, em retribuição pelos fundos do governo, foram solicitados a contratar formandos americanos.

A intervenção do governo na administração da economia voltou a ser respeitável e isso ameaça, indiretamente, muitas das premissas internacionalistas que orientavam a política mundial durante a Era do Otimismo. Esse é ainda mais o caso à medida que os governos ao redor do mundo ficam cada vez mais ansiosos em relação à segurança do suprimento de commodities cruciais – em particular, alimento e petróleo. Se não for possível confiar no mercado para proporcionar esses produtos vitais, a implicação é clara – o Estado intervirá. Isso provavelmente implicará mais protecionismo agrícola, à medida que os governos buscam assegurar o alimento. Nações asiáticas e do Oriente Médio, em particular os sauditas e árabes do Golfo, também começaram a arrendar grandes terrenos na África, em uma tentativa de cultivar alimento reservado para as próprias nações. Algumas dessas iniciativas atraíram muitas controvérsias; a Daewoo, da Coreia do Sul, foi criticada por sua tentativa de comprar um enorme território em Madagáscar em 2008.[329]

A busca de recursos patrocinada pelo Estado já é bastante visível no que se refere à luta global para assegurar e controlar o acesso à energia. A política externa americana no Oriente Médio está estreitamente relacionada à sua busca de reservas confiáveis de petróleo. A política externa chinesa também é cada vez mais orientada pelas necessidades crescentes de energia do país, que levou o governo chinês a cultivar estreitas relações com regimes instáveis ou censuráveis em países como o Sudão e o Irã.

O crescimento econômico mais lento também dificultará o abrandamento de tensões no sistema internacional. Um clichê muito utilizado por políticos nacionais é que é melhor aumentar o tamanho da torta econômica do que discutir qual é a melhor forma de dividi-la. O mesmo se aplica à economia mundial; com um rápido crescimento, há mais riqueza no mundo – com uma economia mundial mais lenta, conflitos referentes à distribuição têm mais chances de irromper. A economia mundial de fato vinha crescendo mais rapidamente nos anos imediatamente antes do crash, e a economia americana, a maior do mundo, era crucial para o crescimento global, mas agora os Estados Unidos parecem prontos para um longo período de economia mais fraca, à medida que os consumidores pagam as dívidas e o governo luta com seu déficit fiscal. A União Europeia também está diante de uma era de austeridade. O crescimento mais lento nos Estados Unidos e na Europa implicaria um crescimento mais lento para o mundo como um todo. Mesmo se os BRICs (Brasil, Rússia, Índia e China) conseguirem desacoplar seu destino econômico dos Estados Unidos e seguir em frente sem a necessidade de uma grande demanda americana, a economia mundial ainda será muito diferente. Com os Estados Unidos e a União Europeia crescendo muito mais lentamente do que as nações em desenvolvimento, será mais difícil argumentar que este é um mundo ganha-ganha, no qual todas as importantes potências estão enriquecendo juntas e todas têm um incentivo de cooperar e manter seus mercados abertos.

A tentação de se afastar da globalização tem chances de ser particularmente acentuada no mundo mais rico. Isso porque, apesar de o governo americano ter sido um defensor de uma economia global aberta, o povo americano se mostrou muito menos convencido. Isso estava claro muito antes do crash. Quando o levantamento de atitudes globais do Pew Global pesquisou a opinião de 47 países em 2007, os Estados Unidos surgiram em último lugar em seu apoio ao livre comércio.[330] Então, se o presidente Obama mantiver o apoio tradicional por um sistema comercial global e aberto, ele o fará a despeito de um profundo ceticismo do público.

Com efeito, à medida que a administração Obama tenta manter a estabilidade do sistema global que a América vinha dominando desde o fim da Guerra Fria, eles se veem diante de dois grandes novos obstáculos. O primeiro é uma acentuada queda do poder relativo dos Estados Unidos. O segundo é uma perda de confiança na capacidade dos mercados de proporcionar ordem e prosperidade ao sistema mundial – e de criar interesses em comum entre as nações. No entanto, essa ideia de interesses comuns nunca foi tão vital. Isso porque está cada vez mais evidente que a globalização econômica ajudou a criar uma série de urgentes problemas políticos globais que demandam soluções.

CAPÍTULO 19

UM MUNDO DE DIFICULDADES

O prédio das Nações Unidas fica no meio de Manhattan, mas muitos americanos há muito consideram a organização com um território hostil – uma plataforma para déspotas estrangeiros atingirem livremente os Estados Unidos ao mesmo tempo em que aceitam a hospitalidade e as doações americanas. O grupo de oradores na abertura do encontro da Assembleia Geral das Nações Unidas em Nova York no dia 23 de setembro de 2009 fez os especialistas da Fox News explodirem em fúria e escárnio. Ele incluiu Mahmoud Ahmadi-Nejad, o presidente do Irã, Hugo Chávez, da Venezuela, e Muammar Gaddafi, da Líbia.

Todavia, a principal atração naquele dia de setembro foi Barack Obama, o presidente dos Estados Unidos, ainda com uma leve aura de celebridade após sua eleição histórica em novembro do ano anterior. As Nações Unidas se acostumaram a ser repreendidas e ignoradas por George W. Bush. Contudo Obama estava decidido a cortejar a organização internacional. Ele nomeou Susan Rice, uma de suas mais próximas assistentes na campanha, como a embaixadora americana nas Nações Unidas e lhe deu um cargo no gabinete. Em seu primeiro discurso para a Assembleia Geral das Nações Unidas, Obama se determinou a encantar os líderes mundiais reunidos.

A abordagem do novo presidente em relação às Nações Unidas refletia sua preferência natural pelo "envolvimento" em vez do confronto, mas ela também se baseava em duas crenças essenciais sobre o mundo que ele herdou. A primeira era que os anos Bush demonstraram conclusivamente que a ação americana unilateral não tinha mais como atingir as metas mais importantes da política externa americana. A decisão do presidente Bush de invadir o Iraque sem uma delegação das Nações Unidas foi o teste definitivo para uma política americana de ação isolada. A equipe de Obama estava decidida a não repetir essa abordagem, com todos os custos e traumas resultantes.

O segundo insight do presidente Obama foi que muitos dos problemas mais perturbadores diante de sua administração eram de natureza global. Nenhum país, agindo sozinho, poderia esperar solucioná-los. Em seu discurso nas Nações Unidas, ele especificou esses problemas: "Extremistas semeando o terror em redutos do mundo. Conflitos prolongados que não são solucionados. Genocídio e atrocidades em massa. Cada vez mais nações com armas nucleares. O derretimento de geleiras e populações devastadas. Pobreza persistente e doenças pandêmicas. Digo isso não para semear o temor, mas para expor um fato; a magnitude dos nossos problemas ainda precisa ser correspondida pela medida das nossas ações."[331]

Críticos tanto da direita quanto da esquerda questionariam alguns itens da lista do presidente. Os conservadores são céticos em relação às mudanças climáticas. Os liberais expressam dúvidas no que se refere à guerra ao terror. No entanto, em alguns aspectos, não importa se todos os temores e problemas listados pelo presidente Obama se revelarão justificados. O que importa é que a maioria das principais potências mundiais concorda que esses problemas são reais – e exigem ação. Cada importante governo – de Pequim a Bruxelas, de Moscou a Nova Délhi – está comprometido com a ideia de que as mudanças climáticas estão ocorrendo e todos estão participando das negociações promovidas pelas Nações Unidas para restringir as emissões de gases de efeito estufa. Os Estados Unidos sob o comando do presidente Bush assumiram a liderança na guerra ao terror – mas a Rússia, a Índia e a Grã-Bretanha foram vítimas mais recentes de grandes ataques terroristas. Pobreza, doenças pandêmicas, proliferação nuclear, manutenção da paz e genocídio são todos itens que constam firmemente do programa das Nações Unidas.

Obama também estava certo ao argumentar que agora temos toda uma série de problemas políticos, econômicos e ambientais que só podem ser solucionados por meio do acordo internacional. Isso nos diz que atualmente muitas das questões mais complexas diante dos governos normalmente são precedidas pela palavra "global": a "crise financeira global", "a guerra ao terror global", o aquecimento global. A percepção tradicional americana de que os oceanos que residem entre os Estados Unidos e as outras principais potências do mundo proporcionam alguma proteção poderia ser facilmente refutada pelos cidadãos de Nova York. Desde a virada do milênio, a cidade tem sido o local onde as crises globais são anunciadas. A guerra ao terror global teve início na ponta sul de Manhattan em 11 de Setembro. A crise financeira global teve seu epicentro algumas quadras ao norte, em Wall Street. E um pouco mais ao norte, em Midtown Manhattan, as próprias Nações Unidas abrigaram um debate agonizado sobre problemas críticos, como o programa nuclear iraniano, as mudanças climáticas e as tentativas internacionais de salvar o Afeganistão e o Iraque.

Com efeito, longe de ser alarmista, é possível dizer que a lista de problemas globais de Obama foi até um pouco reduzida. O presidente americano escolheu enfatizar o terrorismo, a guerra, o genocídio, a proliferação de armas nucleares, o aquecimento global, a pobreza global e a ameaça de pandemias. A essa lista seria possível acrescentar tensões econômicas globais, escassez de alimento, água e energia, Estados falidos, criminalidade internacional e migração em massa desenfreada.

Todas essas questões são problemas da globalização. Algumas foram criadas ou intensificadas pelo processo de integração econômica global que vem definindo a política internacional desde 1978. Nenhuma delas pode ser solucionada sem um significativo grau de cooperação internacional. No entanto, o mundo não tem as estruturas políticas internacionais necessárias para solucionar problemas globais. Esse será o principal dilema da política internacional para a próxima década ou até além. Para entender melhor esse dilema, vale a pena analisar esses problemas um de cada vez.

A grande recessão

A crise financeira global chegou aos Estados Unidos em meados de setembro de 2008. Inicialmente, os europeus e os asiáticos esperavam ser poupados das consequências dos maus empréstimos feitos por bancos americanos, mas não demorou para ficar claro que o problema era de natureza global. Nos 12 meses após a precipitação da crise, a economia mundial como um todo se contraiu pela primeira vez desde 1945.

Quando os economistas buscaram as origens da crise, muitos chegaram à conclusão que ela tinha uma inescapável dimensão internacional. O surgimento de "desequilíbrios econômicos globais" se tornou uma das explicações preferidas, especialmente nos Estados Unidos. A ideia era que a China, em particular, acumulara bilhões de dólares administrando excedentes comerciais com os Estados Unidos. Esse dinheiro foi reciclado por meio da compra de ativos americanos, criando excesso de liquidez nos Estados Unidos e levando a um surto de consumo e empréstimos desenfreados. A única forma de solucionar as causas fundamentais da crise, de acordo com essa análise, é a China consumir mais e os Estados Unidos consumir menos. E isso deve implicar que a China valorize sua moeda em relação ao dólar. Apesar de essa análise ser amplamente aceita na América, ela muitas vezes é rejeitada com desprezo na China, onde a teoria dos "desequilíbrios econômicos globais" foi denunciada como uma tentativa por parte dos americanos de exportar a culpa pela própria arriscada extravagância. No entanto, até os chineses reconheceram a existência de um aspecto global inescapável na crise. Isso explica suas repetidas exigências de que os Estados Unidos sustentem o valor do dólar e mantenham seus mercados abertos.

O outro popular bode expiatório para a crise foi a regulamentação flexível para instituições financeiras e uma cultura de riscos excessivos por parte dos bancos de investimento. Quando os líderes políticos do mundo tentaram lidar com essa questão, eles mais uma vez se viram diante de uma série de problemas de natureza inescapavelmente global. Era claro o descompasso entre instituições financeiras internacionais, como o Lehman Brothers e a AIG, e legisladores nacionais.[332] Esse descompasso fez parte das origens da crise – e também dificultou em muito solucionar o problema. Políticos por toda parte não viam a hora de assumir uma postura linha-dura em relação aos banqueiros regulamentando seu salário e bônus e forçando instituições financeiras a manter mais capital, mas eles precisavam avançar com cuidado. Qualquer governo que agisse sozinho arriscava ver bancos de investimento transferindo suas operações para ambientes com regulamentação mais flexível – levando consigo empregos e arrecadação fiscal.

Em um mundo ideal, as maiores potências econômicas e centros financeiros poderiam agir em cooperação para solucionar desequilíbrios globais e regulamentar instituições financeiras globais. No mundo real, problemas econômicos globais têm mais chances de ser uma fonte de tensão do que a cooperação.

A China, em particular, resistiu a qualquer sugestão de permitir a livre flutuação de sua moeda em relação ao dólar – e isso, por sua vez, quase certamente provocará tensões comerciais continuadas com os Estados Unidos.

Mudanças climáticas

As mudanças climáticas representam o exemplo mais intrincado de uma crise que só pode ser solucionada globalmente. Não faz muito sentido uma nação sozinha reduzir as emissões de gases de efeito estufa se o resto do mundo não seguir o exemplo. Como a "energia limpa" atualmente é mais cara do que as alternativas, um país que atuar sozinho arriscaria tornar todas as suas indústrias não competitivas, sem provocar nenhum impacto duradouro sobre o problema do aquecimento global. No último ano de seu mandato como primeiro-ministro da Grã-Bretanha, Tony Blair disse com melancolia aos visitantes que fora informado de que poderia fechar todo o setor de energia britânico – só para descobrir que a China acrescentara capacidade de geração de energia equivalente em apenas um ano.

O problema das mudanças climáticas está intimamente relacionado com a globalização. A globalização da manufatura e dos padrões de consumo ocidentais aumentou acentuadamente a liberação de gases que provocam mudanças climáticas. Em 2008, a China ultrapassou os Estados Unidos como o maior emissor de dióxido de carbono do mundo.

Aos olhos de muitos ocidentais, parece claro que o esforço e os custos de controlar os gases de efeito estufa devem ser compartilhados igualmente ao redor do mundo, mas não é assim que a China e o mundo em desenvolvimento veem a situação. As nações em desenvolvimento têm dois poderosos argumentos. Em primeiro lugar, segundo o consenso científico, o que importa é o volume geral de gases de efeito estufa na atmosfera – e a maior parte desse volume foi emitida por nações ocidentais ricas que foram industrializadas centenas de anos atrás. O restante do mundo está atualmente pagando o preço ambiental da riqueza que o mundo ocidental acumulou ao longo dos séculos, de forma que é o Ocidente que deveria arcar com o fardo de reduzir as emissões.

O segundo argumento é que, apesar de a China atualmente poder emitir mais dióxido de carbono do que os Estados Unidos, ela ainda emite muito menos por pessoa porque sua população é quatro vezes maior que a da América.

Níveis de consumo de energia têm uma estreita relação com níveis de riqueza e conforto – pense em todos os carros nas estradas americanas, casas com ar-condicionado e secadoras de roupas. Assim os chineses, os indianos e outras nações em desenvolvimento argumentam que é moralmente insustentável para as nações ocidentais insistirem em manter seus estilos de vida de uso intensivo de energia, ao mesmo tempo em que tentam capitalizar o consumo *per capita* dos asiáticos mais pobres.

A atitude dos chineses é complexa. Ninguém duvida que a elite governante, repleta de pessoas com formação científica, leva as mudanças climáticas a sério. Eles sabem que um país com tão pouca água como a China está seriamente ameaçado pelo aquecimento global e apontam para a queda do nível dos Rios Yangtzé e Amarelo com um sinal de perigo. No entanto, a atitude deles em relação ao estilo de vida consumista ocidental é decididamente paradoxal. Em Pequim em 2008 eu fui rispidamente informado por uma autoridade chinesa que "o estilo de vida ocidental de vocês é insustentável". Depois eu saí pelas ruas repletas de novos shopping centers e obstruídas por carros novos, que logo poderão viajar pelos milhares de quilômetros de novas estradas que o governo chinês está construindo.

Os chineses têm mostrado uma disposição de se comprometer com metas nacionais aparentemente ambiciosas para tornar sua energia menos intensiva na utilização de carvão.[333] Mas como ficou claro na desastrosa conferência das Nações Unidas sobre mudanças climáticas em Copenhague em dezembro de 2009, os chineses não estão dispostos a aceitar compromissos internacionais obrigatórios de reduzir as emissões. A obstinação deles reflete uma poderosa mistura de interesse econômico, emoções sinceras em relação à "igualdade global" e uma profunda relutância em conceder a soberania nacional a um regime jurídico internacional. A Índia também assume uma postura ambivalente: por vezes condenando o consumismo ocidental, mas reagindo com fúria a quaisquer sugestões americanas de que o aumento do consumo de energia na Ásia faz parte do problema do aquecimento global.

No que diz respeito aos próprios americanos, diante de sugestões estrangeiras de que o caso de amor da América com as autoestradas precisaria ser modificado, o presidente George W. Bush gostava de responder que "o estilo de vida americano não está aberto a negociações". Barack Obama pode não ser tão direto, mas ele também sabe que seria um suicídio eleitoral impor novos e enormes custos ambientais à economia americana enquanto aparentemente dá carta branca à China.

Foi esse impasse que ajudou no fracasso das negociações em Copenhague referentes às mudanças climáticas. Tentativas serão feitas para restabelecer o acordo, mas todas elas correm o risco de afundar na mesma lógica econômica soma-zero. A maioria dos acordos globais propostos para as mudanças climáticas contempla os Estados Unidos e a Europa basicamente subornando o mundo em desenvolvimento para reduzir as emissões de carbono financiando a transferência de tecnologia. Contudo, qualquer acordo como esse terá dificuldade de ser politicamente aceito nos Estados Unidos, com a América apresentando déficits orçamentários recordes e a China com reservas no valor de mais de $2 trilhões.

Mesmo se for possível chegar a alguma espécie de acordo global sobre o clima, essa será apenas a primeira de muitas negociações, à medida que tanto o aquecimento global quanto a tecnologia avançam. O problema é que as angustiantes negociações globais provavelmente chegarão a um acordo muito aquém do que a comunidade científica considera necessário – e qualquer acordo como esse, de qualquer forma, se comprovará quase impossível de monitorar e executar. Isso, por sua vez, garantirá que as mudanças climáticas continuarão a ser uma importante fonte de tensão no sistema internacional.

Escassez de recursos

No ano anterior à crise financeira, líderes internacionais se preocupavam com um diferente tipo de crise econômica global – o preço em alta das commodities, mais especificamente, do petróleo e do alimento. Essa crise provavelmente retornará, por estar intimamente ligada ao crescimento econômico da Ásia liberado pela globalização. A demanda por recursos naturais está crescendo. Isso está levando a um aumento dos preços e as maiores potências do mundo estão se acotovelando para garantir acesso às reservas de energia, alimento e água.

Especialistas discutem animadamente se o mundo atingiu o "pico do petróleo" – o momento no qual as reservas de petróleo atingem o pico e depois começam a cair. Os que acreditam no "pico do petróleo" observam que, ao mesmo tempo em que o número e tamanho de novas descobertas de reservas de petróleo vêm caindo desde meados dos anos 1980, a demanda global tem crescido gradativamente. A Agência Internacional de Energia estima que, para acompanhar a demanda, "cerca de 64 milhões de barris ao dia de capacidade bruta adicional – o equivalente a quase seis vezes a capacidade da Arábia Saudita hoje – precisam ser adicionados entre 2007 e 2030".[334] James Schlesinger, um bastante respeitado ex-secretário da Energia dos Estados Unidos, prevê: "Estamos nos dirigindo a um momento crucial à medida que as nações do mundo se verão, pela primeira vez desde que tivemos um importante desenvolvimento econômico, diante da incapacidade de aumentar o abastecimento de petróleo."[335]

Essas projeções soam alarmantes, mas os críticos apontam que previsões sombrias de que o petróleo do mundo está prestes a se esgotar também estavam na moda nos anos 1970 – e foram refutadas por novas descobertas e nova tecnologia. Fontes alternativas de combustível fóssil já estão surgindo. Os Estados Unidos estão começando a se beneficiar de suas grandes reservas de gás natural produzido a partir de xisto; o mundo tem abundantes reservas de carvão que pode ser convertido em hidrocarbonetos líquidos a um custo razoável. E novas descobertas de combustíveis fósseis provavelmente serão feitas no Ártico.

Entretanto, independentemente da verdadeira situação, as maiores potências do mundo estão cada vez mais se comportando como se suas reservas de energia não fossem garantidas. O consumo de petróleo chinês dobrou entre 1994 e 2003, e dobrou novamente nos sete anos depois disso. As necessidades de energia do país agora estão forçando a China a adotar uma política externa mais expansiva. Até 2000, a China era essencialmente uma potência regional sem deixar grandes marcas fora da Ásia, mas isso mudou com o desenvolvimento do relacionamento chinês com o continente africano, motivado acima de tudo pela busca de petróleo promovida pela China. A China tem forjado controversos relacionamentos com os despóticos governos do Sudão e de Angola, ambos grandes produtores de petróleo. Tropas chinesas foram alocadas na África para proteger os trabalhadores e os interesses do país em locais instáveis como o Sudão e a Etiópia.[336]

Os chineses não estão sozinhos – longe disso – ao ver sua política externa e de defesa cada vez mais vinculadas às suas necessidades de energia. As motivações para a invasão americana do Iraque permanecem controversas, mas, pelo menos, um observador bem informado, Alan Greenspan, acreditava que a Guerra do Iraque era "em grande parte sobre o petróleo".[337] Mesmo se fosse uma falsa acusação, nenhum governo americano negaria que a região do Golfo Árabe é uma área de importância estratégica crucial, protegida por uma enorme força militar americana. E, nesse caso, "importância estratégica" é essencialmente um apelido para o fato de que o Golfo abriga dois terços das reservas de petróleo conhecidas do planeta. O maior dilema da política externa da União Europeia também gira em torno da energia, e a perigosa dependência da União no gás natural russo.

Não é apenas a "garantia de energia" que está mobilizando os líderes políticos do mundo. A "garantia de alimento" também é uma preocupação. A população do mundo está crescendo, as classes médias emergentes da Ásia estão comendo melhor e isso, por sua vez, está forçando o preço do alimento a subir. Em 2007, o ano antes da crise financeira, o preço de alimentos básicos subiu 50%.[338] Vários países foram abalados por protestos contra o aumento dos preços do alimento, incluindo o México, a Indonésia e a China. Com efeito, Hillary Clinton alegou em 2009 que houve protestos em relação ao alimento em mais de 60 países nos dois anos anteriores, acrescentando: "A fome impõe uma ameaça à estabilidade de governos, sociedades e fronteiras."[339]

Desde que Thomas Malthus previu no século XVIII que uma população crescente causaria a fome, previsões sombrias relativas à escassez de alimento sempre foram invalidadas, mais cedo ou mais tarde, por avanços tecnológicos, que garantiram que a oferta acompanhasse a demanda. No longo prazo, esse pode se comprovar ser o caso novamente, mas, ao longo da próxima década, a retomada do crescimento econômico global – combinada com o clima incerto devido às mudanças climáticas – provavelmente provocará mais altas desestabilizadoras nos preços dos alimentos. Os países pobres, nos quais até 80% dos orçamentos domésticos são gastos em alimento, receberão um golpe particularmente duro e podem se desestabilizar. Na qualidade de grandes importadores de alimento, o Egito e as Filipinas são especialmente vulneráveis, mas estão longe de representarem casos isolados. Enquanto isso, países ricos, preocupados com a "garantia de alimento", podem cada vez mais recorrer ao protecionismo e a tentativas defensivas de comprar terras cultiváveis na África e outros lugares.

A escassez de água também é cada vez mais uma fonte de discussões internacionais. Rápido crescimento econômico, urbanização, industrialização e agricultura mais intensiva são todos fatores que vêm exaurindo as reservas de água. Com efeito, a maior ameaça aos milagres econômicos chinês e indiano pode ser a escassez de água. Um analista político em Pequim prevê que a agitação política se renovará na China "no dia em que as pessoas abrirem as torneiras em Pequim e descobrirem que nenhuma água está saindo".[340] A disputa fronteiriça não solucionada entre a China e a Índia – que voltou a se intensificar em 2009 – também está estreitamente relacionada à preocupação dos dois países em relação ao abastecimento de água. Os indianos sabem muito bem que dependem da água que flui dos rios do Tibete, controlado pelos chineses. Brahma Chellaney, um importante pensador estratégico indiano, prevê: "As batalhas de ontem eram por território. As de hoje são por energia, mas as de amanhã serão pela água."[341] A ameaça de uma luta entre a Índia e a China pela água soa dramática, mas em algumas regiões conflitos já estão sendo provocados pela escassez de água, incluindo o Chifre da África, Darfur e os territórios palestinos ocupados, onde colonizadores israelenses utilizam 7,5 vezes mais água do que os palestinos.[342]

Muitos desses problemas são, naturalmente, inter-relacionados. As preocupações relativas ao preço cada vez mais alto do petróleo convenceram os Estados Unidos a incentivar os agricultores a produzirem biocombustíveis de grãos. Contudo, o aumento da produção de biocombustíveis provocou o aumento do preço de alimentos básicos. A escassez de água é, por sua vez, intensificada pela irrigação necessária para aumentar a produção de alimento.

A luta por energia, alimento e água é uma fonte de tensões entre as principais potências do mundo. E também ameaça intensificar em muito o drama dos povos mais pobres do mundo.

Pobreza e população

Os economistas em geral aceitam que a globalização retirou centenas de milhões de pessoas da pobreza, mas, nos últimos anos, também se percebe cada vez mais que grande parte do mundo está sendo deixada para trás. O drama do "bilhão inferior" – uma expressão que ficou famosa por Paul Collier, um acadêmico de Oxford – atualmente recebe uma alta posição na lista dos problemas políticos globais. Há razões tanto morais quanto práticas para isso. A ideia de um bilhão de pessoas lutando para sobreviver em um mundo de abundância é moralmente ofensiva. E também é perigosa.

A obra de Collier demonstra que existe uma estreita relação entre a pobreza e os conflitos na África. Como ele observa: "A guerra civil tem muito mais chances de irromper em países de baixa renda: reduza pela metade a renda mínima do país e você dobra o risco de ter uma guerra civil."[343] Uma vez que uma guerra civil irrompe, um país pode ficar preso em um círculo vicioso, à medida que a guerra destrói a economia, intensificando a mesma pobreza que ajudou a criar os conflitos. O conflito civil também tem um talento para cruzar fronteiras – basta ver como a Guerra Civil de Ruanda contribuiu para a tragédia no Congo, ao lado, ou como a luta no Afeganistão desestabilizou o vizinho Paquistão. Existem muitas razões para as dificuldades e os perigos de estabilizar o Afeganistão, mas o fato de ele atualmente ser a quarta nação mais pobre do mundo sem dúvida é um grande fator contribuinte.

Na Era do Otimismo esperava-se que a globalização permitisse que os países mais pobres do mundo conseguissem sair da pobreza por meio do comércio exterior. Essa esperança se mantém para alguns países – especialmente as nações africanas que podem se beneficiar do aumento dos preços das commodities provocado pela escassez de recursos. Contudo, ainda há muitos países que foram deixados para trás – aqueles sem acesso ao mar, prejudicados por secas constantes, governados por pessoas desonestas ou presas em guerras civis correm mais risco. E, mais uma vez, todos esses fatores parecem estar interligados. Uma pesquisa recente sugeriu que conflitos têm 50% mais chances de irromper em uma nação africana em um ano no qual a seca leva a escassez de alimentos – mais uma razão para temer o impacto das mudanças climáticas.[344]

Imagens de pessoas morrendo de fome na África são conhecidas dos espectadores da televisão ocidental desde pelo menos meados dos anos 1980, quando os shows do Live Aid de 1985 popularizaram o interesse em relação à fome na Etiópia, mas, para as nações mais ricas do mundo, o destino do "bilhão inferior" agora deve provocar não apenas compaixão, mas medo.

Em um mundo globalizado, o sofrimento dos pobres nem sempre será isolado do Ocidente. A população mundial está crescendo rapidamente. Em 1950 era de 2,5 bilhões, chegou a 6,6 bilhões em 2008 e as Nações Unidas projetam que superará os 9 bilhões até 2050. A maior parte desse crescimento populacional ocorrerá nas partes mais pobres do mundo. Os cidadãos das nações ricas constituirão uma proporção cada vez menor da população mundial. Isso provocará tensões nas sociedades ricas, à medida que elas tentam assimilar fluxos aparentemente incontroláveis de imigrantes vindos das nações pobres. E isso causará tensões entre regiões à medida que as partes mais ricas do mundo tentam intensificar o controle das fronteiras para manter os pobres de fora.

Entretanto a tentativa de conter os pobres em seus países de origem não livrará o Ocidente da instabilidade e violência causadas pela pobreza. Existe uma estreita relação entre pobreza, Estados falidos e ameaças de segurança. Depois que o *Financial Times* publicou um artigo sobre as tentativas de combater piratas somalis que saqueavam barcos internacionais passando pelo Golfo de Áden, Jeffrey Sachs, um economista de desenvolvimento, escreveu uma carta incisiva ao *FT*, reclamando: "Vocês discutem a crise somali em termos de política externa convencional e categorias de segurança... sem uma única palavra sobre a extrema pobreza da Somália, a hiperaridez e a escassez de água, a extrema vulnerabilidade a secas e mudanças climáticas, os enormes índices de analfabetismo, as várias doenças que afligem a população e enormes taxas de crescimento populacional resultantes da extrema pobreza. Quando as pessoas estão morrendo de fome, os nossos diplomatas... invariavelmente tratam a agitação como um sinal de extremismo... O Ocidente não tem interesse algum na Somália, contanto que ela não bloqueie a passagem pelo mar."[345]

Estados falidos

A América redescobriu a ameaça dos Estados falidos em 11 de Setembro, mas o problema não era exatamente novo. As experiências humilhantes da administração Clinton com a Somália e o Haiti enfatizaram a grande dificuldade de apoiar Estados em colapso. No comando de George W. Bush, houve uma reação adversa contra a própria ideia da construção de Estados. Donald Rumsfeld, o primeiro secretário de Defesa de Bush, ficou famoso ao dizer que os militares americanos "não se envolvem na construção de Estados" – e essa foi uma atitude que persistiu até as invasões do Iraque e do Afeganistão. A construção de Estados foi posta de lado, com relutância, somente quando ficou claro que a incapacidade de estabelecer governos estáveis no Iraque e no Afeganistão ameaçava muitas das conquistas americanas no campo de batalha. As estratégias de combate à insurreição adotadas no Iraque no governo Bush e depois no Afeganistão no governo Obama visavam justamente ganhar tempo e espaço para estabelecer governos operantes. Enquanto isso, no Afeganistão, uma onda militar deveria ser seguida de uma "onda civil", visando promover o crescimento econômico e o desenvolvimento de instituições civis.

Contudo a redescoberta da contrainsurreição e da construção de Estados estava longe de ser uma resposta completa aos problemas dos Estados falidos. Era uma solução custosa demais em termos de vidas humanas, dinheiro e energia política para ser aplicada a todos os candidatos potenciais. A Somália replicou algumas das circunstâncias mais alarmantes do Afeganistão antes de 11 de Setembro, com um forte movimento rebelde ligado à al-Qaeda e com consequências que não respeitavam fronteiras, na forma da pirataria desenfreada. No entanto, diante dessa situação, a comunidade internacional escolheu pairar pela costa da Somália em uma flotilha internacional voltada para os piratas. Ninguém tinha disposição para uma intervenção militar em terra. A mesma abordagem cautelosa de não intervenção foi aplicada ao Iêmen, cujo papel como uma nova base para a al-Qaeda foi salientado após uma tentativa fracassada de explodir um avião sobrevoando Detroit no Natal de 2009.

O problema era ainda mais alarmante porque a lista de Estados falidos potenciais parecia estar crescendo – particularmente após a Grande Recessão. Algumas das nações na lista de observação eram grandes países com evidente importância estratégica. O Departamento de Defesa americano ofendeu gravemente o México com informações vazadas de um estudo sugerindo que o vizinho americano corria o risco de se tornar um Estado falido.[346] Se a implicação era que o México poderia se transformar no Afeganistão ou na Somália, isso seria claramente um absurdo. No entanto, se um fracasso de controlar o território e exercer o Estado de direito for um indicativo importante de um Estado falido, o México claramente se encaixava na descrição até certo ponto. A violência relacionada a drogas se espalhava desenfreadamente pelo país em 2008 e 2009, alimentada, os mexicanos reclamavam, por exportações de armas dos Estados Unidos e pelo apetite voraz dos americanos por drogas. Os Estados Unidos sentiram os efeitos colaterais do combate às drogas no México. Em 2008, a atividade criminosa relacionada aos cartéis mexicanos levou a mais sequestros relacionados a drogas em Phoenix, Arizona do que em toda a Colômbia.[347]

O país cujo futuro provocou mais noites em claro em Washington foi o Paquistão. Nas semanas anteriores à posse, Barack Obama disse a confidentes que se tratava do "país mais assustador do mundo".[348] Diferentemente de seu vizinho, o Afeganistão, o Paquistão tinha Forças Armadas de peso, uma sólida sociedade civil e um setor privado bem estruturado. Entretanto, por muitos anos o governo paquistanês também permitiu a atuação relativamente livre de grupos terroristas e seguidores do Jihad nas áreas tribais ao longo da fronteira com o Afeganistão. Essa política só pareceu mudar quando o próprio Estado paquistanês se viu claramente ameaçado pelo terrorismo jihadista – com o assassinato de Benazir Bhutto, o ex-presidente, em dezembro de 2007 e repetidos ataques terroristas em grandes cidades, como Lahore e Islamabad.

Qualquer pessoa em visita ao Paquistão não duvidaria do status do país como uma nação de armas nucleares. Grandes monumentos de pedra com o símbolo nuclear marcam a entrada de cada uma das mais importantes cidades. A ideia de um país como esse entrando na lista dos Estados falidos era o maior pesadelo para Washington e o mundo ocidental.

Terrorismo e proliferação nuclear

Na opinião de alguns, a insistência da administração Bush nos perigos das relações entre o terrorismo e armas de destruição em massa – e o subsequente fracasso de encontrar essas armas no Iraque – desacreditou permanentemente a ideia de que a proliferação nuclear e a guerra ao terror deveriam ser preocupações centrais do governo americano ou do mundo em geral.

A administração Obama, contudo, não assume uma visão descontraída da questão – nem as autoridades internacionais responsáveis por policiá-la. Mohamed ElBaradei, ex-diretor da Agência Internacional de Energia Atômica e um homem que entrou em repetidos confrontos com a administração Bush, insistiu que o terrorismo nuclear "é o maior perigo que o mundo está enfrentando".[349] O presidente Obama, após uma longa hesitação, decidiu enviar muito mais tropas ao Afeganistão, mencionando a necessidade de impedir o estabelecimento de refúgios terroristas como a principal justificativa. Em vez de dar fim à guerra ao terror do presidente Bush, Obama estava, na prática, apostando sua própria presidência exatamente na mesma questão.

Em seu primeiro ano no cargo, Obama também lançou uma grande iniciativa diplomática para combater a proliferação nuclear – com base na eventual possibilidade de um mundo livre de armas nucleares. Tentativas de impedir que o Irã ganhasse acesso a armas nucleares também foram colocadas no centro da diplomacia americana.

Ao dar esses passos, Obama se colocou ao lado dos alarmistas nucleares – que argumentam que a disseminação de armas nucleares é uma das maiores ameaças diante do mundo. Os otimistas poderiam argumentar que – apesar da previsão do presidente John F. Kennedy de que poderia haver até 25 Estados com armas nucleares até 1964 –, o clube nuclear continuou tranquilizadoramente pequeno.[350] O Tratado de Não Proliferação de Armas Nucleares, apesar de um pouco desgastado, parece que ainda é eficaz.

A resposta dos pessimistas é que pensar assim é ser perigosamente complacente. A Coreia do Norte, um dos Estados mais pobres e mais isolados do mundo, produziu uma arma nuclear, de forma que o Tratado está claramente com problemas. Se o Irã, o líder de um bloco antiocidental radical, tiver armas nucleares, todo o Oriente Médio pode seguir o exemplo. E, se o Paquistão cair, o pesadelo de terroristas com armas nucleares pode se concretizar.

Em busca de soluções globais

Analisando todos esses problemas, Obama concluiu que somente níveis sem precedentes de cooperação internacional poderiam solucioná-los. Ele não estava sozinho nessa forma de pensar. Por todo o mundo, intelectuais buscando lidar com os problemas da política internacional chegavam a conclusões similares. Em Cingapura, Kishore Mahbubani lamentou: "Todos os 6,5 bilhões de habitantes do planeta Terra estão no mesmo barco. No entanto, não temos um capitão ou uma tripulação para o barco como um todo... Nenhum de nós navegaria em um oceano ou em um barco sem um capitão ou uma tripulação para manobrar o barco, mas é exatamente como esperamos que o nosso planeta navegue através do século XXI."[351] Nos Estados Unidos, Jeffrey Sachs argumentou que "O paradoxo de uma economia global unificada e de uma sociedade global dividida representa a maior ameaça ao planeta"[352] e concluiu que a sobrevivência do globo exigia que "a cooperação global precisará receber uma posição de destaque. A própria ideia de Estados-nação competindo entre si por mercados, poder e recursos irá se tornar antiquada".[353] O Fórum Econômico Mundial reagiu à nova crença dominante lançando uma grandiosa Iniciativa de Redesign Global, promovida no fórum anual em Davos em janeiro de 2010.[354]

Onde encontrar esses inspiradores novos exemplos de cooperação global? Em Washington, Francis Fukuyama se saiu com uma surpreendente resposta. Refletindo sobre sua tese do "fim da história" em 2009, 20 anos após a publicação do artigo original, Fukuyama ponderou em relação a um aspecto no qual ele pode ter errado: "Eu meio que presumi que o poder americano seria utilizado com sabedoria." Após a administração Bush, não era mais seguro presumir isso. E o homem que, 20 anos antes, tinha sido visto como epítome do triunfalismo americano, argumentou: "Veja, o Fim da História nunca se referiu ao reaganismo... o verdadeiro exemplar do Fim da História é a União Europeia, não os Estados Unidos, porque a União Europeia está tentando transcender a soberania e a política do poder; eles estão tentando substituir isso pelo Estado de Direito global, e isso é o que precisa acontecer no fim da história."[355] Em Bruxelas, a capital da União Europeia, muitas pessoas viam a crise econômica global como uma oportunidade única de promover uma visão do mundo distintivamente europeia.

CAPÍTULO 20

GOVERNO GLOBAL
O mundo como a Europa

A ideia de que a União Europeia poderia representar o auge da história mundial é deprimente. Bruxelas, a capital da UE, é uma cidade confortável, porém sem brilho. A UE é administrada de uma série de prédios de escritório sem inspiração, ao longo dos dois lados de uma rua movimentada, a Rue de la Loi. O "bairro europeu" de Bruxelas não tem verdadeiros marcos nem pontos históricos. Quando os líderes da UE quiseram se reunir para um minuto de silêncio nos dias após o 11 de Setembro, eles acabaram se congregando em uma ilha de trânsito – a Rond-point Schuman.

Tentativas de inspirar fidelidade à UE entre os quase 500 milhões de "cidadãos da Europa" em geral saíram pela culatra. Quando os líderes europeus elaboraram uma constituição tentando representar o espírito e os poderes da União Europeia em uma linguagem edificante e atribuir a ela um hino e uma bandeira, foi um enorme fracasso. A constituição proposta foi decididamente rejeitada em 2005, após consultas populares na França e na Holanda, duas das nações fundadoras da UE. Relutando em abandonar o projeto, os líderes europeus reescreveram a constituição em uma linguagem deliberadamente obscura e burocrática e conseguiram aprová-la em parlamentos nacionais. Todo esse processo foi exaustivo e desconcertante.[356]

No entanto, para aqueles que acreditam que o mundo só pode prosperar (ou até sobreviver) no século XXI se puder desenvolver novas formas de governo global, a União Europeia é verdadeiramente uma inspiração. Isso porque a UE é de longe o exemplo mais avançado de "governo supranacional" – isto é, de leis e estruturas de governo cuja autoridade cruza fronteiras internacionais e transcende o princípio de "soberania nacional", sobre o qual a política internacional vem se baseando desde que a Paz de Westfalia deu fim às guerras religiosas na Europa em 1648.

O "projeto europeu" progrediu extraordinariamente desde as suas origens em 1951 como uma comunidade de carvão e aço. Em 2008, uma União Europeia composta de 27 nações foi estabelecida, com uma fila de aspirantes a membros variando da Turquia à Islândia. A UE estabeleceu há muito tempo o princípio vital de que a lei europeia – administrada pelo Tribunal de Justiça em Luxemburgo – tem supremacia sobre as leis nacionais de seus estados membros. A Europa agora tem uma moeda única cobrindo 17 de seus membros. Os controles de fronteira foram em grande parte abolidos dentro da UE. A União Europeia participa como um bloco em negociações comerciais internacionais. E seus membros se comprometem a proporcionar apoio a uma política externa comum. Em algumas importantes áreas, a União ainda deixa que as nações individuais definam em grande parte as próprias políticas – em particular, a tributação direta, a saúde e a educação, mas, em outras áreas, é a lei europeia que domina – em particular qualquer coisa que se refira à política de concorrência, ao comércio na Europa, à política monetária (para membros do euro) e à legislação ambiental.

Jean Monnet, o fundador da UE, acreditava que a unidade europeia "não era um fim por si só, mas apenas um estágio no caminho do mundo organizado de amanhã".[357] Seus sucessores em Bruxelas não fazem segredo do fato de considerarem a governança supranacional característica da UE como um modelo global. Alguns intelectuais americanos que acreditam que o mundo precisa urgentemente de novas formas de governo internacional, como Strobe Talbott, diretor da Brookings Institution, e Jeffrey Sachs, da Columbia University, também consideram a UE como um modelo e uma inspiração.

Então, será que o modelo europeu pode ser adotado globalmente? Em alguns momentos parece que sim. Quando estive presente no encontro do G20 em Pittsburgh em setembro de 2009, achei que o ambiente e o clima eram estranhamente conhecidos. Senti-me de volta à Bruxelas e me pareceu que aquela era apenas uma versão globalizada de um encontro da União Europeia. Eles seguiam as mesmas práticas e formato. Os líderes jantam juntos na noite anterior ao encontro; um dia é passado em negociações em linguagem impenetrável, repleta de jargões; grupos de trabalho obscuros são estabelecidos; salas de briefing nacionais são disponibilizadas para os comunicados à imprensa após o encontro.

Todos esses procedimentos são bastante conhecidos dos líderes europeus – mas relativamente novos para os líderes asiáticos e americanos, que estão sendo meticulosamente enredados nessa nova estrutura. Em consequência, os líderes europeus muitas vezes se mostravam muito mais atentos à importância potencial do que estava sendo negociado do que seus colegas de países que não se sentem tão à vontade com a política supranacional, como a Indonésia e a Arábia Saudita.

O destino do G20 é muito importante para o futuro da política internacional. Trata-se de uma organização internacional que reúne ao redor de uma mesa de negociações os líderes de todas as principais potências do mundo, incluindo os Estados Unidos, a China, a Índia, o Japão, a União Europeia, o Brasil e a Rússia. Juntas, as nações representadas nos encontros do G20 representam cerca de 90% da produção econômica mundial, 80% do comércio exterior e dois terços da população do mundo. Para que o mundo descubra as "soluções globais para problemas globais" exigidas pelo presidente Obama, os líderes representados nos encontros do G20 deverão chegar a um acordo.

O estabelecimento de encontros periódicos do G20 foi o mais importante avanço político internacional a surgir diretamente da crise econômica global de 2008 a 2009. A organização foi criada durante a crise financeira asiática uma década antes, mas – até 2008 – era reservada a ministros das Finanças. Em resposta à quase ruína do sistema financeiro internacional, o presidente Bush abandonou seu unilateralismo instintivo e organizou o primeiro encontro do G20 para líderes mundiais, que se reuniu no esplendor do National Building Museum em Washington no dia 15 de novembro de 2008. Kevin Rudd, o primeiro-ministro australiano, traduziu o clima severo do momento quando disse aos líderes reunidos que eles estavam diante de uma crise financeira, que se transformaria em uma crise econômica global, depois em uma crise de desemprego e depois em uma crise social, antes de finalmente se transformar em uma crise política internacional.[358]

No primeiro encontro do G20, os líderes reunidos prometeram solenemente renegar todos os atos futuros de protecionismo e concluir a Rodada de Doha de negociações referentes ao comércio internacional. No entanto, quando se encontraram em Londres em abril do mesmo ano, 17 dos países envolvidos havia aprovado algum tipo de legislação protecionista – e a Rodada de Doha continuou sem conclusão. Entretanto, foi no encontro de Londres que ficou claro que, apesar de todos os retrocessos, algo importante e válido estava acontecendo. Os líderes reunidos conseguiram restaurar a paz em um perigoso desacordo referente aos governos deverem ou não reagir à crise econômica global com um déficit orçamentário de grande escala. Em consequência, os mercados de ações do mundo aparentemente se recuperaram.

A aparência de unidade internacional provavelmente tinha tanta importância quanto qualquer negociação concreta que os líderes consolidassem em Londres. Em um momento em que muitos analistas se preocupavam com a possibilidade de uma crise econômica global internacional levar ao conflito internacional, os líderes das maiores potências do mundo estavam enviando a mensagem – como Bill Clinton gostava de dizer da globalização: "Estamos todos no mesmo barco."

Quando o G20 voltou a se reunir em Pittsburgh em setembro de 2009, a organização já tinha ganhado impulso. Ela anunciou que, daquele momento em diante, os encontros do G20 substituiriam os encontros do antigo G8, que era um clube de nações ocidentais, mais o Japão e a Rússia. Fora necessária uma crise econômica global para forçar os líderes mundiais a reconhecerem as realidades da globalização. A liderança mundial não se restringia mais à América do Norte, Europa e Japão. Para que o mundo tivesse qualquer chance de solucionar os problemas da globalização, as principais potências emergentes precisariam de representação na mesa de negociações.

Falando formalmente, a transição do G8 para o G20 representou uma diluição do poder europeu. Mesmo assim, como observei em Pittsburgh, havia algo de distintamente "europeu" nos objetivos e métodos da nova organização. Os líderes europeus também constituíam uma porcentagem desproporcionadamente grande ao redor da mesa de conferência. Enormes nações como o Brasil, a China, a Índia e os Estados Unidos eram representados por um líder cada. Os europeus conseguiram assegurar oito lugares, para a Grã-Bretanha, a França, a Alemanha, a Itália, a Espanha, a Holanda, o presidente da Comissão Europeia e o presidente do Conselho Europeu. A maioria das principais autoridades internacionais presentes também era composta de europeus: Dominique Strauss-Kahn, presidente do Fundo Monetário Internacional, Pascal Lamy, da Organização Mundial do Comércio, e Mario Draghi, do Fórum de Estabilidade Financeira.

Em sua entrevista coletiva de conclusão, o presidente Sarkozy não escondeu sua empolgação diante das possibilidades abertas pelo G20. "O sigilo bancário, tudo isso chegou ao fim", ele disse entusiasticamente, celebrando um acordo do G20 referente aos paraísos fiscais. Foi uma "ocasião histórica"; o clima entre os líderes do G20 foi "maravilhoso". Muitas outras realizações seriam feitas em encontros futuros do G20.

O presidente Sarkozy por vezes se encaixa no estereótipo do francês facilmente empolgável, mas ele não está sozinho ao ver enormes possibilidades no G20. É verdade que a organização começou modestamente, mas a União Europeia moderna também começou, de forma bastante deliberada, dando pequenos passos. A famosa Declaração Schuman de 1950 anunciou: "A Europa não será feita toda de uma vez ou de acordo com um plano único. Ela será construída por meio de realizações concretas, que criarão primeiro uma solidariedade na prática."[359] Jean Monnet acreditava que a Europa seria construída por meio da "administração comum de problemas em comum"[360] – e é exatamente assim que o G20 também está começando.

Se o G20 se desenvolver como seus defensores mais entusiasmados esperam, seu primeiro grande passo pode ser o desenvolvimento de um sistema de regulamentação financeira global para as instituições financeiras que caíram tão desagradavelmente em 2008. Então o G20 concordaria com alguma espécie de abordagem em comum aos "desequilíbrios econômicos globais", reduzindo o comércio exterior excessivo e os déficits em conta corrente e administrando a ascensão e queda de moedas de forma mais estável. Os programas de combate à pobreza proclamados pelo G8 seriam adotados pelo G20 e seriam muito mais eficazes. E os líderes do G20 finalmente dariam algum ímpeto e energia às negociações do comércio internacional, salvando, dessa forma, o sistema aberto de negociações que fundamenta a globalização.

Uma vez que assegurassem o acordo nas questões econômicas, os líderes do G20 poderiam passar para as questões políticas, mais problemáticas. Livres do caos das negociações patrocinadas pelas Nações Unidas, eles naturalmente chegariam a um acordo para as mudanças climáticas. E reconheceriam que todas as maiores economias do mundo – independentemente de serem democracias ou autocracias – são ameaçadas pelo terrorismo, por Estados falidos e pela proliferação nuclear. Baseando-se no potencial estabelecido pelos sucessos anteriores, os líderes do G20 estabeleceriam regras e princípios em comum para a intervenção em Estados falidos – e criariam novas formas de perseguir terroristas e impedir a proliferação nuclear. À medida que desenvolvem a confiança mútua, os líderes do G20 desenvolveriam a confiança necessária para delegar mais poderes a instituições como o Tribunal Internacional de Justiça, a Corte Penal Internacional e o Fundo Monetário Internacional. Enquanto isso, o próprio G20 poderia criar um pequeno secretariado de autoridades internacionais – em algum país não controverso, como o Canadá – que desenvolveria ideias com as quais os líderes concordariam em seus encontros e as elaboraria em propostas adequadas. Com o tempo, um secretariado do G20 se pareceria um pouco com uma versão global da Comissão Europeia – os burocratas de Bruxelas que consolidaram o processo de uma "união cada vez mais estreita" na Europa. É claro que nacionalistas e teóricos da conspiração nos Estados Unidos, na China e em outros lugares reclamariam dizendo que fora formado um governo mundial que nega a soberania nacional, mas os líderes do G20 repeliriam essas alegações.

É sem dúvida concebível que o G20 pode se desenvolver dessa forma, mas também é improvável. Há pelo menos três grandes obstáculos ao desenvolvimento de alguma espécie de versão global da União Europeia. Eles residem nos Estados Unidos, na China e nas nações excluídas da nova organização.

O primeiro problema tem relação com a perturbadora legitimidade do G20. O encontro de Pittsburgh em setembro de 2009 foi realizado logo após a Assembleia Geral das Nações Unidas. Ficou claro que muitos dos líderes do G20 estavam felizes em sair do circo de Nova York, onde eles podiam ser forçados a ouvir contundentes e agressivos discursos de pessoas como o coronel Gaddafi e se reunir em um ambiente mais restrito e mais profissional. Contudo, os países que não conseguiram ser convidados estavam claramente insatisfeitos ao se ver excluídos do G20. Anders Aslund, um importante economista sueco, enfureceu-se dizendo que "o G20 usurpou o poder sobre a governança financeira global. Eles tomaram decisões que esperam que 160 outros países obedeçam". Aslund se preocupava que "a dominância das grandes potências sobre as outras corre o perigo de se tornar injusta e reacionária".[361] O perigo de o G20 poder ser "reacionário" é acentuadamente intensificado pelo fato de os países membros necessariamente incluírem governos autocráticos como a Arábia Saudita e a China. Não é possível ter discussões econômicas adequadas sem os chineses e os maiores produtores de petróleo à mesa, mas o G20 terá dificuldades de lidar com as difíceis questões políticas internacionais quando seus principais membros se virem divididos em relação a valores básicos.

Apesar de Anders Aslund e outros se preocuparem com o G20 ser pequeno e exclusivo demais, em alguns aspectos o grupo já é grande demais. Existem tantos Estados e organizações desesperados para garantir um convite para a mesa de negociações mais importante do mundo que na verdade o grupo é constituído de um número muito maior do que os 20 participantes anunciados nos encontros do G20. Os espanhóis e holandeses conseguiram entrar de penetras, bem como numerosas organizações internacionais, da Associação de Nações do Sudeste Asiático à Organização Internacional do Trabalho. No cômputo geral, contei 33 participantes em Pittsburgh. Quanto maior for a reunião, mais difícil será ir além das declarações formalistas. Dessa forma, o G20 – apesar de todos os seus sucessos iniciais – pode ficar preso em uma terra de ninguém. Ele é pequeno demais para ser validado e grande demais para ser legítimo.

Mesmo se os líderes do G20 conseguirem concordar em relação às difíceis questões globais, suas dificuldades não teriam chegado ao fim. Na verdade, quanto mais amplos forem os acordos, mais chances eles têm de deparar com dificuldades políticas nos vários países constituintes. Diferentemente dos países da União Europeia, os Estados Unidos e a China ainda acreditam e se comportam como os Estados-nação tradicionais que protegem zelosamente sua soberania.

Muitos americanos resistem profundamente à ideia de que seu país possa ser restrito por qualquer coisa além da constituição dos Estados Unidos – e essa é uma atitude que tem profundas raízes na história americana. O Congresso rejeitou a associação americana na Liga das Nações após a Primeira Guerra Mundial. Embora os Estados Unidos tenham, apesar disso, exercido um papel crucial no estabelecimento das principais instituições internacionais após 1945, as suspeitas tradicionais contra o "governo mundial" agora estão voltando à tona – particularmente no que se refere ao direito conservador.[362] O Congresso americano ainda exercita regularmente seu direito de rejeitar tratados internacionais com os quais o presidente concordou. O tratado de Kyoto sobre o aquecimento global foi rejeitado por 95 a 0 no Senado americano – e o Congresso pode muito bem fazer o mesmo para qualquer novo tratado sobre as mudanças climáticas firmado pela administração Obama. A recusa inicial do Congresso de sancionar o Tratado para a Proibição Completa dos Testes Nucleares impôs um sério problema às tentativas do presidente Clinton de realizar progressos na frente do desarmamento nuclear. Os Estados Unidos, diferentemente dos países da UE, recusaram-se a aderir à Corte

Penal Internacional. Tudo isso significa que qualquer presidente americano precisará ser extremamente cuidadoso sobre os acordos que firmar – no G20, nas Nações Unidas ou em qualquer outro fórum internacional. A dificuldade de fazer o Senado americano sancionar novos tratados internacionais – a síndrome da "Liga das Nações" – representa um enorme obstáculo às ambições de estabelecer uma governança global mais abrangente. Acordos internacionais voluntários podem ser tudo o que a política americana pode aceitar no momento, mas, pela própria natureza, é impossível garantir a execução de acordos voluntários.

A China, como os Estados Unidos, é um grande país com uma longa tradição de agir de acordo com a própria vontade. Por ser um país autoritário, sob constante pressão referente a seu histórico de direitos humanos, a China também tem uma razão adicional particular para desconfiar de qualquer coisa que se pareça com uma infração do princípio da soberania nacional. Nas Nações Unidas, os chineses, ao lado dos russos, sempre suspeitam das tentativas ocidentais de pressionar os países que estão violando os direitos humanos de seus cidadãos, seja o Zimbábue, o Sudão, o Irã ou o Sri Lanka. Os chineses não querem estabelecer um precedente ou restringir sua liberdade de buscar seus interesses nacionais ao fazer acordos com outros governos autoritários. A oposição da China à ação internacional não é absoluta e invariável. As autoridades em Pequim concordaram com sanções leves e direcionadas contra o Irã em relação ao programa nuclear daquele país. E a China tem se tornado um participante cada vez mais importante nas missões de paz das Nações Unidas – diferentemente dos Estados Unidos, que ainda não estão dispostos a ter suas tropas sob o comando de um general estrangeiro, mas, na maioria das outras áreas, os chineses continuam muito receosos em relação a novos tratados e obrigações internacionais. A recusa por parte do governo de Pequim de aceitar metas obrigatórias para a emissão de gases de efeito estufa foi um grande fator contribuinte para o fracasso das negociações sobre o clima em Copenhague. A China – como os Estados Unidos – se recusou a aceitar a jurisdição da Corte Penal Internacional.

A China e os Estados Unidos são os dois países que têm mais chances de impedir que o G20 se transforme em um novo instrumento eficaz de governo internacional, mas isso abre o caminho para uma alternativa. Se o G20 não conseguir dar conta do recado, o que dizer de um G2 composto dos Estados Unidos e da China? Em alguns aspectos, a ideia é interessante. Em vez de ficarmos atolados na entremeada rede de conferências internacionais e tratados multilaterais, por que não deixar que as duas maiores potências do mundo resolvam as dificuldades entre si? Em algumas áreas o acordo entre os Estados Unidos e a China provavelmente será decisivo. A relação comercial entre eles é tão importante para o equilíbrio da economia mundial que quaisquer acordos sino-americanos relativos à administração cambial forçaria ajustes globais. Se os dois países puderem chegar a um acordo sobre as mudanças climáticas, isso prepararia o terreno para um acordo global, já que juntos eles respondem por cerca de 40% das emissões de gases de efeito estufa.

No entanto, em algumas áreas, até um acordo entre a América e a China não bastaria. Não faria sentido algum chegar a um novo acordo relativo à não proliferação nuclear sem a participação ativa de uma grande potência nuclear como a Rússia – e a anuência, relutante ou não, de aspirantes a potências nucleares, como o Irã. O sucesso das negociações referentes ao comércio mundial é absolutamente dependente da participação da Índia, que tem sido um dos negociadores mais duros na Rodada de Doha.

Nem se sabe ao certo se a China ou os Estados Unidos receberiam bem a ideia de que eles deveriam tentar solucionar juntos os problemas do mundo por meio de um G2 informal. Em muitos aspectos, a China ainda pode insistir em seu status de "país em desenvolvimento", já que tem um grande número de pessoas pobres. Isso facilita evitar os pesados encargos da liderança global quando eles parecerem ser difíceis ou custosos demais. Os chineses vislumbram com grande expectativa o dia em que olharão os americanos nos olhos como iguais, mas também sabem que a economia e a força militar americana ainda são muito maiores que as da China. Eles ainda não têm uma relação de igualdade, de forma que um G2 pode nem sempre representar uma situação confortável para a China. Pelas próprias razões, os Estados Unidos também desconfiam da ideia de um G2 sino-americano tentando governar o mundo. Os americanos sabem que qualquer discussão desse tipo despertará inimizades e até desestabilizará aliados americanos vitais como o Japão e a União Europeia. A administração Obama também vê um benefício estratégico na tentativa de incluir outras democracias – seja na Europa ou na Ásia – em negociações com a China. Acima de tudo, negociações diretas entre chineses e americanos arriscam chegar a um impasse vez após vez, já que os interesses nacionais vitais das duas nações são tão discrepantes. Das mudanças climáticas aos desequilíbrios econômicos globais, os dois países estão cada vez mais presos em uma lógica soma-zero, na qual o ganho de um país é a perda do outro.

Se o G20 e o G2 não podem dar conta do trabalho de lidar com a alarmante lista de problemas globais identificados por Obama, as principais potências do mundo se verão recorrendo inexoravelmente de volta às Nações Unidas. Apesar de todos os seus defeitos, as Nações Unidas têm duas qualidades vitais – a legitimidade que acompanha uma afiliação universal e o poder de determinar leis. O sistema jurídico internacional, da forma como existe atualmente, dita que as resoluções do Conselho de Segurança das Nações Unidas decidem se uma guerra é legal ou não – e se um "Estado delinquente" deveria se submetido a sanções internacionais. As Nações Unidas têm poderes únicos de autorizar missões de paz e reunir forças militares necessárias para que elas funcionem. Órgãos das Nações Unidas como a Organização Mundial de Saúde realizam um importante trabalho, monitorando pandemias e combatendo doenças.[363]

Em algumas ocasiões, os Estados Unidos se entusiasmaram mais com a ideia de Nações Unidas mais poderosa. Quando o primeiro presidente Bush falou de uma "nova ordem mundial", ele estava pensando em grande parte na ideia de um Conselho de Segurança das Nações Unidas finalmente transcendendo as divisões da Guerra Fria e confrontando diretamente os problemas de segurança globais. O presidente Harry Truman, que esteve presente na criação das Nações Unidas, costumava levar consigo uma cópia do poema "Locksley Hall", de Alfred Tennyson, que falava de modo efusivo da visão de um "Parlamento do homem, a Federação do mundo".[364] Até Ronald Reagan em uma ocasião endossou a ideia de uma força militar das Nações Unidas, pronta para intervir em conflitos ao redor do mundo – uma noção que levaria muitos reaganistas contemporâneos a ir correndo para a loja de armas mais próxima.

A realidade atual, contudo, é que os Estados Unidos considera as Nações Unidas um local frustrante e algumas vezes irritante para negociar. Diante da oposição russa e chinesa, os Estados Unidos tiveram muita dificuldade de reivindicar ações mais rigorosas contra o Sudão e – o mais importante – sanções severas o suficiente para conter o Irã. Até mesmo o advento da administração Obama na verdade não mudou muito as coisas. Enquanto isso, muitos anos de desavenças relativas ao financiamento das Nações Unidas e à situação em Israel desgastaram a imagem das Nações Unidas aos olhos de muitos americanos.

O problema é que as Nações Unidas possuem um duplo problema de legitimidade. Enquanto muitos americanos consideram a organização um fórum para atacar a América e se frustram com a inação referente ao Irã (e, antes disso, com relação ao Iraque), grande parte do resto do mundo considera as Nações Unidas como uma organização injustamente tendenciosa na direção dos interesses ocidentais. A Assembleia Geral, na qual todos os países são representados e ataques aos Estados Unidos são comuns, é relativamente impotente. O coronel Muammar Gaddafi da Líbia a comparou, com ironia, ao Speakers' Corner em Londres, no qual todos são livres para falar... mas ninguém ouve. O verdadeiro poder reside no Conselho de Segurança – e isso ainda reflete o equilíbrio de poder de 1945. Somente cinco membros permanentes do Conselho têm poder de veto – os Estados Unidos, a Rússia, o Reino Unido, a França e a China. As mudanças no equilíbrio internacional de poder desde o fim da Segunda Guerra Mundial significavam que agora seria claramente lógico incluir a Índia, o Japão, o Brasil, um país islâmico e, talvez, a Alemanha, ao Conselho. Entretanto, todas as tentativas de reformar o Conselho para fazê-lo representar melhor as realidades do século XXI levantaram fervorosa oposição de alguém – e, dessa forma, fracassaram. A China impede a entrada do Japão e é indiferente em relação à Índia. A América Latina resiste à noção de ser representada pelo Brasil. O mundo islâmico não consegue concordar em relação a um candidato. Os alemães encontram a oposição dos italianos e dos espanhóis. Os franceses e britânicos fingem ser favoráveis à reforma – mas estão desesperados para manter seus privilégios antiquados.

O resultado é que o Conselho permanece sem reformas e, desse modo, cada vez mais criticados. De tempos em tempos, os iranianos e venezuelanos atacam amargamente sua legitimidade – e seus protestos recebem mais simpatia do que a América e seus aliados gostariam de acreditar. Grandes potências emergentes como o Brasil e a Índia também condenam a injustiça do sistema do Conselho de Segurança. Um oficial de alto escalão das Nações Unidas descreve a incapacidade de reformar o Conselho como um "câncer no sistema".[365] A ironia, contudo, é que acrescentar novos membros ao Conselho de Segurança não necessariamente o melhoraria. Nos últimos anos, o Conselho muitas vezes tem chegado a impasses em relação a questões mais controversas – o programa nuclear iraniano, a Guerra do Sudão em Darfur, Zimbábue, Burma. Se mais países recebessem poder de voto e de veto, as Nações Unidas poderiam ver sua atuação ainda mais restrita.

A demonstração mais perigosa da natureza disfuncional do sistema das Nações Unidas foi o fracasso das discussões sobre o clima patrocinadas pelas Nações Unidas em Copenhague no final de 2009. O debate incluiu quase 200 países e chegou a um impasse processual. Líderes como Hugo Chávez, da Venezuela, e Mahmoud Ahmadi-Nejad, do Irã, utilizaram seu tempo no púlpito para denunciar o capitalismo ocidental. Pequenos países em desenvolvimento assumiram uma postura obstinada em relação a questões processuais e impediram as discussões de questões materiais.[366] No fim, os líderes do mundo saíram de Copenhague com um texto não convincente que nem chegava a ter validade legal. A conclusão óbvia foi que as Nações Unidas foram incapazes de chegar a um acordo significativo sobre as questões climáticas.

Toda essa conversa de G20s e G2s, reformas do Conselho de Segurança e o discurso dos oradores na Assembleia Geral fascina os diplomatas, mas pode soar abstrata e desinteressante para qualquer outra pessoa. No entanto, becos sem saída nas organizações internacionais mais importantes do mundo têm consequências reais e perigosas. Isso significa que aqueles "problemas globais" identificados pelo presidente Obama provavelmente irão se agravar em vez de melhorarem.

A perspectiva em quatro das questões mais importantes – mudanças climáticas, armas nucleares, comércio exterior e Estados falidos – ilustra o ponto e os perigos do impasse internacional.

A desagradável verdade sobre as negociações globais referentes às mudanças climáticas é que até o "sucesso" – apesar de todas as dificuldades de atingi-lo – provavelmente representará o fracasso. Mesmo se os países envolvidos nas negociações globais conseguirem chegar a um acordo, definindo um limite máximo global para as emissões, ele provavelmente será fraco demais para realmente solucionar o problema.

Nesse caso, a União Europeia – apresentada com tanta frequência como um modelo pelos defensores da governança global – oferece um exemplo bastante desencorajador. Isso porque, à medida que a crise econômica que irrompeu em 2008 progredia, um dos projetos característicos da Europa – o euro – entrou em profundos problemas. A ameaça de inadimplemento por parte da Grécia e de crises de dívida na Espanha e na Itália, levantou questões até mesmo sobre a sobrevivência da moeda única da Europa. A crise levou a um sentimento de desconforto e recriminações nos países da UE, à medida que membros como a Alemanha acusavam os gregos de mentir sobre suas estatísticas econômicas e desconsiderar as regras da UE.

A crise expôs um dos segredos desagradáveis da Europa. Os grandiosos compromissos da União Europeia por vezes são ignorados ou descartados em uma crise. Os gregos mentiram durante anos sobre suas estatísticas econômicas antes de a emergência econômica global expor a realidade de sua situação. Outras regras europeias são contornadas ou ignoradas caso se tornem inconvenientes demais. Muito antes da crise grega, as regras da União restringindo déficits orçamentários quase desapareceram quando a França e a Alemanha tiveram dificuldades demais para aceitá-las.

Entretanto, são as tentativas europeias para lidar com seus estoques de peixe cada vez menores que oferece a analogia mais precisa e alarmante com as negociações do mundo referentes às mudanças climáticas. Os ministros da União Europeia desenvolveram um elaborado sistema de "cotas de peixe" alocadas a cada membro da UE – e similares, em princípio, a cotas de emissão de carbono. O problema é que as cotas de peixe da Europa são – por razões políticas – muito mais flexíveis do que os cientistas exigem. Também é muito difícil monitorá-las e garantir que sejam respeitadas na prática e essas cotas são muitas vezes violadas e ignoradas por frotas pesqueiras nacionais. O resultado é que os estoques de peixe da Europa estão se aproximando do colapso e as frotas pesqueiras do continente estão ocupadas pilhando as costas da África e da América Latina.

Chegar a um acordo global sobre as mudanças climáticas – que afetará toda a economia mundial – será muito mais difícil do que chegar a um acordo restritivo para frotas pesqueiras europeias, mas, mesmo se fosse possível chegar a um acordo, ele provavelmente seguiria o exemplo do problema europeu com os peixes no sentido de ser mais flexível do que os cientistas recomendam e muito aberto a violação por parte dos Estados signatários. Isso, por sua vez, irá se tornar uma fonte de tensão internacional. Atualmente existe um grupo de tamanho considerável de economistas e cientistas especializados no clima que concluíram que toda a noção de um acordo global para limitar os gases de efeito estufa é fatalmente imperfeita – e que seria muito mais realista para as nações chegarem a um acordo mais flexível, com todas as mais importantes economias impondo impostos nacionais sobre o carbono.[367]

As tentativas de chegar a um acordo internacional para conciliar o regime de não proliferação nuclear também vêm consumindo muito tempo e energia, mas, como no caso do aquecimento global, o sucesso em atingir um acordo internacional e um autêntico sucesso em lidar com o problema não são necessariamente a mesma coisa. O fato de a Coreia do Norte, um dos Estados mais pobres e mais isolados do mundo, ser aparentemente capaz de produzir bombas nucleares é um excelente exemplo da fraqueza do regime nuclear internacional. O fracasso mundial de refrear o programa nuclear iraniano também é nefasto. Com efeito, a história iraniana pode muito bem terminar com o fracasso definitivo do sistema internacional – a guerra.

Até mesmo aquelas pequenas áreas do sistema internacional que vinham funcionando relativamente bem ao longo dos últimos 30 anos atualmente parecem bastante surradas. A formação da Organização Mundial do Comércio em 1995 foi uma grande expressão do "consenso da globalização" que substituiu a Guerra Fria. Os acordos internacionais de abertura comercial expressam uma crença em um mundo ganha-ganha no qual todos os países podem prosperar juntos. Portanto, é um mau sinal que os membros da OMC tenham repetidamente fracassado em concluir a Rodada de Doha de negociações de comércio mundial. O fracasso das negociações da OMC está longe de ser um exemplo isolado. O tratado de Kyoto para solucionar o aquecimento global não atingiu suas metas. As ambiciosas metas para a redução da pobreza e doenças até 2015, acordadas pelas 192 nações que endossaram as metas de Desenvolvimento do Milênio das Nações Unidas, aparentemente também não serão atingidas. Como Moisés Naím, editor da revista *Foreign Policy*, observa: "Desde os anos 1990, a necessidade de uma colaboração eficaz entre vários países aumentou acentuadamente, mas ao mesmo tempo as negociações multilaterais inevitavelmente fracassaram."[368] O encontro de Copenhague que visava a solucionar os problemas do clima foi apenas o exemplo humilhante mais recente de uma tendência bem consolidada.

Depois ainda temos as zonas de guerra e os Estados falidos. Mais uma vez, as esperanças de que o mundo encontrará uma forma cooperativa e eficaz para lidar com a violência política estão definhando. O número de missões de paz das Nações Unidas aumentou acentuadamente na última década – mas muitas das piores situações, como as guerras em Darfur e no Congo, continuam a se deteriorar. As esperanças americanas de que as Nações Unidas ou a Otan ou uma nova aliança de democracias poderia assumir parte do encargo de atuar como a força policial do mundo também foram, em grande parte, frustradas. A onda de novas tropas americanas enviadas para o Afeganistão pelo presidente Obama significa que a guerra lá está cada vez mais sendo conduzida e combatida pelos americanos. Quarenta e três nações tiveram representação na força da Otan no Afeganistão no fim de 2009, o que soa como uma impressionante demonstração de envolvimento e solidariedade internacional, mas, depois que toda a onda de Obama chegar, cerca de dois terços das tropas em combate serão americanas, executando um plano concebido e conduzido por generais americanos.

No auge da Era do Otimismo, internacionalistas liberais nas Nações Unidas e em outras partes surgiram com a própria visão idealista de uma "nova ordem mundial". Era uma visão de um sistema político internacional, no qual as principais potências do mundo cooperariam para suprimir guerras e interviriam para impedir atrocidades em massa – mesmo dentro de Estados. A noção de que uma comunidade internacional tem a "responsabilidade de proteger" populações em risco de genocídio pode soar incontestável a algumas pessoas. Na verdade, isso representou um grande desvio das normas internacionais, baseadas na soberania nacional, que governaram as relações entre Estados durante séculos. No entanto, em um raro momento de unidade entre ricos e pobres, democracia e autocracia, as Nações Unidas concordaram, em 2005, com uma nova doutrina de uma "responsabilidade internacional de proteger" pessoas do genocídio, limpeza étnica, crimes de guerra e crimes contra a humanidade. De maneira controversa, isso sugeria que a intervenção internacional, até mesmo a intervenção militar, se justifica para impedir atrocidades em massa do tipo que chocou o mundo na Ruanda e na Bósnia nos anos 1990.

Mais uma vez, contudo, comprovou-se haver uma diferença entre garantir um acordo no papel e realizar uma verdadeira mudança no mundo. O fato de o mundo agora estar teoricamente comprometido com uma "responsabilidade de proteger" não levou a nenhuma intervenção real.[369] Guerras envolvendo baixas civis em grande escala irromperam em Gaza, Sri Lanka, Sudão e Somália – mas o mundo se mostrou relutante ou incapaz de intervir.

Durante a Era do Otimismo, quando o poder americano reinava supremo e a União Europeia estava se expandindo gradativamente, era possível acreditar que ideias liberais haviam desenvolvido um ímpeto internacional que não poderia ser impedido. A democracia, os livres mercados e o Estado de Direito internacional progrediriam em todas as frentes. Contudo as ideias liberais atualmente estão em retirada nos fóruns internacionais. Uma pesquisa conduzida pelo Conselho Europeu de Relações Exteriores mostra um gradativo "desgaste do apoio a posições ocidentais referentes aos direitos humanos" na Assembleia Geral das Nações Unidas. Os autores de um relatório do Conselho Europeu de Relações Exteriores em 2008 observaram: "No fim dos anos 1990, as posições da União Europeia referentes aos direitos humanos receberam o apoio de mais de 70% dos votos na Assembleia Geral. Nos últimos dois anos, o nível de apoio caiu para cerca de 50%."[370] Como as posições europeias e americanas referentes aos direitos humanos costumam ser as mesmas, isso representa um revés geral para "o Ocidente".

A União Europeia acredita que suas ideias de cooperação internacional e o Estado de Direito global representam o melhor modelo para o século XXI. Por enquanto, contudo, o resto do mundo não parece concordar. Na verdade, com a China agora controlando respeito e influência sem precedentes no cenário internacional, as democracias liberais do mundo estão perdendo terreno para um novo eixo de autoritarismo.

CAPÍTULO 21

O EIXO DO AUTORITARISMO
O mundo como a Rússia e a China

No final de seu mandato, o presidente George W. Bush era extremamente impopular em grande parte do mundo. Mas a Geórgia, um pequeno Estado democrático com fronteira para a Rússia e o Mar Negro, era uma exceção. Ao chegar à capital, Tbilisi, em abril de 2008, descobri que a estrada do aeroporto foi nomeada em sua homenagem – George W. Bush Avenue.

A Geórgia e George W. Bush tinham boa razão para se gostarem tanto. Quando o presidente dos Estados Unidos lutava com dificuldade para resgatar sua "política de liberdade" das complicações do Iraque, Afeganistão e Oriente Médio, os acontecimentos na fronteira da ex-União Soviética lhe deram alguma esperança. Entre 2003 e 2005, as "revoluções coloridas" na Geórgia, na Ucrânia e no Quirguistão derrubaram administrações autoritárias ou corruptas e instauraram governos democráticos pró-ocidentais em seu lugar. Mikheil "Misha" Saakashvili, o jovial e poliglota novo presidente da Geórgia, foi o garoto-propaganda das revoluções coloridas – adorado em Washington e detestado em Moscou.

Para Saakashvili, o apoio dos Estados Unidos foi crucial para manter a independência que a Geórgia reconquistou de Moscou em 1991. Almoçando em um ensolarado terraço de hotel em Tbilisi em abril daquele ano ele me contou: "Toda a história da Geórgia é de reis georgianos escrevendo para reis ocidentais pedindo ajuda ou compreensão. E algumas vezes sem chegar a receber uma única resposta."[371] Parecia que Bush era um tipo diferente de rei ocidental. Algumas semanas antes, o presidente americano tentara sem sucesso convencer a Otan a incluir a Geórgia no caminho da afiliação à aliança militar ocidental. "Bush realmente lutou por nós naquele encontro da Otan", Saakashvili recorda. "Quando entrei na sala parecia que ele tinha acabado de chegar de O.K. Corral* – ruborizado, muito cansado, exausto."[372]

Apesar do revés na Otan, o presidente da Geórgia ainda estava entusiasmado. Depois do almoço, ele me convidou para um voo de 45 minutos de helicóptero a uma base militar no meio das montanhas, onde ele inspecionou alguns comandos que acabaram de se formar de um treinamento intensivo de um ano conduzido por Israel. Houve continências, hinos e discursos. A mensagem era que a Geórgia constituía um membro forte e orgulhoso do clube das democracias ocidentais.

Quatro meses mais tarde, muitos daqueles soldados quase com certeza estavam mortos. Um longo período de brigas e provocações mútuas entre a Geórgia e a Rússia chegou ao fim quando tanques russos entraram na Geórgia e ameaçaram ir até Tbilisi. Os soldados georginos estavam na linha de frente, combatendo uma força militar muito mais poderosa, com muitas baixas.

A guerra na Geórgia irrompeu no dia 8 de agosto de 2008 – no mesmo dia da abertura das Olimpíadas com uma cerimônia impressionante em Pequim. Os canais de notícias do Ocidente passavam de um evento ao outro. Foi um estranho lembrete de outra experiência em que as telas de televisão se dividiram quase 20 anos antes – quando o massacre da Praça da Paz Celestial em Pequim e as primeiras eleições livres polonesas ocorreram no mesmo dia, 4 de junho de 1989.

Contudo, a mensagem dos dois dias foi muito diferente. Em 1989, o mundo testemunhava o desmoronamento do controle russo sobre a Europa Central e um regime chinês agarrando-se ao poder por meio de um recurso desesperado à violência. Uma geração mais tarde, o Partido Comunista chinês – agora bastante enraizado no controle – utilizava as Olimpíadas para proclamar o poder e a confiança de uma nação ressurgente. A Rússia, que desistira de enviar tropas à Polônia em 1989, mais uma vez usava a força militar para intimidar um vizinho.

---

*Nota da Tradutora: Referência a um tiroteio ocorrido em 1881, no Arizona, considerado o tiroteio mais famoso da história do Velho Oeste americano.

O governo de Saakashvili sobreviveu à guerra de agosto de 2008 – mas as esperanças da Geórgia de se unir à Otan foram colocadas indefinidamente em suspenso e o mundo foi colocado de sobreaviso de que uma Rússia rica e furiosa estava decidida a reafirmar uma "esfera de influência" em sua vizinhança imediata. As implicações para as democracias frágeis da Geórgia, Ucrânia e até mesmo dos Estados Bálticos não eram animadoras.

As revoluções coloridas representaram o limite máximo do ressurgimento democrático global que se iniciou na Europa Ocidental em meados dos anos 1970 com a queda dos regimes autoritários na Espanha, Portugal e Grécia. Logo após as revoluções coloridas, a onda democrática começou a recuar. No início de 2009, o respeitado relatório intitulado "Freedom in the World" – liberdade no mundo – e publicado pela Freedom House, observou que "2008 marcou o terceiro ano consecutivo no qual a liberdade global sofreu uma queda. O revés foi mais acentuado na África Subsaariana e na ex-União Soviética não báltica, apesar de ter afetado a maioria das outras regiões do mundo."[373] Judith Windsor, diretora executiva da Freedom House, observou que no novo cenário "Os adversários da democracia estão cada vez mais decididos e seus defensores estão em desordem."[374]

Conversando com autoridades do governo em Moscou ou Pequim nos anos que se seguiram às revoluções, pude ver com clareza essa nova determinação. Alguns meses antes de visitar a Geórgia, reuni-me com Dmitry Peskov, porta-voz de Vladimir Putin, em seu escritório no Kremlin. Apesar de Putin ter o hábito de perturbar os visitantes com observações incisivas e sorrisos irônicos, Peskov tinha uma personalidade muito mais acolhedora. Ele falava um inglês fluente com sotaque americano e a desordem em sua mesa sugeria um homem completamente à vontade com o Ocidente: um novo iPhone da Apple, um convite para o clube de cinema do Kremlin, que exibia "A primeira noite de um homem". Ele também exibia um senso de humor ligeiramente negro. A proteção de tela em seu computador era uma série de citações de *1984*, de George Orwell – "O Grande Irmão está te vigiando", "guerra é paz", "liberdade é escravidão". Chegava a ser engraçado até você lembrar que Stalin administrara o gulag soviético daquele mesmo prédio.

No entanto, apesar de toda a afabilidade, a mensagem de Peskov era dura e nacionalista. O Ocidente se aproveitara de um período de fraqueza russa nos anos 1990 expandindo a Otan até as fronteiras da Rússia em violação de acordos anteriores.[375] A Rússia agora estava mais rica e mais estável. Ela não seria mais intimidada. Em uma questão após a outra – Kosovo, Geórgia, defesa contra mísseis, Irã, a investigação do assassinato em Londres do dissidente russo Alexander Litvinenko –, a Rússia pretendia se defender. O chefe de Peskov, Vladimir Putin, conseguia ser ainda mais brusco. Em um discurso à nação pela televisão, ele reclamou que, nos anos 1990, "Nós nos mostramos fracos, e os fracos são espancados."[376] Sustentada pelo alto preço do petróleo, a economia russa prosperou no governo de Putin. Depois de quase entrar em falência em 1998, a Rússia acumulou a terceira maior reserva estrangeira do mundo até 2008; o PIB *per capita* mais do que quadruplicou no mesmo período, chegando a quase $9 mil. O imposto de renda foi estabelecido em uma taxa fixa de 13%.[377]

A mesma mistura de orgulho e oposição, cooperação e confronto podia ser vista em Pequim. Os diplomatas mais conciliatórios do ministério das Relações Exteriores da China gostavam de falar a língua da globalização, com referências à coexistência pacífica e dependência mútua. Mas, por vezes, tinha-se um vislumbre de algo muito mais pungente. Visitando o ministério da Defesa chinês com um grupo de americanos e europeus em janeiro de 2007, nos defrontamos com um grupo de generais que nos disseram sem meias palavras que "A independência de Taiwan poderia implicar a guerra." A China não seria intimidada por ameaças de intervenção americana.

O novo estado de espírito dos russos e dos chineses não dizia respeito apenas a uma política externa mais vigorosa. As elites oficiais em Moscou e Pequim também estavam mais confiantes em sua recusa do liberalismo ocidental. Na melhor das hipóteses, eles pareciam achar que os discursos ocidentais sobre direitos humanos e liberdade política eram ingênuos e arrogantes. Na pior das hipóteses, o Ocidente era deliberadamente acusado de tentar desgastar a estabilidade da Rússia e da China ao semear o caos. Nenhum dos dois países rejeita abertamente a democracia. Na verdade, Peskov insiste que a Rússia é um país democrático, apesar de ter problemas como qualquer outra democracia. Hu Jintao, o presidente chinês, disse que a democracia é a aspiração de toda a humanidade. Mas, mesmo assim, os dois países enfatizam os direitos do grupo em vez do indivíduo e a importância da ordem como um pré-requisito para o desenvolvimento.

Talvez não seja surpresa se a retórica da Rússia de Putin soar como o tipo de coisa que se ouve em Pequim – porque os russos recorreram à China em busca de lições depois de quase entrar em colapso econômico em 1998. Apesar de todas as semelhanças, a Rússia é ao mesmo tempo um lugar mais livre e flexível do que a China. O país tem eleições multipartidárias, apesar de serem meticulosamente administradas – e os intelectuais russos podem dizer coisas sobre o governo que seriam inaceitáveis na China. As autoridades russas asseguram que esses dissidentes modernos nunca tenham espaço no horário nobre da televisão. Tanto a Rússia quanto a China apresentam uma notável ambivalência em relação a seus passados totalitários. Houve tentativas de reabilitar Stalin nos livros de história russos e a moeda chinesa ainda exibe o retrato de Mao, mas o autoritarismo moderno dos dois países ainda está muito longe do terror das eras soviética e maoísta. Em circunstâncias normais, na Rússia e na China modernas, só as pessoas que contestam diretamente o Estado devem temer a repressão. Enquanto isso, as classes médias apolíticas são mantidas felizes com a promessa de padrões de vida gradativamente melhores.

A falta de pressão pela democracia por parte da classe média na Rússia e na China desafia os pressupostos ocidentais da Era do Otimismo. O argumento padrão era que o liberalismo econômico inevitavelmente levaria ao liberalismo político. A classe média, que se acostumara à liberdade e à escolha em sua vida pessoal, mais cedo ou mais tarde exigiria liberdade de escolha também na política. Como disse Nicholas Kristo, do *The New York Times*: "Nenhuma classe média se contenta com mais opções de café do que de candidatos nas eleições."[378] Mas, até agora, este não parece ser o caso. Em países com memórias recentes de horrores como a Revolução Cultural e, de forma menos traumática, porém mais recentemente, as enormes perdas de empregos e o colapso cambial da Rússia nos anos 1990, a promessa de um governo capaz de manter a ordem e promover a prosperidade deve ser bastante satisfatória. As classes médias chinesa e russa também devem estar cientes que são muito menos numerosas em relação a seus compatriotas mais pobres, que devem atacar os privilégios das classes médias em um sistema mais verdadeiramente democrático.

Finalmente – e de maneira preocupante para o Ocidente – os governos tanto da Rússia quanto da China encontraram uma fonte alternativa de legitimidade além das eleições livres: o nacionalismo. Pesquisas de opinião sugerem que a guerra na Geórgia em 2008 foi muito popular entre o público russo. O nacionalismo chinês também é facilmente estimulado – seja em demonstrações populares ou em explosões de comentários violentos e nacionalistas na internet. Recentes exibições de fúria patriótica foram provocadas pelo ressentimento chinês em relação aos protestos pró-tibetanos no Ocidente em 2008 e pelas visitas de líderes japoneses ao templo Yasukuni em Tóquio, dedicado aos mortos japoneses na guerra. Em certas ocasiões, a liderança chinesa chegou a parecer perplexa diante da força do nacionalismo entre a população em geral, mas havia poucas dúvidas de que a promoção de um sentimento de orgulho e força nacional tem suas utilidades para as elites dominantes em Moscou e Pequim.

A rejeição cada vez mais confiante por parte da Rússia e da China dos valores políticos ocidentais é acompanhada de uma perda de segurança nos Estados Unidos em relação a todo o projeto de exportação da democracia – refletindo as duras lições aprendidas no Iraque e no Afeganistão. No auge de sua presunção, as autoridades da administração Bush pareciam acreditar que a simples derrota de Saddam Hussein e do Talibã seriam suficientes. A "liberdade" era uma condição natural que se estabeleceria assim que as tropas americanas derrubassem as estátuas dos ditadores e fossem "recebidas com flores" por uma população liberada. As lições aprendidas na Europa Central, onde a democracia florescera com relativa facilidade após 1989, foram transferidas sem muita ponderação a sociedades muito mais pobres e mais traumatizadas. Mas a onda democrática começou a recuar quando quebrou contra as rochas de alguns dos países mais falidos do mundo.

Após a queda do Afeganistão e do Iraque, os políticos ocidentais estão mais inclinados a aceitar críticas de sociólogos e cientistas políticos que há muito argumentam ser muito difícil estabelecer uma democracia duradoura em um país muito pobre. Já em 1959, Seymour Martin Lipset, um famoso sociólogo, observou que "quanto mais próspera a nação, maiores são as chances de sustentar a democracia".[379] Acadêmicos contemporâneos sustentam essa visão. Fernando Limongi e Adam Przeworski calcularam que as democracias muito raramente fracassam em países com um PIB *per capita* superior a $6 mil.[380] Mas governos democráticos raramente sobrevivem por muito tempo em países com um PIB *per capita* de menos de $1.500. O governo chinês tem se mostrado ansioso para contribuir com esse debate. Quando as eleições quenianas do fim de 2007 provocaram violentos confrontos entre grupos étnicos rivais, o *Diário do Povo* da China comentou: "A democracia no estilo ocidental não se adapta às condições africanas, e traz consigo as sementes do desastre."[381]

A ideia de um limiar de $6 mil antes de a democracia se tornar sustentável deveria, em alguns aspectos, ser reconfortante para aqueles que continuam a acreditar no inevitável avanço da democracia. Apesar de toda a prosperidade visível em suas principais cidades, a renda média na China ainda está abaixo desse nível. À medida que o país enriquece, ele pode se democratizar, como os liberais ocidentais há tanto tempo têm esperado e previsto. O problema é que o limiar de $6 mil é apenas um indicador – não um valor confiável. A Índia conseguiu sustentar eleições livres, uma imprensa ativa e um sistema judiciário independente com um PIB *per capita* de menos de $1.500. Mas o PIB *per capita* da Rússia superou os $8 mil até 2008 – e o país ficou significativamente mais autoritário nos últimos anos.

Nos Estados Unidos, o evangelismo democrático dos anos da administração Bush deu lugar a uma postura muito mais cautelosa. A administração Obama deixou bastante claro que estava determinada a "apertar o 'botão reinicializar'" nas relações com a Rússia – minimizando discordâncias em relação à Geórgia, à defesa contra mísseis, à expansão da Otan e à democracia e buscando áreas de entrosamento entre os dois países. A secretária de Estado Hillary Clinton também evidenciou uma postura cautelosa em sua primeira visita a Pequim, deliberadamente evitando questões referentes a direitos políticos e civis.[382]

Com os Estados Unidos ainda cambaleando devido à Grande Recessão e exauridos pelas Guerras do Iraque e do Afeganistão – e com os governos chinês e russo muito mais confiantes – agora é possível que as forças da autocracia entrem em posição ofensiva por todo o mundo de uma maneira que não era vista há pelo menos 30 anos. Ainda há muita desconfiança mútua entre a Rússia e a China. Os russos temem que a poderosa economia e a enorme população da China possam em última instância impor uma ameaça ao controle russo sobre a Sibéria, pouco povoada e rica em recursos. Mas os dois países têm em comum uma visão de mundo baseada em uma insistência absoluta na importância da soberania nacional. Em 2005, a China e a Rússia encenaram exercícios militares em conjunto pela primeira vez desde 1969, sob os auspícios da Organização para Cooperação de Xangai – um organismo regional que reúne a Rússia, a China e quatro países da Ásia Central, totalmente comprometido com o princípio do respeito absoluto à soberania nacional. Robert Kagan, o intelectual neoconservador americano, revela uma imagem desoladora do potencial poder de um eixo sino-russo. Como ele observou em 2008, antes de o crash econômico ter deixado as perspectivas do Ocidente ainda mais sombrias, "Duas das maiores nações do mundo, reunindo mais de um bilhão e meio de pessoas e a segunda e terceira maiores forças militares, agora têm governos comprometidos com o governo autocrático e podem ser capazes de se sustentar no poder no futuro próximo."³⁸³

Um eixo de autoritarismo agora também tem poderosos postos avançados no resto do mundo. O Irã se tornou o foco da resistência a uma ordem mundial liderada pelos Estados Unidos no Oriente Médio. A Venezuela exerce o mesmo papel na América Latina. Os dois países tiveram eleições, mas são fundamentalmente autoritários. A fachada da democracia iraniana sofreu danos irreparáveis com a manipulação das eleições em junho de 2008 e a subsequente repressão dos protestos populares. O governo venezuelano de Hugo Chávez venceu várias eleições. Mas também tem se mostrado cada vez mais ousado no assédio à oposição, assumindo o controle dos tribunais, das Forças Armadas e de todos os órgãos regulamentadores independentes, além de lançar investigações criminais contra políticos da oposição e suprimir a oposição na mídia.

Mesmo assim, tanto o Irã quanto a Venezuela poderiam protestar com alguma razão que existem outros regimes autoritários no mundo que estão longe de atrair tanta crítica ocidental. (A Arábia Saudita é um exemplo claro.) Para a ordem internacional, contudo, a importância do Irã e da Venezuela é sua disposição de se tornarem pontos focais de oposição regional aos Estados Unidos e à visão de mundo liberal associada ao avanço da globalização.

O governo iraniano passou a patrocinar milícias islamistas radicais, como o Hezbollah no Líbano e o Hamas na Palestina. Sua influência é palpável no Iraque e ele é temido em todo o resto da Região do Golfo e do Oriente Médio. As tentativas do Irã de avançar com seu programa nuclear, diante das ameaças da América e de seus aliados, também se tornaram um símbolo de resistência à ordem global liderada pelos Estados Unidos.

Após a onda de democratização e de reformas pró-livre mercado que varreu a América Latina nos anos 1980, os últimos anos têm visto uma revitalização de sentimentos antiamericanos esquerdistas pelo continente, com a Venezuela de Hugo Chávez no centro desse movimento ideológico. Existe um grupo de países que Moisés Naím, um ex-ministro venezuelano, chamou de "o Eixo de Hugo". O centro desse eixo é formado pela Venezuela, Bolívia, Equador e Nicarágua. A relativa juventude de Chávez, sua exuberante retórica antiamericana e o dinheiro proveniente do petróleo lhe permitiram substituir a Cuba de Fidel Castro como o rosto internacional do extremismo latino-americano.

Os erros de Chávez ao lidar com a economia venezuelana e a queda do preço do petróleo têm ameaçado a estabilidade de seu país e governo. Mas, apesar de todas as vulnerabilidades internas, o "Eixo de Hugo" tem desenvolvido uma importância internacional bem como regional. No encontro de Copenhague para discutir as mudanças climáticas, as denúncias mais estrondosas contra o acordo que os anfitriões dinamarqueses tentavam firmar vieram de radicais latino-americanos que alegavam que o acordo institucionalizava uma ordem global injusta. No final, eles podem ter sido os maiores responsáveis pelo fracasso das negociações. Como relatou o *Financial Times*, "Quatro países – a Venezuela, a Bolívia, Cuba e a Nicarágua – foram implacavelmente contra o acordo, o que significou que ele não pôde ser formalmente adotado como uma decisão do encontro das Nações Unidas."[384]

Chávez tem demonstrado repetidamente ter ambições internacionais que vão muito além de sua própria nação. Ele tem sido ruidoso e ameaçador em suas denúncias dos vínculos militares colombianos com os Estados Unidos. A Venezuela também conseguiu um lugar de destaque em um eixo global informal de países autoritários. O Irã e a Venezuela assinaram cerca de 300 acordos de cooperação cobrindo de tudo, incluindo energia, agricultura, manufatura e mineração. Em novembro de 2009, o presidente Ahmadi-Nejad, do Irã, concluiu um tour pela América Latina com sua quarta visita à Venezuela, onde foi calorosamente abraçado pelo Presidente Chávez, que elogiou o líder iraniano por ser um "gladiador na luta contra o imperialismo". Nos Estados Unidos, alguns observadores da Venezuela se preocupam com a possibilidade de Chávez ajudar os iranianos a esquivar-se de sanções das Nações Unidas – e até mesmo de uma cooperação nuclear entre as duas nações.[385]

Preocupados com a ideia de uma crescente cooperação entre as potências autoritárias do mundo, alguns americanos exigem vínculos muito mais profundos e formais entre as democracias do mundo. John McCain, o candidato presidencial republicano em 2008, exigiu a formação de uma aliança global de democracias, refletindo a mentalidade de Robert Kagan, um de seus principais conselheiros em questões de política externa. Kagan, por sua vez, escreveu: "Em um mundo cada vez mais dividido entre linhas democráticas e autocráticas, os democratas do mundo deverão se unir."[386] Ele propôs a formação de uma "liga de democracias"[387] que, se necessário, poderia contornar as Nações Unidas, bloqueadas e divididas, visando proporcionar uma fonte alternativa de legitimidade para intervenções internacionais.

Era possível encontrar, entre os conselheiros de Barack Obama, pessoas que simpatizavam com a ideia de criar algo parecido com uma "liga de democracias".[388]

Em grande parte, isso ocorria porque a noção de uma "liga de democracias" soava como um convite a uma nova Guerra Fria – e se opunha à ênfase do novo presidente na necessidade de "envolvimento" com governos como o Irã e a China.

Entretanto, também havia um problema mais amplo. Se a administração Obama inspecionasse a lista de problemas políticos globais que definia sua política externa, ficava claro que eles demandavam uma autêntica cooperação global. Mas muito poucas questões políticas e econômicas colocavam diretamente as democracias contra as não democracias.

No que se refere às mudanças climáticas, a Índia democrática e a China autoritária formaram uma aliança informal e as duas maiores nações em desenvolvimento do mundo buscavam, com isso, resistir a restrições a suas emissões de gases de efeito estufa e insistir na responsabilidade primária das nações ricas do Ocidente. Quando o presidente tentou encenar uma reunião de último minuto no encontro de Copenhague com os indianos, ele foi informado que o primeiro-ministro Indiano já tinha ido para casa – só para descobrir que Manmohan Singh, na verdade, estava se reunindo furtivamente com o primeiro-ministro da China, Wen Jiabao.[389]

Em se tratando da proliferação nuclear, a necessidade de impor sanções das Nações Unidas ao Irã significava que o governo americano sentia ser crucial cultivar a cooperação com os russos e os chineses. No que se refere à segurança da energia, não há como contornar o fato de que os maiores fornecedores de petróleo da América são Estados autoritários, incluindo a Venezuela. Os desequilíbrios econômicos globais não poderiam ser confrontados de maneira cooperativa sem uma estreita coordenação com a China. Uma das maiores divisões sobre a administração econômica ocorria entre países que estavam acumulando grandes superávits em conta corrente e outros que acumulavam grandes déficits – mas esse critério também não dividia o mundo em democracias e autocracias. Depois da China, os dois membros mais significativos do "eixo do superávit" eram o Japão e a Alemanha. Em se tratando da guerra ao terror, a Rússia e a China estão, no mínimo, ainda mais insistentes em relação à necessidade de uma atitude implacável com a militância islamista – e tolerarão métodos para fazer os Estados Unidos se sentirem nitidamente escrupulosos. No que se refere à estabilização do Afeganistão e do Iraque, a cooperação tácita do vizinho Irã em última instância será crucial.

Portanto, dividir o mundo em autocracias e democracias não era uma forma útil de descobrir as "soluções globais para problemas globais" que o presidente

Obama insistia ser a meta. E havia um problema adicional. Após a Grande Recessão, um senso de fraqueza americana e renovada força chinesa significava que até mesmo países que a América esperaria considerar aliados democráticos confiáveis começaram a soar deploravelmente neutros em suas atitudes diante das discussões entre os Estados Unidos e o eixo do autoritarismo.

O presidente Lula, do Brasil, firmou um lucrativo acordo de petróleo com a China em 2009, parabenizou o presidente Ahmedinejad, do Irã, por sua "vitória" eleitoral em junho daquele ano e o recebeu calorosamente no Brasil alguns meses depois. Lula também se posicionou como um intermediário neutro entre os Estados Unidos e a Venezuela de Chávez – na verdade, em certas ocasiões, ele parecia endossar o governo de Chávez.[390]

A África do Sul pós-apartheid se provou uma decepção ainda maior à opinião liberal no Ocidente. Quando os sul-africanos foram aceitos como membro não permanente no Conselho de Segurança das Nações Unidas em 2006, eles com frequência bloquearam resoluções apoiadas pelo Ocidente relativas aos direitos humanos:[391] o Zimbábue, o Irã e o Uzbequistão foram países protegidos pela África do Sul nas Nações Unidas. Questionadas sobre sua política externa, autoridades sul-africanas argumentaram que as restrições ocidentais referentes aos direitos humanos eram hipócritas quando a ordem mundo tendia tão substancialmente aos interesses dos Estados Unidos e de seus aliados.

A Turquia é outro exemplo de uma grande nação democrática em uma região estrategicamente crucial do mundo que está assumindo uma atitude cada vez mais distante em relação aos Estados Unidos e à União Europeia. Durante a Guerra Fria, a Turquia foi um membro vital da aliança ocidental. Quando o presidente Bush declarou uma guerra global ao terror, a Turquia voltou a ser vista como uma participante crucial – dessa vez como um modelo de país muçulmano secular e democrático. Contudo, a recusa da Turquia de cooperar com a invasão do Iraque em 2003 sinalizou que o país não era um aliado tão fiel quanto os Estados Unidos esperavam. Desde a Guerra do Iraque, pesquisas de opinião na Turquia regularmente demonstram níveis muito altos de sentimento antiamericano. Frustrados com o lento progresso das ambições do país de participar da União Europeia, o partido turco AKP, moderadamente islamista, parece estar cada vez mais reorientando a política externa do país na direção do Oriente Médio e da Ásia e distanciando-a do Ocidente.

Esse padrão desencorajador para os Estados Unidos e o Ocidente já estava bem estabelecido no final da administração Bush. Muitos americanos esperavam que a eleição de Barack Obama ajudaria o país a reconquistar parte de seus velhos amigos. Mas, apesar de a hostilidade em relação aos Estados Unidos, de acordo com as pesquisas de opinião, ter sido acentuadamente reduzida ao redor do mundo após ele ser eleito, não se viam muitas evidências de um movimento por parte das democracias do mundo desenvolvido na direção de posicionamentos mais pró-americanos no que se refere aos grandes problemas globais. Na América Latina, no Oriente Médio e na África, participantes estratégicos cruciais como o Brasil, a Turquia e a África do Sul continuaram a seguir uma política equidistante entre o Ocidente e as potências autoritárias do mundo.

Por que isso está acontecendo? A resposta mais ampla parece ser que as identidades brasileira, sul-africana e turca como democracias são equilibradas – ou até superadas – por suas identidades como nações em desenvolvimento que não fazem parte do mundo branco e cristão. Todos esses três países têm partidos governantes que se veem como defensores da justiça social internamente e de uma ordem global mais igualitária no exterior. Para dizer de outra forma, os Estados Unidos podem não ter percebido plenamente o quanto o mundo em desenvolvimento ressente a dominância americana na ordem global. Agora que a dominância está sendo questionada pela China, um país que ainda se qualifica como parte do mundo em desenvolvimento, outras nações em ascensão têm tantas chances de se identificarem com a China quanto com os Estados Unidos. Nas discussões sobre as mudanças climáticas nas Nações Unidas, a China se posicionou cuidadosamente como a líder do G77, o maior grupo de nações em desenvolvimento nas Nações Unidas.

Tudo isso é importante porque, mesmo se as potências autoritárias nem sempre coordenarem suas ações e algumas vezes discordarem, eles têm em comum uma abordagem característica em relação ao mundo que contrasta acentuadamente com as atitudes liberais que vinham avançando gradativamente durante a Era do Otimismo. Talvez as duas características mais importantes compartilhadas por esse eixo informal autoritário sejam a desconfiança inata em relação ao poder americano e uma insistência na importância da soberania nacional na condução de questões internacionais. Dessa forma, a atitude de grandes democracias no mundo em desenvolvimento, como o Brasil, a Turquia, e a África do Sul, é muito importante. Em votos nas Nações Unidas e na diplomacia internacional em geral, esses são os Estados "indecisos". Se eles escolherem se colocar ao lado dos autoritários, a visão de mundo autoritária ganha terreno.

Um mundo onde as potências autoritárias detêm consideravelmente mais influência parece ser bastante diferente do período de 1991 a 2008, quando a ordem mundial se baseava informalmente em dois pilares centrais – o poder americano e a globalização. Uma ordem mundial mais autoritária dificultará em muito a intervenção dos Estados Unidos e seus aliados no exterior – para repreender inimigos percebidos, como o Irã, ou combater atrocidades em massa em locais como Kosovo ou o Sudão. Pelo contrário, provavelmente haveria um recuo deliberado contra a influência americana ao redor do mundo – mais especificamente, contra a influência militar americana na Ásia Oriental, no Golfo e na América Latina. Países como a Colômbia, na América Latina, e Bahrein, no Golfo – que abrigam as tropas militares americanas – serão incentivados a pensar duas vezes.

Também é provável haver uma tentativa de confrontar os símbolos do poder econômico americano. O Irã e a Venezuela mencionaram muitas vezes a possibilidade de mudar a forma como o preço do petróleo é definido, de modo que isso deixe de ser feito automaticamente em dólares. Essa seria uma importante manobra simbólica, apesar de seu efeito prático ser questionável. A China também tem falado com cada vez mais urgência sobre a necessidade de encontrar uma moeda de reserva global alternativa ao dólar. Qualquer ação como essa provavelmente exigiria muitos anos de trabalho. Mas a crescente importância da China como um mercado, um cliente e uma fonte de reservas já está aumentando sua influência global. A disposição do governo de Pequim de oferecer ajuda a nações africanas sem impor as condições políticas insistentemente ditadas pelas nações ocidentais fez da China um aliado preferido para uma série de governos africanos, como o Zimbábue, o Sudão e a Angola. Quase todos os maiores fundos soberanos, que mobilizam o capital de nações para investimento no exterior, são controlados por países não democráticos – a única exceção é o fundo norueguês. Em consequência, uma América que já está em dificuldades com os encargos militar e financeiro da liderança global se verá cada vez mais afundada na política global, de maneiras que se tornaram desconhecidas no decorrer da última geração.

Esse eixo informal de autoritários, contudo, ainda não está em posição de organizar um desafio coerente ou coordenado à ordem global da Era do Otimismo liderada pelos americanos. Em particular, existe uma distinção crucial entre a força da China e a relativa fraqueza de outros membros de um suposto eixo de autoritarismo. A China atualmente é a segunda maior economia do mundo e desenvolveu sua riqueza fundamentada nas amplas bases de uma revolução manufatureira. Existem questões legítimas sobre a estabilidade política e econômica da China que serão discutidas no capítulo final deste livro. Mas os outros principais membros do eixo – a Rússia, o Irã e a Venezuela – são muito mais obviamente frágeis. A teocracia iraniana vem cambaleando diante de protestos públicos incitados pela reeleição manipulada do presidente Ahmedinejad em junho de 2009. Todas as três nações são economias do petróleo e muito vulneráveis a uma queda no preço do petróleo. A Rússia também tem sérios problemas com a saúde pública e as taxas de fertilidade que significam que sua população está atualmente diminuindo em uma velocidade alarmante – cerca de 700 mil pessoas ao ano.

As potências autoritárias não têm como oferecer uma alternativa completa à ordem da Era do Otimismo dominada pelos Estados Unidos por duas principais razões. Em primeiro lugar, uma incapacidade de proteger globalmente o poder; em segundo lugar, a falta de uma visão alternativa convincente de como o mundo deveria ser governado.

De maneiras diferentes, todas as quatro principais potências autoritárias se baseiam no comércio internacional, de forma que estão comprometidas com a globalização. No que se refere à política internacional, os autoritários continuarão a combater tudo o que se parecer como uma infração ameaçadora à soberania nacional – como as intervenções militares ocidentais, mesmo com justificativas humanitárias; ou tentativas de impor sanções a países que abusam da própria população, como o Sudão e o Zimbábue. Mas as atitudes dos autoritários em relação aos grandes problemas políticos globais, como Estados falidos, mudanças climáticas ou proliferação nuclear, essencialmente se baseiam na oposição à tendência da América de querer "mandar nos outros". Não existe uma visão sino-russa alternativa de como lidar com esses problemas – além de insistir na importância da soberania nacional e sugerir que os Estados Unidos estão exagerando ou têm segundas intenções perigosas.

Na Era do Otimismo, os Estados Unidos muitas vezes conseguiam que as coisas fossem feitas de acordo com a própria visão do que deveria ser feito – mesmo se os russos, os chineses, os iranianos e os venezuelanos objetassem. Esse foi o caso em Kosovo e no Iraque. Mas, na Era da Ansiedade, provavelmente haverá muito mais restrições financeiras e políticas ao ativismo americano ao redor do planeta. O policial do mundo não voltará para casa. Mas provavelmente passará muito mais tempo no posto policial, cuidando da papelada – e muito menos tempo patrulhando as ruas.

Uma América menos ativista teria importantes implicações para a ordem internacional. Durante a Era do Otimismo, a ordem mundial foi definida pelo poder americano e pela globalização. O mundo bipolar da Guerra Fria foi substituído por um sistema mundial único, organizado ao redor da expansão do capitalismo internacional e da força americana. As zonas mundiais de prosperidade e ordem pareciam estar se expandindo e as zonas de anarquia pareciam estar diminuindo.

As mudanças econômicas que começaram a reverter a globalização viriam a desgastar um dos pilares da ordem global. Um recuo americano em resposta à fraqueza econômica e a questionamentos de potências autoritárias desgastariam o outro.

Os militares americanos continuam sendo a única força com alcance global. Se a América passar a desconfiar muito mais dos embaraços estrangeiros após o Iraque, o Afeganistão e a Grande Recessão, não haverá força global coordenada preparada para ocupar o espaço vazio. Cada uma das potências autoritárias provavelmente irá se tornar mais vigorosa no próprio território. A China continuará a desenvolver suas Forças Armadas e pode aumentar a pressão sobre Taiwan. A Venezuela continuará usando seu dinheiro do petróleo para construir o "Eixo de Hugo" e pode entrar em confronto com a Colômbia. O Irã continuará a buscar armas nucleares e patrocinar representantes regionais. A Rússia pode voltar a golpear a Geórgia. O cenário não é bom, mas também não se trata de um desafio coordenado à ordem global liderada pelos Estados Unidos nos últimos 20 anos. É mais como uma doença que se espalha, corroendo a estrutura da ordem mundial. O resultado será um mundo menos próspero, menos previsível e mais violento – um mundo fragmentado.

CAPÍTULO 22

Mundo fragmentado
O mundo como o Paquistão

V isitar Peshawar em 2007 era ver uma cidade equilibrada entre o mundo globalizado e a anarquia. Suas lojas tinham em estoque grandes marcas internacionais, a cidade tinha cybercafés e casas com antenas parabólicas. Havia hotéis ocidentalizados com business centers e cafés abertos 24 horas por dia. Mas o gerente de hotel do Pearl Continental estava quase em desespero. Após um enorme número de ataques suicidas, muito poucos hóspedes passavam pela cidade.[392]

As poucas mulheres na rua andavam cobertas com véus, e o consulado americano era uma fortaleza armada e cercada de arame farpado, pontos de controle e muros de concreto fortificados.

Peshawar fica a apenas três horas de carro da capital do Paquistão, Islamabad, mas está ao lado de áreas tribais sem lei ao longo da fronteira com o Afeganistão. Meu companheiro de viagem na cidade, Phillip Gordon, da Brookings Institution,[393] concordara em dar uma palestra sobre política externa americana na University of Peshawar – uma decisão ousada considerando que a cidade algumas vezes é chamada de "a cidade natal da al-Qaeda".[394] Enquanto Phil assumiu seu lugar ao pódio, eu me posicionei cuidadosamente nos fundos da sala, o mais perto possível da porta, e ouvi. O estado de espírito dos alunos era de raiva e temor. O orador foi criticado em relação às desigualdades e incoerências da política americana, mas havia algumas alunas no público que optaram por não usar o hijab e jovens que optaram por não usar barba, uma marca de devoção islamista. Esses estudantes eram críticos em relação ao Ocidente, mas apavorados em relação ao Talibã. "Eu sou de Peshawar", disse um jovem, "mas sou uma pessoa secular e em pouco tempo não será mais seguro para mim morar aqui".

Quando retornei ao Paquistão, 18 meses mais tarde, me recomendaram vivamente que eu não voltasse a Peshawar, que passara a ser alvo de vários ataques suicidas por mês. Durante 2008, enquanto Barack Obama se aproximava da presidência americana, as forças do islamismo violento ganhavam terreno tanto no Paquistão quanto no Afeganistão. Benazir Bhutto, o político mais carismático do Paquistão, foi assassinado, e o Marriott, o principal hotel de Islamabad, foi destruído por terroristas. Em 2009, o Vale do Swat, uma área turística a apenas duas horas da capital, caiu sob controle do Talibã paquistanês — ele só foi reconquistado após um longo e sangrento ataque por parte do Exército do Paquistão. Logo depois de tomar posse, Obama passou quatro horas recebendo informações dedicadas exclusivamente ao Paquistão. Ele saiu da sessão abalado e convencido de que o Paquistão era o problema internacional mais perigoso diante dos Estados Unidos.[395]

Foram preocupações sobre a estabilidade do Paquistão – uma nação com armas nucleares e 180 milhões de pessoas – bem como preocupações sobre o próprio Afeganistão que convenceram Obama a enviar mais de 50 mil soldados americanos adicionais para combater o Talibã no Afeganistão.[396] No entanto, mesmo quando ele anunciava a segunda e maior parte da onda americana, em um discurso em West Point em dezembro de 2009, Obama indicou que haveria limites aos custos com os quais os Estados Unidos arcariam. Ele explicou: "Após uma crise econômica, muitos dos nossos amigos e vizinhos estão desempregados e com dificuldade de pagar as contas e muitos americanos estão preocupados com o futuro de nossos filhos. Enquanto isso, a concorrência na economia global está mais acirrada. Então não podemos nos dar ao luxo de ignorar o preço dessas guerras... A nossa prosperidade proporciona uma base para o nosso poder. Ela paga pela nossa força militar... É por isso que o envolvimento das nossas tropas no Afeganistão não pode ser ilimitado."[397]

Ao visitar algumas das forças americanas recém-chegadas ao Afeganistão no início de 2009, certamente não tive a impressão de uma guerra sendo combatida a baixo custo. Os militares americanos estavam claramente mais bem equipados do que seus aliados da Otan. Enquanto os britânicos reclamavam de falta de helicópteros, não faltava poder aéreo aos americanos. O coronel David Haight, da 10ª Divisão de Montanha, cujas tropas tinham acabado de instalar-se na província de Logar, cerca de 65km ao sul de Cabul, me disse que todos os afegãos queriam uma "Equipe de Reconstrução Provincial" liderada por americanos porque os Estados Unidos tinham muito mais dinheiro para gastar do que os europeus. "Receber uma Equipe de Reconstrução Provincial liderada pelos Estados Unidos era como ganhar na loteria", ele gracejou. No entanto, essa impressão de recursos americanos ilimitados era uma ilusão. Com o enorme déficit orçamentário dos Estados Unidos, a Guerra do Afeganistão estava sendo paga com um cartão de crédito chinês. Em 2008, a China comprou aproximadamente $300 bilhões de Letras do Tesouro americano, enquanto o orçamento anual do Pentágono era de pouco mais de $600 bilhões.

A referência de Obama a recursos limitados era um reconhecimento das crescentes restrições financeiras ao poder global americano. Uma estimativa cautelosa é que, até 2011, a América terá gastado $2 trilhões nas Guerras do Afeganistão e do Iraque.[398] Mas a decisão de Obama de perseverar no Afeganistão também era um reflexo da importância de lutar pela segurança americana. Isso porque uma das consequências da globalização é não existir nenhum lugar tão remoto que os países ricos possam se dar ao luxo de não dar atenção.

Em muitos aspectos, o Afeganistão é quase tão remoto quanto seria possível no mundo moderno. O coronel Haight, na província de Logar, sentia falta da modernidade e sofisticação de sua base anterior – o Iraque. Ele falava com saudades dos altos níveis de alfabetização e mão de obra qualificada em Bagdá. Cerca de 80% da população em Logar era analfabeta; não havia fornecimento confiável de eletricidade; não havia estradas asfaltadas além daquelas que os próprios americanos construíram. "É bíblico lá fora", disse o coronel, gesticulando na direção do campo empoeirado. No entanto, até o Afeganistão tem acesso ao mundo moderno. Como o Ocidente descobriu após 11 de Setembro, jovens podiam viajar facilmente entre campos de treinamento terroristas no Afeganistão e no Paquistão e as principais cidades do Ocidente. Desembarcando no Afeganistão em 2009, me espantei ao ver quatro voos programados por dia entre Dubai e Cabul, bem como vários outros voos diários para Bagdá e Peshawar.

A decisão de Obama de expandir a guerra no Afeganistão ainda pode conseguir estabilizar o país. Mas a perspectiva para a próxima década é que, globalmente, a zona de anarquia internacional e perigo chamada coletivamente de "Estados falidos" provavelmente se expandirá.

Há duas principais razões para isso. A primeira é que – após o Iraque e o Afeganistão e com os gastos do governo fora de controle – o apetite americano por mais envolvimentos militares estrangeiros sangrentos e dispendiosos será acentuadamente reduzido. É verdade que a intervenção militar americana no exterior por vezes ajudou a provocar a falência de Estados em vez de remediá-la – Camboja nos anos 1970 é um exemplo claro, e o Iraque pode repetir esse triste padrão. No entanto, alguns dos estudos mais rigorosos de Estados falidos concluíram que intervenções militares estrangeiras são muitas vezes críticas para mudar a situação. Paul Collier é um professor barbudo e esquerdista de Oxford – não um neoconservador –, mas concluiu que, para salvar Estados falidos, "a intervenção militar, quando adequadamente restrita, exerce um papel essencial, proporcionando tanto segurança quanto prestação de contas do governo aos cidadãos, fatores que são essenciais para o desenvolvimento".[399]

A América tem recursos militares incomparáveis e, no entanto, o país claramente suspeita de outros envolvimentos no exterior. Pesquisas de opinião divulgadas na mesma semana em que Obama anunciou o envio de mais tropas ao Afeganistão mostrou que o sentimento isolacionista nos Estados Unidos atingiu o nível mais alto em quase meio século. Um levantamento conduzido pelo Pew revelou que o número de americanos que concordam com a afirmação de que "Os Estados Unidos deveriam se preocupar com a própria vida e deixar os outros se preocuparem com a deles" subiu para 49%, em relação a 30% em 2002, constituindo a mais alta proporção registrada desde que a pergunta foi feita pela primeira vez em 1964.[400]

Não temos um substituto pronto para os Estados Unidos como o policial global. A União Europeia não tem os recursos nem a disposição. Os russos e os chineses reagirão furiosamente a ameaças à segurança dentro de suas fronteiras e farão demonstrações de força na vizinhança imediata – mas não estão dispostos a se envolver em missões de policiamento militar no exterior. É possível que um papel expandido de manutenção da paz das Nações Unidas possa preencher parte do vazio, como aconteceu nos anos 1990. Mas com o Conselho de Segurança das Nações Unidas muitas vezes em impasse e com a maioria das nações contribuintes cada vez mais cientes dos custos da mobilização militar, é improvável que as Nações Unidas serão capazes de acompanhar a demanda por intervenções militares. E algumas tarefas estão além da capacidade das Nações Unidas. Em 2009, a República Democrática do Congo foi o palco da maior operação de paz das Nações Unidas jamais empreendida – mas o país continua a regredir. O déficit nas operações de paz significa que, ao longo da próxima década, mais partes do mundo têm chances de se unir à lista de Estados falidos e entrar em decadência e desespero.

Uma segunda razão pela qual o número de Estados falidos provavelmente aumentará é que o rápido crescimento econômico global que precedeu o crash de 2008 tem poucas chances de ser retomado por alguns anos. A perspectiva de que a globalização ofereceria empregos e oportunidade a alguns dos povos mais pobres do mundo foi a melhor esperança de combater as causas fundamentais da falência dos países. Existe uma estreita ligação entre pobreza e guerra em Estados falidos. Basicamente, quanto mais pobre um país é, mais chances ele tem de degenerar em guerra civil.

Talvez o aspecto mais desanimador da luta para recuperar o Afeganistão seja que o "sucesso" implicaria fazer o país se parecer mais com seu vizinho Paquistão: mais rico, com um governo central mais forte, um exército capaz de lutar sem ajuda externa e uma sociedade civil e setor privado atuantes. No entanto, na maioria dos aspectos, o Paquistão se vê em uma situação bastante desesperada e perigosa. O governo está se aproximando da falência; partes do país ficam sem energia elétrica por até oito horas ao dia; todas as maiores cidades foram vítimas de grandes ataques terroristas; e as áreas rurais e tribais permanecem em grande parte além do controle do governo central e constituem o principal refúgio global da al-Qaeda.

O perigo para o mundo após a Grande Recessão é que mais regiões do mundo começarão a se parecer com o Paquistão. Elaborar listas de Estados falidos potenciais está quase se transformando em uma verdadeira indústria acadêmica. A Brookings Institution elabora seu próprio índice de Estados fracos, que inclui 141 países.[401]

Prever exatamente onde o raio pode cair é uma ciência imprecisa. Alguns países que parecem irremediáveis podem continuar avançando, mesmo que de forma instável, durante décadas, mais ou menos sob controle – Bangladesh talvez se encaixe nessa categoria. Outros que foram aclamados como exemplos de desenvolvimento de sucesso, como o Quênia e a Costa do Marfim, podem se deteriorar de forma súbita e alarmante. A "falência do Estado" é, de qualquer forma, um termo muito abrangente que pode cobrir muitos problemas diferentes.

Para entender os perigos potenciais, vale a pena analisar três países em mais detalhes: a Somália, o México e o Egito. As situações desses países não são as mesmas – os mexicanos se sentiriam justificadamente ultrajados com uma comparação direta entre sua nação e a Somália. (O México está no 123º lugar na lista de Estados fracos da Brookings Institution, enquanto a Somália ocupa o primeiro lugar, seguida do Afeganistão.) Contudo, de modos diferentes, cada país é ameaçado por desordem política ou social que ameaça o controle do governo central de formas que põem em risco o sistema internacional.

Soldados estrangeiros foram engolidos pela Somália em várias ocasiões nos últimos anos. Os americanos recuaram após um sangrento envolvimento nos primeiros anos da administração Clinton. Mais recentemente, a Etiópia invadiu o país com incentivo americano em 2006 – e recuou. O país está em estado de quase anarquia, com grande parte sob o controle de uma milícia islamista ligada à al-Qaeda e com frotas de piratas perturbando o importante canal do Golfo de Áden, que liga o Oriente Médio à Ásia. A anarquia da Somália ameaça contaminar a estabilidade de nações vizinhas pró-ocidentais, como o Quênia e a Etiópia. Os somalis também migraram ao redor do mundo como refugiados. Considera-se que cerca de 0,5% da população de Londres é de origem somali – e vários dos suspeitos de um ataque terrorista fracassado na capital britânica em 2005 eram somalis. Mesmo assim, o Ocidente ainda é forçado a recuar. Os Estados Unidos esporadicamente atacam militantes islamistas com mísseis, de uma distância segura, e chegou a enviar forças especiais para a Somália para perseguir e matar militantes específicos.[402] Mas ações como essas têm poucas chances de estabilizar o país. E ninguém no Ocidente está disposto a se envolver em mais uma guerra sangrenta e inconclusiva em uma das partes mais selvagens e pobres do mundo.

As preocupações relativas ao Egito e ao Norte da África se referem mais ao futuro do que ao presente. O Egito é considerado um aliado próximo dos Estados Unidos e uma força de moderação no Oriente Médio, de forma que seu governo autocrático não apenas é tolerado, mas substancialmente financiado pela América. Mas o que acontecerá quando o presidente Mubarak, agora com mais de 80 anos, se for, considerando as claras pressões políticas e sociais que fazem do país uma panela de pressão? A população está crescendo rapidamente e o desemprego dos jovens e a inflação são altos. O islamismo político, nos moldes da Irmandade Islâmica, está ganhando força, apesar da repressão por parte do Estado. Não é difícil imaginar que, depois de Mubarak, a autocracia egípcia será varrida por uma revolução de influência islamista.⁴⁰³ As pressões visíveis no Egito são replicadas por todo o Norte da África: líderes autoritários idosos, populações jovens e em crescimento, economias que não estão crescendo com velocidade suficiente para proporcionar esperança e oportunidade. Enquanto isso, do outro lado do Mediterrâneo, uma União Europeia em processo de envelhecimento, rica e em grande parte cristã precisa de mão de obra estrangeira – mas teme e ressente o impacto social da imigração muçulmana vinda do outro lado do mar.

O México arrisca se transformar na versão norte-americana do Norte da África. O país é uma democracia, tem uma economia de mercado que funciona e nenhum equivalente ideológico do extremismo islamista. Mas a economia mexicana não está conseguindo proporcionar empregos suficientes para as pessoas, o que leva a emigração em massa aos Estados Unidos.

O México também está preso em uma violenta guerra contra os narcotraficantes que tem preocupantes implicações de segurança para seu vizinho ao norte. Em 2008, um estudo realizado pelo Pentágono desgostou os mexicanos ao comparar o país com o Paquistão como um Estado que corre o risco de um "rápido e súbito colapso". Michael Hayden, diretor da CIA do presidente George W. Bush, afirmou que o México poderia se tornar "mais problemático do que o Iraque".⁴⁰⁴ Isso pode soar como uma hipérbole. Na verdade, o nível de mortes de civis no México superou o do Iraque ou do Afeganistão em 2009. Cerca de 2.500 civis foram mortos nos combates no Afeganistão naquele ano, ao passo que mais de 6.500 mexicanos morreram nas guerras contra o narcotráfico no país. Houve mais de 15 mil assassinatos relacionados ao narcotráfico nos três anos após o presidente Felipe Calderón tomar posse em dezembro de 2006 – e gangues mexicanas do narcotráfico atualmente operam em todas as principais cidades americanas.⁴⁰⁵

Os dados brutos sugerem que o México de fato merece ser colocado junto com os Estados falidos, ao lado do Afeganistão. Mas, na verdade, se você visitar os dois países dentro de um período de dois meses – como eu fiz em 2009 a 2010 –, fica claro que as estatísticas podem ser enganosas. O Afeganistão é um dos países mais pobres do mundo e a segurança é tão precária em Cabul que é difícil ver algum ocidental se aventurando sozinho nas ruas. A Cidade do México é uma grande, agitada e relativamente próspera cidade – repleta de estrangeiros que transitam livremente, pelo menos durante o dia. O nível de violência no México é terrível, mas a maioria dos assassinatos ocorre entre gangues do narcotráfico e atos aleatórios de terrorismo são quase desconhecidos.

Então será que faz sentido descrever o país como um Estado falido potencial? Infelizmente sim, em termos que enfatizam os perigos que o México impõe aos Estados Unidos. A razão pela qual o presidente Calderón implementou sua "guerra às drogas" é que ele percebeu que partes da sua nação estão fora do controle de seu governo e, em vez disso, na verdade estão sendo controladas por gangues criminosas organizadas. Em consequência, o México está diante de uma escolha profundamente desagradável. O país pode continuar a confrontar as gangues do narcotráfico e arriscar anos de violenta anarquia. Ou pode chegar a um acordo tácito com os cartéis que teria enormes implicações para o Estado mexicano – e para o resto do mundo. As gangues mexicanas atualmente são tão ricas e poderosas que têm dinheiro suficiente para subverter governos tão distantes quanto na África Ocidental.[406]

O fato de o México estar preso nessa perigosa situação é um exemplo da não concretização das esperanças fundamentadas em globalização. A efetivação do Alcoa em 1994 foi um dos atos característicos da Era do Otimismo, ligando as economias e os destinos do México, Estados Unidos e Canadá – países que estavam em estágios muito diferentes de desenvolvimento. Em certos aspectos, o México progrediu desde então. Ele se afiliou à Organização para a Cooperação e Desenvolvimento Econômico, um abastado country club, e é membro do G20. Houve um surto de crescimento da manufatura na fronteira mexicana com os Estados Unidos. No entanto, até a recessão, cerca de meio milhão de mexicanos ao ano cruzavam a fronteira para a América em busca de trabalho. Os efeitos políticos da abertura do México também são ambíguos. A chegada da democracia ao país durante a Era do Otimismo aumentou a legitimidade do governo. Mas, ao abalar o antigo Estado unipartidário e hierárquico, isso também pode ter enfraquecido a capacidade de o governo central controlar o território mexicano. As gangues de narcotraficantes se expandiram para preencher a lacuna.

A ameaça não é de colapso do Estado do México. O Banco Central não está prestes a ser invadido por gangues de narcotraficantes portando Kalashnikovs. Mas o ponto no qual o México verdadeiramente se assemelha aos Estados falidos é a presença de partes do país que a lei não alcança – ou que a lei pode ser repelida pela violência organizada. Em um mundo fragmentado, áreas sem lei e zonas de anarquia como essas provavelmente aumentarão, proporcionando mais áreas nas quais terroristas e criminosos organizados podem operar.

Se os países ricos forem incapazes de controlar as ameaças provenientes de Estados falidos por meio da intervenção no exterior, a pressão crescerá para que isso seja feito de outra forma – fechando fronteiras e assumindo uma postura linha-dura com a imigração. Essa tendência já pode ser vista tanto nos Estados Unidos quanto na União Europeia. A expansão foi a grande realização da União Europeia na década após 1995. Mas o alto nível de desemprego e o temor da imigração muçulmana têm em grande parte convencido a Europa a suspender a expansão. A perspectiva de a Turquia realizar sua antiga ambição de entrar na União Europeia parece estar a cada ano mais distante, à medida que políticos europeus recuam diante das implicações de acrescentar uma nação muçulmana de cerca de 70 milhões de pessoas à UE.

A irritação contra a imigração ilegal continua crescendo nos Estados Unidos, que alguns acreditam abrigar atualmente mais de 12 milhões de imigrantes ilegais. Essa irritação se reflete na popularidade das campanhas contra os imigrantes de Lou Dobbs, ex-apresentador de televisão, e de livros como *State of Emergency: The Third World Invasion and Conquest of America*, de Pat Buchanan. De forma mais prática, o medo da migração ilegal levou a tentativas de construir uma cerca ao longo da fronteira com o México.

Esse distanciamento europeu e americano em relação aos vizinhos mais pobres reflete um recuo mais geral de ideias que organizaram o mundo durante a Era do Otimismo. Depois de um longo período em que todas as principais potências do mundo sentiam que se beneficiavam do sistema internacional, a concorrência e a rivalidade está voltando à política internacional.

CAPÍTULO 23

O MUNDO SOMA-ZERO

No decorrer da Era do Otimismo, parecia que o mundo adotaria o estilo americano. A União Soviética caiu. O desafio japonês perdeu a força. A China adotou o capitalismo. A Índia se abriu ao investimento e ao comércio internacional. A democracia e os livres mercados se espalharam pelo planeta. A tecnologia americana refez o mundo. Os Estados Unidos usufruíram de um longo surto de prosperidade econômica. O mundo pós-Guerra Fria era, nas palavras de Tom Friedman, o cronista da globalização para o *New York Times*, "uma excelente época para ser americano".[407]

A disseminação de ideias americanas era tão potente que para muitas pessoas as noções de "americanização" e "globalização" de alguma forma se fundiam. Marcas americanas como McDonald', Apple, Microsoft e Nike se tornaram os símbolos do capitalismo global. A Starbucks chegou a abrir uma loja dentro da Cidade Proibida de Pequim, apesar de a loja acabar sendo fechada após um retrocesso nacionalista na China.

Até os comentaristas americanos que perceberam que o rápido crescimento econômico na Ásia deveria implicar uma relativa transferência de poder dos Estados Unidos para o Oriente tendiam a argumentar que a divulgação de ideias ocidentais mais do que compensaria esse fato. Fareed Zakaria, em seu influente livro *The Post-American World*, tranquilizou seus leitores, dizendo: "A mudança de poder... será beneficial para a América, se abordada do modo certo. O mundo está adotando o estilo americano. Países estão ficando mais abertos, mais favoráveis ao mercado e democráticos."[408] Mas, após a Grande Recessão, o mundo pós-americano passou a parecer um lugar menos reconfortante. Uma economia em retrocesso e uma China em ascensão mudaram a forma como os Estados Unidos pensam sobre o mundo.

Nessas novas circunstâncias, é muito mais difícil para os americanos acreditar que a globalização está levando a um mundo ganha-ganha. E não são apenas as atitudes americanas à globalização que estão mudando. A União Europeia – sujeita a muitas das mesmas pressões econômicas – também está se voltando para dentro. A expansão da UE, que foi o projeto europeu característico da Era do Otimismo, foi interrompida. Os líderes europeus falam cada vez mais no desejo de "proteger" suas populações dos duros problemas do mundo externo.[409]

Atitudes mais protecionistas e defensivas no Ocidente por sua vez incitarão uma reação na Ásia e grande parte do mundo em desenvolvimento. Potências emergentes como a China, a Índia, o Brasil e a África do Sul confirmarão suas suspeitas de que os Estados Unidos e a Europa não estão prontos para aceitar a ascensão de potências não ocidentais. Isso, por sua vez, criará novas tensões e rivalidades internacionais.

Ao longo da próxima década, veremos três principais fontes de mentalidade soma-zero no sistema internacional. A primeira é um crescimento econômico mais lento. A segunda é a crescente rivalidade entre os Estados Unidos e as potências em ascensão – em particular, a China. A terceira serão os interesses nacionais discordantes, à medida que o mundo procura soluções para os grandes problemas globais: mudanças climáticas, desequilíbrios econômicos globais, proliferação nuclear, escassez de recursos e Estados falidos.

As pressões econômicas criadas pela Grande Recessão irão se concretizar de várias maneiras. A pressão pelo protecionismo está em alta, particularmente nos Estados Unidos e na Europa. Há um risco de radicalização e polarização de políticas domésticas ao redor do mundo que pode levar à ascensão de forças nacionalistas e xenofóbicas. Finalmente, existe um temor crescente de que a Grande Recessão seja mais do que uma grave retração econômica cíclica. Se o movimento ambiental estiver certo, o mundo pode precisar repensar toda a sua atitude referente ao crescimento econômico. A escassez de recursos naturais, o aquecimento global e uma população crescente seriam fatores que alimentariam a competição entre as nações.

Os ambientalistas mais soturnos argumentam que, no longo prazo, o aquecimento global provocará secas, fome e guerras, à medida que a humanidade luta por reservas cada vez menores de alimento e terra habitável.[410] Uma alternativa a essa visão hobbesiana de "guerra contra isso tudo" é que a humanidade pode ter sucesso em refrear as emissões de carbono. Mas isso só seria um caminho alternativo para o mesmo fim – uma luta internacional por uma "torta" de tamanho fixo ou cada vez menor de bem-estar econômico. Um colega no *Financial Times*, Martin Wolf, escreveu com eloquência sobre esse último argumento e os perigos de uma "economia mundial soma-zero". Wolf argumenta que "a principal questão nos debates sobre as mudanças climáticas e o abastecimento de energia é que eles trazem de volta a questão dos limites... Porque, se houver limites para as emissões, também haverá limites para o crescimento. Mas, se houver limites para o crescimento, os fundamentos políticos do nosso mundo cairão por terra. Intensos conflitos distribucionais devem então ressurgir – na verdade, eles já estão surgindo – dentro de países e entre eles".[411]

Como os políticos do mundo todo tendem a priorizar a sobrevivência política de curto prazo à sobrevivência planetária de longo prazo, parece improvável que as principais potências do mundo sacrificarão o elixir do crescimento no altar do ambientalismo. Com efeito, essa parece ser a lição do fracasso do encontro de Copenhague sobre o clima. Em vez disso, haverá uma tentativa de retornar ao crescimento econômico habitual – combinada com tentativas inadequadas de restringir as emissões de gases de efeito estufa. Esse fracasso de lidar com o aquecimento global, por sua vez, se transformará em uma grande e contínua fonte de tensão internacional. Essa tensão provavelmente se combinará com relativa rapidez com reclamações mais tradicionais sobre concorrência econômica estrangeira.

O público americano há muito tem assumido uma postura mais cética do que a elite política do país em relação aos benefícios do livre-comércio e do livre fluxo de capital. Uma pesquisa de opinião conduzida após a queda do Lehman Brothers perguntou se os acordos do livre-comércio são bons para os Estados Unidos: 43% do público concordou, em comparação com 88% de membros do Council on Foreign Relations (CFR), que reúne membros da elite acadêmica e política. Em uma linha similar, 85% do público acreditava que proteger os empregos americanos deveria ser uma alta prioridade da política externa americana – mas apenas 21% dos membros do CFR concordaram.[412]

Após o crash de 2008, contudo, até autoridades do alto escalão dos Estados Unidos e importantes economistas começaram a questionar abertamente o relacionamento econômico da América com a China – o relacionamento comercial mais importante do mundo. Timothy Geithner, o primeiro secretário do Tesouro de Obama, provocou uma briga diplomática ao sugerir em suas audiências congressionais de confirmação que a China "está manipulando sua moeda".[413]

A violenta reação chinesa garantiu que Geithner passasse a evitar esse tipo de linguagem em público. Mas há muitos comentaristas influentes dispostos a argumentar por ele. O argumento era essencialmente que a China acumulara excedentes comerciais com a América deliberadamente contendo o valor da moeda chinesa – e recusando-se a permitir que ela flutuasse livremente nos mercados cambiais do mundo. Os chineses então reciclaram seus excedentes em dólar nos Estados Unidos comprando ativos americanos. Isso empurrou as taxas de juros americanas para baixo e alimentou o *boom* do crédito que estourou em 2008. Enquanto isso, trabalhadores americanos e europeus perderam os empregos porque os preços dos produtos chineses eram mantidos artificialmente baixos pela manipulação cambial.

A China furiosamente rejeitou essa linha argumentativa. Desesperados para manter o crescimento após uma queda da demanda nos meses que se seguiram à queda do Lehman Brothers, a última coisa que os chineses queriam era elevar o custo de suas exportações permitindo uma valorização de sua moeda. Mas a resistência chinesa foi mais do que uma reação automática a uma emergência. Muitos legisladores chineses acreditam que o milagre econômico japonês efetivamente chegou ao fim quando, durante os anos 1980, o governo de Tóquio sucumbiu a uma pressão americana para permitir a valorização do iene em relação ao dólar, prejudicando permanentemente a competitividade da indústria japonesa.[414]

Assim que ficou claro que os chineses não reagiriam à Grande Recessão, permitindo a valorização de sua moeda, as demandas de protecionismo se tornaram mais populares nos Estados Unidos. Em setembro de 2009, o presidente Obama impôs tarifas punitivas sobre pneus chineses, provocando gritos furiosos da China. Mas as tarifas sobre os pneus podem ser apenas amostra do que está por vir. Vozes cada vez mais poderosas nos Estados Unidos e na Europa consideram a China um país essencialmente protecionista. Paul Krugman, ganhador do Prêmio Nobel de Economia, escreveu no fim de 2009:

"Em épocas normais, eu estaria entre os primeiros a rejeitar alegações de que a China está roubando os empregos alheios, mas neste exato momento essa é a simples verdade... Políticas 'redução do vizinho a mendigo' executadas por grandes participantes não podem ser toleradas. Alguma coisa deve ser feita em relação à moeda chinesa".[415] Alguns meses mais tarde Krugman foi mais específico. Ele argumentou que os altos índices de desemprego na América significavam que "as regras de sempre não se aplicam" e que "as vítimas do mercantilismo têm pouco a perder em um confronto comercial". Em uma previsão que se aproximou muito de uma recomendação ao governo americano, o ganhador do Prêmio Nobel argumentou que, se os chineses não adaptassem suas políticas, "o protecionismo extremamente brando do qual eles estão reclamando agora será o início de algo muito maior".[416]

A maioria dos economistas de corrente predominante ainda adotava um tom "mais de melancolia do que de raiva" ao falar sobre a possibilidade do protecionismo comercial ocidental para combater o "mercantilismo cambial" da China. Mas alguns estavam preparados a romper os tabus e defender abertamente as tarifas. Robert Aliber, da Chicago University, o bastião tradicional da economia do mercado livre, foi um deles. Ele argumentou que "os americanos foram pacientes – pacientes demais – ao aceitar a perda de vários milhões de empregos americanos na manufatura devido à obstinação chinesa em executar políticas mercantilistas irrefletidas". Sua solução proposta era simples e brutal – "uma tarifa uniforme de 10% para todas as importações chinesas".[417]

É provável que a China tente contornar parte dessas pressões permitindo uma modesta valorização de sua moeda. Mas concessões por parte do governo em Pequim podem ser insuficientes para deter uma reação antiChina nos Estados Unidos, abastecida pelo alto nível de desemprego e um sentimento cada vez mais intenso de rivalidade geopolítica.

A reação contra os japoneses nos Estados Unidos nos anos 1980 foi, em última instância, restrita pelo fato de o Japão ser um aliado da América e da democracia. Essas restrições não se aplicam à China. Em vez disso, o fato de a China ainda não ter conseguido concretizar as previsões liberais se transformando em uma democracia à medida que enriquece também tem alimentado o argumento de que os trabalhadores americanos foram convencidos das virtudes do livre-comércio com base em falsos argumentos. James Mann, que foi correspondente em Pequim para o *Los Angeles Times*, reclama que "A política americana em relação à China desde 1989 tem sido vendida ao povo americano com base em uma fraude... Por toda a América, fábricas fecharam e milhões de americanos ficaram desempregados em consequência da nossa decisão de manter nossos mercados abertos aos produtos chineses. Enquanto isso, o povo americano tem sido repetidamente informado de que... o livre comércio levará à liberalização política".[418]

Durante os últimos 30 anos, o protecionismo só perdeu para o comunismo como a ideia econômica menos aceita do mundo. Nenhum participante respeitável no Fórum Econômico Mundial, em Davos, admitiria ser protecionista. Era uma ideia que ia totalmente contra o espírito da época – e também parecia se opor aos acontecimentos históricos. As tarifas do Smoot–Hawley Act nos anos 1930 ainda são lembradas na América como o momento decisivo que ajudou a criar a Grande Depressão fechando os mercados americanos e colocando o comércio mundial em uma espiral descendente. Quando, em 1993, o então vice-presidente Al Gore participou de um debate na televisão com Ross Perot sobre as virtudes de uma Área Norte-Americana de Livre Comércio, ele chegou a apresentar a seu adversário uma fotografia dos senhores Smoot e Hawley. Foi uma impertinência bastante eficaz e algumas pessoas sentiram, a partir daquele ponto, que o debate se transformou.

Recuperar uma ideia desacreditada como o protecionismo é politicamente difícil – mas não impossível. O alto índice de desemprego nos Estados Unidos e o temor de uma China em ascensão ajudam a criar as condições fundamentais. Mas o argumento conclusivo pode ser proporcionado pelas mudanças climáticas. Independentemente dos detalhes dos acordos interinos firmados, as tensões entre a América e a China provavelmente persistirão. A lacuna é grande demais entre o posicionamento chinês de que são os países ricos que devem arcar com o fardo de reduzir os gases de efeito estufa e a insistência americana de que a China atualmente é o maior emissor do mundo e deve exercer um papel mais atuante. O preço que o Congresso provavelmente exigirá para elevar o "preço do carbono" nos Estados Unidos – por meio de impostos ou um esquema do tipo "limitar e negociar" – pode muito bem ser a implementação de um "imposto sobre o carbono" aos produtos de países considerados infratores em relação às mudanças climáticas. Dessa forma, o protecionismo pode vir em nova embalagem – em vez de ser uma manobra defensiva e egoísta, ele pode ser apresentado como parte de uma tentativa de "salvar o planeta".

O protecionismo é a forma econômica de nacionalismo. Assim, azedar o relacionamento comercial entre os Estados Unidos e a China não ocorreria em um vácuo político. Isso ao mesmo tempo refletiria e instigaria uma radicalização das políticas internas nas duas nações.

Os Estados Unidos são, em muitos aspectos, psicologicamente despreparados para o fim da hegemonia americana. Economistas e o National Intelligence Council americano podem considerar inevitável o surgimento de um mundo multipolar. Mas, considerando a natureza extremamente polarizada da política americana, haverá muitos americanos que atribuirão qualquer desgaste do poder americano à fraqueza e ao fracasso por parte dos políticos de Washington – e a conspirações nefastas por parte de estrangeiros. A ascensão do movimento Tea Party nos Estados Unidos reflete o ressurgimento de sentimentos radicais contra o governo. Após a crise financeira e a eleição de Barack Obama, o Departamento de Segurança Nacional dos Estados Unidos chegou a alertar em um relatório interno sobre a possibilidade do ressurgimento de um extremismo de extrema direita no país, argumentando que "A retração econômica e a eleição do primeiro presidente afro-americano apresentam motivadores inigualáveis para a radicalização e o recrutamento em instituições de direita."[419]

Mesmo se alertas sobre o ressurgimento do terrorismo interno nos Estados Unidos não se concretizarem, o clima político pode se tornar cada vez mais polarizado – particularmente em um contexto de altos níveis de desemprego prolongados, fracasso em garantir uma vitória clara no Afeganistão e déficits orçamentários federais fora de controle.

Os americanos não detêm o monopólio do nacionalismo. Se a América se aproximar do protecionismo ou conseguir forçar a China a rever sua política cambial de alguma outra forma, a reação nacionalista na China pode ser feroz. Muitos chineses suspeitam há muito tempo que os Estados Unidos querem impedir a ascensão de seu país – e reagem automaticamente a qualquer coisa que pareça confirmar essas suspeitas. O primeiro-ministro Wen Jiabao, normalmente conciliatório, disse acreditar que a América pretende "preservar seu status como a única superpotência do mundo e não permitirá que qualquer país tenha a chance de desafiá-la".[420] Discordâncias sobre questões comerciais e cambiais só reforçam essas suspeitas. Com efeito, Wen denunciou violentamente as pressões sobre a moeda chinesa e o "descarado protecionismo comercial contra a China" como uma deliberada "coação ao desenvolvimento da China".[421]

As demonstrações mais eficazes de nacionalismo chinês nos últimos anos ocorreram nas ruas de Pequim e não nos escritórios do governo. Os enormes protestos de rua provocados pelo bombardeio americano (acidental) da embaixada chinesa em Belgrado em 1999 são um lembrete da profundidade da fúria potencial contra os Estados Unidos que pode facilmente irromper se as relações entre os dois países se deteriorar. Livros nacionalistas também se tornaram best-sellers corriqueiros na China. *Currency Wars*, publicado em 2007, argumentou que a América deliberadamente arquitetou o fim do milagre econômico japonês e a crise financeira asiática – além de argumentar que o sistema financeiro ocidental é controlado pelos Rothschilds.[422] Em 2009, *Unhappy China* chegou ao primeiro lugar da lista de best-sellers. Seus autores argumentaram que, "com a força nacional chinesa crescendo em uma velocidade sem precedentes, a China deveria parar de se humilhar e reconhecer o fato de que já tem poder para liderar o mundo".[423]

Como a China e os Estados Unidos atualmente são as duas maiores economias do mundo e rivais geopolíticos, uma ascensão da política nacionalista nas duas nações abalará o sistema internacional. Mas eles não são os únicos dois países suscetíveis à radicalização política em momentos econômicos difíceis.

A política europeia também ameaça se polarizar em resposta à percepção de ameaças vindas do mundo externo. A Europa respondia por 25% da população mundial em 1900, mas esse número atualmente caiu para apenas 11% – e pode cair para 6% até 2060. Enquanto a população nativa da Europa está caindo, o mundo árabe ao lado está passando por uma explosão populacional. Entre 1980 e 2010 a população da região dobrou, de 180 milhões de pessoas para 360 milhões.[424] Mas o desemprego de jovens no mundo árabe é de pelo menos 20%. A solução óbvia tem sido para jovens árabes (e africanos) se mudarem para os países mais ricos da União Europeia – legalmente ou não. Mas os altos níveis de imigração muçulmana provocaram uma violenta reação na Europa, que provavelmente só se intensificará ainda mais à medida que o crescimento desacelera e os índices de desemprego aumentam. Partidos anti-imigração realizaram grandes progressos em vários países europeus, incluindo a França, a Áustria, a Itália, a Suíça, a Dinamarca – e, de modo mais espetacular, na outrora notoriamente liberal Holanda.

Os líderes da União Europeia reagiram ao temor da população retratando o mundo externo cada vez mais em termos ameaçadores – protestando contra produtos baratos asiáticos e imigrantes ilegais. Tanto o presidente Nicolas Sarkozy, da França, quanto a chanceler Angela Merkel, da Alemanha, exigiram uma "Europa que protege". Uma União Europeia que teve seu tamanho mais do que dobrado entre 1995 e 2004 agora está muito cautelosa no que se refere a uma maior expansão.

Contudo, apesar de os europeus poderem olhar com ansiedade para o mundo externo, a verdadeira ameaça ao enaltecido "modelo europeu" pode ser interna. Como os Estados Unidos, a UE já estava diante de um hercúleo desafio tributário à medida que os baby boomers envelheciam e se aposentavam. Mas esse problema se intensificou acentuadamente pelas consequências fiscais do crash de 2008. O oeste conseguiu evitar com sucesso uma Grande Depressão às custas de quase dobrar a dívida pública. Foi como uma família que reagiu ao desemprego endividando-se no cartão de crédito. Não é possível viver assim para sempre. E na Europa, como nos Estados Unidos, teme-se um longo período de austeridade e crescimento mais lento, à medida que os governos lutam para controlar os gastos.

Na verdade, pode ser muito pior que um período de austeridade. Os governos que não conseguirem refrear os gastos podem perder a segurança dos mercados e serem forçados a cortes caóticos que provocarão tumultos políticos e sociais. Nos anos que precederam o crash, a Grécia precisou cortar substancialmente os gastos públicos de formas que provocaram a agitação social. A Hungria e a Letônia precisaram pedir empréstimos ao Fundo Monetário Internacional e também passaram por lancinantes períodos de austeridade interna. Os índices de desemprego chegaram a aproximadamente 20% na Espanha – e, mesmo assim, o governo foi forçado a reduzir salários em uma tentativa de equilibrar as contas.

A Europa agora tem duas vezes mais motivos para preocupar-se. Em primeiro lugar, um grave crash econômico em um membro da União Europeia terá um efeito contagiante que ameaçará o mercado único europeu, a estabilidade da moeda única – e até mesmo a sobrevivência da própria UE. O segundo perigo é que uma das maiores nações da UE – a Itália, a Espanha ou até a Grã-Bretanha – seja forçada a seguir o caminho irlandês e grego de cortes brutais dos gastos públicos. Uma grave instabilidade política ou social em um dos seis grandes países da UE (França, Alemanha, Itália, Reino Unido, Polônia e Espanha) teria ramificações por todo o mundo. Isso sem dúvida prejudicaria enormemente a UE e dificultaria as tentativas já quixotescas da Europa de promover a governança global no modelo europeu.

Tanto os Estados Unidos quanto a União Europeia têm cada vez mais chances de ver o mundo externo como uma fonte de ameaças em vez de oportunidades. Isso sugere uma postura mais defensiva ao comércio exterior, à imigração, a Estados vizinhos como o México e o Egito e a potências em ascensão como a China e a Índia. Com o tempo isso ameaçará o próprio sistema da globalização que fundamentou a Era do Otimismo.

Os historiadores observam que houve períodos anteriores de globalização na história do mundo, a maioria dos quais acabou mal. Harold James, da Princeton University, aponta para o período imperial romano, o Renascentismo e o século XIX como períodos em que o comércio internacional se expandiu rapidamente e observa, com implicações assustadoras, que "Todos esses episódios anteriores de globalização chegaram ao fim quase sempre com guerras acompanhadas de crises financeiras de efeito altamente disruptivo e contagiosas".[425] A Primeira Guerra Mundial, como se observa com frequência, irrompeu apesar de um longo período de expansão econômica internacional e o desenvolvimento de profundos vínculos comerciais entre a Grã-Bretanha e a Alemanha. Kevin O'Rourke, da Trinity College, Dublin, escreve que "A globalização pode parecer uma força irresistível... No entanto, a história sugere que a globalização é um fenômeno tanto político quanto tecnológico, que pode ser facilmente revertido".[426] A pesquisa de O'Rourke's sugere que historicamente "o padrão do comércio exterior só pode ser compreendido como sendo o resultado de algum equilíbrio militar ou político entre potências adversárias".[427] Em outras palavras, a globalização em geral – e o surto no comércio sino-americano em particular – só pode ocorrer em um ambiente político internacional benigno. Se o ambiente mudar – e um grande deslocamento de poder entre os Estados Unidos e a China certamente representa uma mudança no ambiente –, a globalização pode sofrer as consequências.

Naturalmente, nem todos os episódios de globalização são iguais. Argumenta-se que a tecnologia moderna criou uma comunidade global que será muito mais difícil de abalar do que nas eras anteriores. Barreiras comerciais protecionistas não têm como destruir a internet.

Mesmo se a tecnologia garantir que a globalização moderna seja diferente das eras anteriores – e muito mais difícil de ser completamente revertida – uma intensificação das tensões entre as principais potências do mundo ainda é muito provável no novo contexto econômico e político criado pela Grande Recessão.

Como na Guerra Fria, a intimidação nuclear deveria assegurar que essas tensões não culminem em uma guerra entre grandes potências. Mas as rivalidades internacionais aumentarão. E o advento de um mundo soma-zero provavelmente impossibilitará encontrar as "soluções globais para problemas globais" defendidas pelo presidente Obama.

Se adequadamente compreendidos, os grandes problemas globais – mudanças climáticas, desequilíbrios econômicos globais, proliferação nuclear, terrorismo, escassez de recursos, pobreza e Estados falidos – estão prontos para soluções do tipo ganha-ganha. Solucionar esses problemas sem dúvida interessa a todas as principais potências do mundo – na verdade, à humanidade como um todo. Mas o fim da Era do Otimismo está reduzindo cada vez mais as chances de essas questões serem solucionadas de forma cooperativa.

Termos como "Estado falido" ou "não proliferação nuclear" podem perder a força devido à constante repetição – o tipo de problemas adequados para um seminário universitário sonolento, mas que não precisava preocupar as pessoas comuns. Esse é um perigoso mal-entendido. Se deixado sem solução, cada um desses grandes problemas globais pode levar a um enorme desastre.

Os perigos mais imediatos são apresentados pela questão nuclear. Com o mundo coletivamente incapaz de convencer o Irã a refrear seu programa nuclear, uma nova guerra no Oriente Médio está se tornando cada vez mais provável. Israel ou os Estados Unidos podem muito bem escolher bombardear as instalações nucleares iranianas em uma tentativa de impedir ou atrasar a produção de bombas iranianas. O Irã quase certamente revidaria contra tropas israelenses ou americanas na região ou o transporte de petróleo no Golfo. Isso criaria um cinturão de conflitos no Oriente Médio – com a América ainda mais envolvida em conflitos nos Estados vizinhos do Iraque, Irã e Afeganistão. A alternativa seria aceitar a possibilidade de uma bomba nuclear iraniana – mais isso pode apenas adiar o perigo do conflito. Um Irã confiante de posse de armas nucleares pode buscar aumentar sua influência na Síria, no Líbano e na Palestina – provocando uma corrida armamentista no Oriente Médio à medida que a Arábia Saudita e o Egito também desenvolvem seu armamento nuclear.

O Irã apresenta o maior desafio nuclear. Mas não é o único. A Coreia do Norte, um Estado já de posse de armas nucleares, está à beira do colapso. E a segurança das armas nucleares do Paquistão permanece sendo uma constante dor de cabeça para o Ocidente, em um Estado ameaçado pelo extremismo islamista.

A questão nuclear inevitavelmente se une a contínuas preocupações relativas ao terrorismo e Estados falidos. A política externa americana não está mais centrada no terrorismo – como foi o caso nos anos que se seguiram ao 11 de Setembro –, mas o perigo de novos ataques terroristas não desapareceu. Novos esquemas são regularmente descobertos tanto na Europa quanto nos Estados Unidos, enquanto a Índia e a Rússia foram vítimas recentes de grandes ataques. Outro espetacular ataque terrorista nos Estados Unidos ou na Europa poderia mais uma vez causar tumulto na política internacional. E apesar de os serviços de segurança ocidentais sem dúvida terem se tornado mais eficazes nos anos desde 11 de Setembro, os acontecimentos no mundo em desenvolvimento não são favoráveis. O surgimento de mais Estados falidos, tanto a globalização quanto o poder americano em retirada, criará mais áreas sem lei nas quais terroristas e criminosos organizados poderão operar. Uma preocupação específica é o destino do Afeganistão – e, portanto, do Paquistão – após a retirada americana. Uma onda de ataques terroristas na Índia também está aumentando o risco de uma guerra entre o Paquistão e a Índia, dois vizinhos com armas nucleares.

Os perigos das mudanças climáticas já estão mais do que claros. Se o Painel Intergovernamental sobre Mudanças Climáticas das Nações Unidas estiver correto, há um sério risco, nas próximas décadas, de desertificação, cultivos perdidos, enchente de cidades costeiras e migração em massa de pessoas desabrigadas – com guerra e conflitos seguindo o desastre ambiental. Até muitos daqueles que são céticos em relação à ciência endossada pelas Nações Unidas no que se refere às mudanças climáticas admitem a necessidade de ações internacionais para conter a emissão de gases de efeito estufa – no mínimo como uma apólice de seguro contra catástrofes.

O fracasso em lidar com os desequilíbrios econômicos globais, como esboçado, provavelmente levará a uma intensificação do protecionismo. Isso também teria perigosas consequências no mundo real – levando a uma crise econômica mais longa e mais profunda, com mais desemprego, crescimento mais lento e acompanhadas de tensões sociais, políticas e internacionais.

Na era nuclear as chances de uma guerra completa entre grandes potências felizmente foram acentuadamente reduzidas. Mas se as relações sino-americanas se tornarem mais hostis, as chances de conflito devido a um erro de julgamento aumentarão, particularmente à medida que a China se envolve em demonstrações de força militar no Pacífico – um oceano que os Estados Unidos se acostumaram a tratar como um lago americano. As tentativas cada vez mais vigorosas da China de garantir suas reservas de petróleo, energia, alimento e água representam outra fonte potencial de conflito. Niall Ferguson argumenta que, à medida que a China busca reduzir sua perigosa dependência do mercado americano, ela adotará uma estratégia "imperialista", com base em investimentos na África e no cultivo de relações comerciais com a Ásia. Ferguson chega a fazer um preocupante paralelo histórico: "Imagine uma repetição do antagonismo anglo-germânico do início dos anos 1900, com a América no papel da Grã-Bretanha e a China no papel da Alemanha. Isso... expressa bem o fato de que um alto nível de integração econômica não impede necessariamente o crescimento de uma rivalidade estratégica e, em última instância, o conflito".[428]

Os Estados Unidos não são a única grande potência com a qual uma China em ascensão arrisca entrar em confronto. A Índia está inquieta com a crescente influência chinesa sobre seus vizinhos ao lado, o Sri Lanka, a Burma e o Paquistão. Os indianos e os chineses entraram em guerra em 1962 e ainda têm disputas territoriais em aberto que se intensificaram nos últimos anos. Os dois países estão famintos por energia e água, o que aumenta as tensões entre eles. No longo prazo, os russos se preocupam com a possibilidade de a Sibéria, pouco povoada e rica em energia, se torne um alvo de expansionismo chinês.

Os líderes das principais potências do mundo conseguem ver a lógica de lutar por soluções internacionais cooperativas para os problemas políticos, ambientais e econômicos do mundo. Cada declaração do G20 contém promessas de novos acordos internacionais. No entanto, enquanto eles tentam encontrar soluções do tipo ganha-ganha para os grandes problemas globais, os líderes do mundo estão cada vez mais presos em uma lógica soma-zero que impede qualquer acordo. Em cada uma das grandes questões globais, um misto de interesses nacionais e discordâncias ideológicas obstrui as chances de um acordo internacional.

No que se refere ao programa nuclear iraniano, os chineses têm grandes interesses comerciais que os fazem relutar em concordar com sanções significativamente mais rigorosas – as medidas "paralisantes" que Hillary Clinton defendeu. O Irã é um grande fornecedor de petróleo para a economia chinesa. Mas também existem questões de princípio em jogo. Os chineses desconfiam da utilização de sanções econômicas internacionais para atingir fins políticos. A própria China sofreu brandas represálias econômicas após o massacre na Praça da Paz Celestial em 1989 e considera as sanções como ferramentas americanas para impor suas preferências políticas a nações soberanas. A Rússia também desconfia da utilização americana das Nações Unidas, após as experiências da guerra no Iraque e Kosovo. Os americanos e europeus argumentam que impedir o programa nuclear iraniano é de interesse global e deveria ser uma preocupação de todas as principais potências do mundo. Os chineses e os russos veem a questão em termos de soma-zero. O resultado é que a tentativa internacional de refrear o Irã por meio de sanções é insignificante demais para atingir seus objetivos.

A mesma mistura de interesses econômicos com princípios autênticos muitas vezes impede tentativas de intervir em Estados falidos ou pressionar regimes opressivos. A China tem interesses no suprimento de energia tanto em Burma quanto no Sudão. Mas também apresenta uma objeção ideológica às tentativas ocidentais de pressionar governos soberanos, independentemente de quão desagradáveis eles possam ser. (Mais uma vez, a Praça da Paz Celestial.)

As tentativas de estabilizar a economia mundial refletem a mesma ascensão da lógica soma-zero. Logo após a crise financeira, as principais potências do mundo perceberam que ou salvavam o barco juntas ou afundariam todas com ele. Isso levou à formação do G20, onde tentativas genuínas foram feitas para o avanço da cooperação internacional no interesse de todas as nações. Mas quando o G20 se aproxima das questões mais difíceis, a lógica soma-zero predomina. Temendo ser pressionada para reavaliar sua moeda, a China conseguiu impedir todas as discussões sérias sobre "desequilíbrios econômicos globais".

Os interesses e ideologias nacionais também transformam potencial situação ganha-ganha em relação às mudanças climáticas em um jogo soma-zero. Em princípio, todas as nações têm um interesse comum prioritário em impedir o aquecimento global. Mas, na verdade, todos os governos tratam as mudanças climáticas como um argumento para dividir com os outros os encargos econômicos – uma situação perde-perde. Os políticos muitas vezes falam em tom esperançoso sobre os potenciais ganhos econômicos do "crescimento verde" – todos aqueles empregos criados para adaptar casas e fabricar carros híbridos. Mas a verdade é que reduzir as emissões de gases de efeito estufa trará consigo um pesado custo econômico, pelo menos no curto prazo. Dessa forma, os governos nacionais fazem de tudo para repassar o custo a outras nações – e vivem com medo de serem atacados por assumir ingenuamente uma parcela grande demais do fardo. Como o *The Wall Street Journal* observou durante a malfadada conferência sobre o clima em Copenhague: "O debate entre os Estados

Unidos e a China reflete o confronto mais amplo dos dois países por poder econômico nas décadas que se seguirão."[429]

Essa batalha pragmática por vantagem econômica é então revestida por uma batalha de princípios. O debate entre países ricos e pobres – e entre a América e a China – se transforma rapidamente em um debate sobre a moralidade da ordem econômica internacional. As nações em desenvolvimento argumentam que a maior parte do dióxido de carbono na atmosfera foi colocada lá pelas nações ricas. Tanto os chineses quanto os brasileiros gostam de comparar as nações ocidentais com um homem rico que se empanturrou com uma dispendiosa refeição, convida o vizinho pobre para tomar um café e sugere que eles rachem a conta. Além disso, o Ocidente continua a consumir muito mais energia *per capita* do que o mundo em desenvolvimento. Como os americanos e europeus ousam insistir no direito de consumir energia em níveis muito mais altos do que os asiáticos e africanos? Os americanos respondem que a China enriqueceu alimentando os padrões de consumo ocidentais que agora os chineses denunciam como insustentáveis. Como os chineses, os maiores emissores de gases de efeito estufa do mundo, ousam se recusar a assumir suas responsabilidades para com o planeta? Assim a lógica ganha-ganha que deveria aproximar as nações de uma cooperação internacional para solucionar o aquecimento global é substituída por uma batalha soma-zero que impede qualquer acordo.

No decorrer da Era do Otimismo, todas as principais potências do mundo estavam satisfeitas com o andamento da história. A globalização verdadeiramente parecia ter criado um mundo do tipo ganha-ganha. Mas o crash econômico, a ascensão da China e o enfraquecimento do poder americano e o surgimento de uma série de problemas políticos globais de difícil solução alteraram a lógica das relações internacionais. Um mundo do tipo ganha-ganha foi substituído por um mundo soma-zero.

CAPÍTULO 24

Salvando o mundo

P assei grande parte de minha carreira cobrindo um mundo no qual as coisas estavam melhorando gradualmente. Comecei a trabalhar em Londres durante o surto de prosperidade da era Thatcher, em meados dos anos 1980. Na BBC World Service, acompanhamos a expansão da democracia ao redor do mundo, da América Latina ao Sudeste da Ásia. Visitei Moscou pela primeira vez durante os anos de Gorbachev, quando o longo pesadelo soviético estava chegando ao fim. Eu estava no Madison Square Garden para ver Bill Clinton aceitar a indicação como candidato à presidência pelo Partido Democrático, em 1992, enquanto a multidão dançava ao som de "Don't Stop Thinking About Tomorrow" (não pare de pensar no amanhã). Passei os próximos cinco anos cobrindo os acontecimentos na Ásia, testemunhando o modo como o rápido crescimento econômico transformava a vida das pessoas para o melhor, de Bangcoc a Bangalore. Morando em Bruxelas a partir de 2001, acompanhei a reunificação da Europa, à medida que países como Polônia e República Tcheca se uniam ao grupo de nações livres e prósperas. Estive em Londres quando Tony Blair venceu suas primeiras eleições, em maio de 1997, acompanhado de um hino da campanha que parecia representar com precisão o espírito da época: "Things can only get better" (as coisas só podem melhorar).

Não é assim que nos sentimos agora. Meu amigo Charles Grant, líder de um dos principais catalisadores de ideias da Grã-Bretanha, lembra que, quando ele lançou seu Centre for European Reform, em 1995: "As maiores questões eram se a Grã-Bretanha deveria adotar o euro e com que rapidez a Polônia deveria se unir à União Europeia... A maioria dos problemas que nos preocupam agora – mudanças climáticas, escassez de energia, como lidar com uma Rússia mais assertiva, a ascensão da China e o terrorismo – mal chegava a entrar na pauta na época."[430] Em Washington, meu contemporâneo, Andrew Sullivan, parece se sentir da mesma forma. "É como se fosse o fim dos anos 1970", ele escreveu no final de 2009, "mas sem um Ronald Reagan animado esperando nos bastidores... Nunca vi uma melancolia tão difundida nos 25 anos que vivi aqui".[431]

Para alguns americanos, a Era do Otimismo terminou em 11 de Setembro, mas, na verdade, os fundamentos do mundo ganha-ganha sobreviveram aos ataques em Washington e Nova York. Tanto a globalização quanto a hegemonia global dos Estados Unidos permaneceram intactas. Todas as principais potências do mundo ainda tinham bons motivos para acreditar que estavam se beneficiando do sistema internacional. Isso mudou com o crash de 2008. O sistema econômico mundial agora está criando desacordos e discórdia entre as nações. Novas rivalidades estão surgindo com o declínio do poder americano. As principais potências do mundo estão descobrindo que não têm como solucionar os grandes problemas globais que ameaçam a todos: mudanças climáticas, proliferação nuclear, terrorismo, Estados falidos escassez de energia e alimento.

O crash de 2008 foi uma experiência desorientadora para pessoas que passaram os últimos 30 anos defendendo as virtudes da economia do livre mercado, da globalização e dos valores democráticos ocidentais. Eu me incluo entre elas. Ao longo do período, as duas publicações para as quais trabalhei – a *The Economist* e o *Financial Times* – foram vigorosos cronistas e promotores da globalização e da expansão do livre mercado e das ideias democráticas.

A crise econômica que irrompeu em 2008 levou a uma reação contra algumas das ideias que fundamentavam a Era do Otimismo, mas os ganhos econômicos e políticos conquistados entre 1978 e 2008 não foram uma miragem. A expansão do governo democrático ao redor do mundo garantiu que centenas de milhões de pessoas pudessem ter vidas mais livres. O período de 1978 a 2008 viu grandes reduções da pobreza no mundo em desenvolvimento, acima de tudo na China, e uma longa expansão econômica no Ocidente. O número de conflitos violentos ao redor do mundo caiu acentuadamente desde o fim da Guerra Fria. Todos esses ganhos foram reais.

Então o que deu errado? O problema é que o mercado de ideias é um pouco como o mercado de ações. Nos dois casos, um longo período de sucesso pode levar a um período de "exuberância irracional" e a excessos. Depois de uma geração de sucesso, os promotores da economia do livre mercado e da política democrática sucumbiram à arrogância intelectual e ao excesso de confiança. Eles levaram suas ideias às suas conclusões lógicas e depois foram muito além. Uma crença nos mercados se degenerou permitindo que os bancos de investimentos globais apostassem bilhões de dólares em títulos desregulamentados. Uma crença na promoção da democracia passou de um apoio pacífico aos direitos humanos no Leste Europeu nos anos 1980 à invasão do Iraque em 2003.

No entanto, apesar de algumas das ideias que fundamentaram a Era do Otimismo terem sido gravemente golpeadas, as alternativas não são particularmente atraentes. Uma reação contra o livre-comércio, a globalização e a promoção da democracia provavelmente intensificará os conflitos internacionais e levará a um mundo menos próspero e menos livre.

Então, como reagir ao surgimento de um mundo soma-zero e à reação contra ideias econômicas e políticas liberais? Para os americanos e os europeus, acredito que deva haver três diretrizes básicas. A primeira é, para tomar de empréstimo um lema britânico da Segunda Guerra Mundial, "mantenha a calma e siga em frente". O mundo parecia excepcionalmente lúgubre após a crise econômica global. Mas o último século comprovou a resistência da democracia liberal e da economia do livre mercado.

A segunda diretriz é não aceitar que a rivalidade entre nações inevitavelmente ditará as relações internacionais. Nos capítulos anteriores, expliquei por que a solução de muitos dos maiores problemas globais foi obstruída pela lógica soma-zero. Mas a liderança criativa deve ser capaz de identificar novas formas de cooperação entre as principais potências do mundo – reconstruindo aos poucos a lógica ganha-ganha dos últimos 30 anos.

Por fim, o sucesso dos Estados Unidos e da União Europeia em defender seus interesses e valores no resto do mundo dependerá de modo crucial na capacidade de reconstruir e reforçar as próprias economias e sociedades.

A sugestão de "manter a calma" pode soar branda, ou até complacente, diante do poder nacional em declínio e de crescentes ameaças globais. Mas aqueles que se atêm à ideia do inexorável declínio dos Estados Unidos – ou, na verdade, do mundo ocidental – devem lembrar que já passamos por fases de "declinismo" antes. Durante os anos 1930 e depois novamente durante o início da Guerra Fria, muitas pessoas no Ocidente acreditavam que o sistema soviético funcionava melhor do que a democracia ocidental. No fim dos anos 1980, os Estados Unidos estavam horrorizados com a ascensão do Japão. No entanto, o desafio soviético caiu por terra e o desafio japonês perdeu a força.

O capitalismo ocidental está passando pela maior crise desde os anos 1930. Mas o sistema capitalista se recuperou da Grande Depressão. No longo prazo, ele mais uma vez comprovará sua resiliência.

No que se refere à política, as tendências de longo prazo salientadas por Francis Fukuyama em 1989 continuam impressionantes. Como Fukuyama argumentou: "O crescimento da democracia liberal... tem sido o fenômeno macropolítico mais notável dos últimos 400 anos." Em 1975, ainda havia apenas 30 democracias eleitorais ao redor do mundo; em 1990, após o colapso do império soviético, o número tinha subido para 61.[432] A onda democrática se manteve por mais uma década, destronando Estados unipartidários na África e na Ásia. Ela chegou ao auge e começou a recuar com as revoluções coloridas de 2003 a 2005, nas cercanias da Rússia. Atualmente existe um grupo confiante de potências autoritárias. Mas o movimento global na direção da democracia começou séculos atrás. O progresso mais cedo ou mais tarde será retomado.

E pode acontecer logo. Na Rússia, o presidente Dmitry Medvedev começou a questionar abertamente alguns argumentos autoritários associados a seu mentor e predecessor como presidente, o primeiro-ministro Vladimir Putin. A teocracia iraniana é sem dúvida altamente instável. Uma retomada da tendência na direção da democracia pode ajudar a mudar a lógica de um mundo soma-zero. É verdade que parte dos pressupostos da teoria da "paz democrática" é um pouco ingênua. As nações democráticas podem entrar em amargos conflitos entre si – e elas certamente nem sempre se alinharam no que se refere às grandes questões internacionais, como as mudanças climáticas. Mas, como uma regra geral, os valores democráticos em comum de fato ajudam os países a conviver.

A grande questão que paira sobre o sistema internacional, contudo, é o futuro da China. Sem dúvida é cedo demais para descartar a ideia de que a China se democratizará. Até o acadêmico cingapurense, Kishore Mahbubani, tradicional crítico do que ele considera como complacência ocidental, argumenta: "A China não tem como atingir sua meta de tornar-se uma sociedade desenvolvida moderna antes de conseguir dar o salto e permitir que o povo chinês escolha os próprios governantes." De acordo com Mahbubani: "A liderança atual da China está muito ciente de que mais cedo ou mais tarde a China deverá se aproximar da democracia."[433] O PIB *per capita* do país só agora está se aproximando dos $6 mil, um nível que, segundo os cientistas políticos, aumenta as chances de sobrevivência de uma democracia.

Uma China democrática não necessariamente seria mais estável internamente. Ela pode ser ainda mais nacionalista. Mas ainda é provável que a flexibilização política na China ajude a estabilizar o sistema internacional. Uma razão pela qual pouco se especula que uma Índia em ascensão entrará em confronto com os Estados Unidos é que as duas nações são democracias. Uma China autoritária inevitavelmente aparenta ser mais ameaçadora aos Estados Unidos – e se sente mais ameaçada pela América.

Contudo, apesar de a China poder se tornar mais democrática com o tempo, o momento decisivo ainda pode estar muitos anos à frente. Uma razão para o declínio do otimismo ocidental nos últimos anos é que aos poucos o mundo está percebendo que as confiantes previsões de que o governo unipartidário na China logo chegaria ao fim até agora não foram concretizadas. A teoria, depois de 1989, era que a China teria de escolher com relativa rapidez entre o autoritarismo e o sucesso econômico. Mas a China continuou avançando implacavelmente e mostra poucos sinais de verdadeira reforma política. Como disse recentemente James Miles, o correspondente-chefe da *The Economist* em Pequim, "Está ficando cada vez mais possível imaginar que, quando a China colocar um homem na Lua e superar a produção da economia dos Estados Unidos, ela ainda será um Estado unipartidário sem sofrer nenhuma oposição organizada."[434]

Por enquanto, os Estados Unidos e a União Europeia devem presumir que continuarão a lidar com uma China que está ficando gradualmente mais rica, mais poderosa e mais globalmente influente – mas que ainda é autoritária. Isso, naturalmente, deixa os americanos nervosos. Mas há alguns indícios de que os americanos possam estar cometendo o mesmo erro que cometeram com a URSS e o Japão – exagerando os pontos fortes de seu rival mais assustador. O levantamento do Pew de 2009 que revelou que o isolacionismo americano atingira níveis recordes também revelou que a maioria dos americanos agora acredita que a economia chinesa é maior que a dos Estados Unidos.[435] Isso não é verdade. Quando o levantamento foi conduzido, a economia chinesa tinha cerca da metade do tamanho da economia americana.[436]

Uma comparação entre os desafios chinês e japonês é reveladora. Em certos aspectos, a China é um rival menos plausível aos Estados Unidos do que o Japão era no fim dos anos 1980. O Japão é uma nação próspera, homogênea e desenvolvida, com um sistema político estável. A China, em muitos aspectos, é só o que seus líderes sempre insistem que ela é: uma nação em desenvolvimento. Apesar de alguns intelectuais ocidentais enaltecerem a capacidade da China de planejar para o longo prazo, o sistema político do país é inerentemente instável. As ações do governo chinês muitas vezes sugerem que sua liderança continua muito nervosa em relação a seu poder e legitimidade. Quando o presidente Obama visitou a China pela primeira vez, seus anfitriões se esforçaram muito para impedir que as observações espontâneas do presidente americano fossem transmitidas ao vivo na televisão nacional. A furiosa insistência da China na unidade da nação também revela uma profunda ansiedade referente a possíveis movimentos separatistas no Tibete e em Xinjiang. O presidente Hu Jintao ficou tão assustado com os tumultos em Xinjiang em julho de 2009 que voltou para casa mais cedo do encontro do G8 na Itália.[437] Apesar do rápido crescimento econômico que a China atingiu após a Grande Recessão, também ainda não está claro se o país encontrou alternativa à sua quase dependência do mercado americano.

Dessa forma, a China não tem nem a estabilidade inerente do Japão nem sua fundamentada prosperidade. Mas, em outros aspectos, mais importantes, a China é um desafiante muito mais sério à hegemonia americana do que o Japão já foi. O aspecto mais evidente é demográfico. A população da China é quatro vezes maior que a dos Estados Unidos, ao passo que a população do Japão é menos que a metade da americana. O Japão também foi (e é) uma democracia, um aliado dos Estados Unidos e abriga cerca de 50 mil soldados americanos. A China, por outro lado, é um rival geopolítico. E, diferentemente da URSS, a China tem um sistema econômico que funciona. Acadêmicos vêm prevendo o fim do "milagre chinês" praticamente desde que ele começou, no fim dos anos 1970 – mas a China continuou crescendo com taxas de dois dígitos. A China ainda tem muito espaço para o desenvolvimento interno, de forma que o país pode continuar a crescer rapidamente por alguns anos, mesmo se passar por abalos e ocasionais recessões ao longo do caminho.

A importância geopolítica da crise de 2008 é que ela fez as pessoas perceberem que o "desafio chinês" não é algo para o futuro distante – ele está acontecendo aqui e agora. Apesar do tamanho da economia chinesa provavelmente só superará a americana daqui a 15 anos ou mais, em alguns importantes aspectos a China já é o maior participante do mundo. A China tem as maiores reservas internacionais do mundo. Ela é a maior exportadora do mundo. Ela é a maior produtora de aço e a maior emissora de gases de efeito estufa. É o maior mercado de veículos automotivos. Atualmente é o maior parceiro comercial de outras importantes economias emergentes, como a Índia e o Brasil.

Apesar de todas as cortesias que os Estados Unidos e a China ainda tomam o cuidado de trocar em público, o relacionamento entre eles está cada vez mais difícil. No que se refere a todos os grandes problemas globais – desequilíbrios econômicos, mudanças climáticas, proliferação nuclear, intervenções em Estados falidos, escassez de alimento e energia – os Estados Unidos batem de frente com uma liderança chinesa obstinada capaz de arregimentar, de outras potências autoritárias e do mundo em desenvolvimento, apoio considerável para seus posicionamentos.

Os líderes da América e da China continuam a fazer autênticas tentativas de trabalhar juntos em fóruns internacionais como o G20, as Nações Unidas e as negociações sobre as mudanças climáticas. Mas eles normalmente não conseguem chegar a acordos significativos porque cada vez mais encontram conflitos de interesses entre eles. Dessa forma, há uma necessidade urgente de encontrar algumas áreas importantes nas quais os Estados Unidos e a China possam trabalhar juntas – e redescobrir a lógica ganha-ganha que prevalecia durante a Era do Otimismo. Uma melhoria no relacionamento sino-americano pode atuar como uma base para romper com a lógica soma-zero que vem prejudicando tanto as relações internacionais como um todo.

O aquecimento global é outra área na qual a China e a América ainda podem trabalhar juntas de maneira construtiva. Isso pode soar improvável, considerando as amargas discussões entre a China e os Estados Unidos nas negociações sobre o clima em Copenhague em 2009. A contenção das emissões de gases de efeito estufa é um exemplo clássico de uma área na qual a lógica soma-zero prevalece. Tudo se resume à distribuição dos encargos econômicos. No entanto, se, como parece cada vez mais provável, as tentativas do mundo de refrear as emissões de gases de efeito estufa não forem eficazes, a pressão de encontrar novas soluções tecnológicas à ameaça das mudanças climáticas se tornará cada vez mais urgente – e é nesse ponto que há muito espaço para cooperação internacional mais intensa, com um acordo entre chineses e americanos no centro das negociações.

O governo americano já demonstrou ser capaz de patrocinar a ciência de ponta, desde o Projeto Manhattan, que produziu a bomba atômica, ao programa espacial. Por que não aplicar a mesma energia, senso de urgência e apoio financeiro à pesquisa científica do aquecimento global – mas desta vez fazer disso um empreendimento internacional? Os segredos da bomba atômica e dos programas espaciais não foram revelados por razões de segurança nacional. Mas as mudanças climáticas constituem uma questão de segurança internacional. Um projeto internacional, mobilizando os talentos científicos e de engenharia da China e dos Estados Unidos, poderia realizar pesquisas cruciais em uma ampla variedade de áreas, de energia renovável a geoengenharia. Esse projeto também deveria incorporar cientistas da Índia, da Europa e do resto do mundo. Se um projeto de pesquisa sobre o clima global recebesse um significativo apoio dos líderes dos Estados Unidos e da China, ele proporcionaria um valioso exemplo das duas nações cooperando em uma área vital de interesse comum.

As negociações sobre as armas nucleares proporcionam outra oportunidade para que as principais potências do mundo rompam com a lógica soma-zero. Nesse caso, os dois principais participantes são os Estados Unidos e a Rússia, que ainda detêm 95% das ogivas nucleares. Após a guerra entre Rússia e Geórgia de 2008, as relações entre os Estados Unidos e a Rússia se distanciaram por muitos anos. Mas as administrações Obama e Medvedev identificaram um interesse mútuo na redução das armas nucleares e se voltaram tenazmente para essa área.

Reduzir os arsenais nucleares das principais potências do mundo não solucionará o problema mais diretamente ameaçador da proliferação do armamento nuclear. As tentativas internacionais de interromper o programa nuclear iraniano até agora se provaram inúteis. Mas acusações de hipocrisia e "dois pesos e duas medidas" entre os Estados portadores de armas nucleares dificultaram em muito reunir apoio a uma postura mais enérgica para conter os países que ambicionam entrar no clube das armas nucleares. No passado, o progresso da redução do armamento nuclear facilitou firmar acordos internacionais de não proliferação.[438] Dessa forma, se um acordo de armamento nuclear entre a Rússia e os Estados Unidos for firmado e executado, isso pode ter efeitos positivos por todo o sistema internacional.

É sem dúvida crucial encontrar alguma forma de neutralizar a crise cada vez mais grave relativa ao programa nuclear do Irã. Grande parte da ênfase inicial do presidente Obama na necessidade de uma política de envolvimento internacional e diálogo com o mundo muçulmano foi motivada por um desejo de evitar um conflito com o Irã. Os primeiros frutos da abordagem de Obama ao Irã foram decepcionantes. As eleições presidenciais iranianas manipuladas de junho 2009 dificultaram em muito a defesa das negociações com uma liderança iraniana desacreditada. Isso também lançou a política interna iraniana no caos, dificultando ainda mais considerar o país como um parceiro de negociações potencial. No mínimo as turbulências internas parecem ter convencido a liderança iraniana a assumir uma postura ainda mais rigorosa em relação a seu programa nuclear. Mas isso não ajudou o presidente Obama com seu Plano B – que é convencer a China e a Rússia a concordarem com sanções muito mais duras ao Irã.

No entanto, continua sendo verdade que uma solução diplomática para a questão nuclear iraniana melhoraria acentuadamente o clima internacional. A tão debatida "Grande Barganha", na qual a América e seus aliados negociariam o envolvimento econômico e o reconhecimento diplomático para o Irã em troca do abandono do programa armamentista iraniano, ainda é válida – no mínimo porque as alternativas são tão aterradoras. Ajudaria muito se a China reconhecesse uma premissa básica – que sua dependência do petróleo do Golfo significa que também os chineses têm muito interesse em evitar outra guerra no Oriente Médio.

As missões de paz das Nações Unidas representam outra área na qual as principais potências do mundo podem cooperar melhor de forma ao mesmo tempo urgente e mutuamente benéfica. Concordar com uma operação das Nações Unidas pode ser politicamente tenso – particularmente quando questões delicadas de soberania nacional ou interesses nacionais estão em risco. Mesmo assim, as atividades de paz das Nações Unidas na verdade se expandiram enormemente desde o fim da Guerra Fria e contribuíram para uma queda acentuada de mortes em conflitos. Entre 1999 e 2009, o número de tropas das Nações Unidas alocadas ao redor do mundo aumentou oito vezes para cerca de 100 mil soldados. A ameaça do número de Estados falidos aumentar só tem mais chances se aumentar a demanda por tropas para operações de paz.

À medida que os Estados Unidos buscam conter os custos militares, as Nações Unidas serão uma opção cada vez mais atraente como uma ferramenta para manter a paz. Susan Rice, a embaixadora nas Nações Unidas do presidente Obama, observou que, para cada dólar que os Estados Unidos gastam em uma missão militar equivalente, as Nações Unidas gastarão $0,12.[439] As operações de paz das Nações Unidas também oferecem outra chance de romper com a lógica soma-zero nas relações entre a América e a China. Essa é a única área na qual a China tem se mostrado disposta a utilizar seu maior alcance internacional de maneiras que os Estados Unidos e seus aliados podem considerar úteis e não ameaçadoras. Nos últimos anos, a China gradualmente atenuou sua desconfiança em relação às intervenções das Nações Unidas e aumentou acentuadamente sua participação nas operações de paz. Em 2010, a China já era o 13º maior colaborador nas operações de paz das Nações Unidas, com mais de 2 mil tropas alocadas, em grande parte em missões na África, como na Libéria e no Sudão.[440] Em comparação, os Estados Unidos foram o 74º maior colaborador, refletindo a recusa da América de colocar tropas sob o comando da Nações Unidas.[441]

Se as principais potências do mundo quiserem reverter a perigosa lógica de um mundo soma-zero, a questão mais importante de todas é a preservação do sistema econômico internacional que fundamentou a globalização e a Era do Otimismo. Após o crash econômico de 2008, questões legítimas foram levantadas sobre a estabilidade do sistema econômico internacional e a extensão na qual as principais potências do mundo ainda se beneficiavam da globalização. No entanto, um colapso do sistema desaceleraria a economia mundial de formas que prejudicariam a vida de pessoas comuns por todo o mundo. Guerras comerciais também envenenariam as relações internacionais e atingiriam diretamente os vínculos comerciais e de investimento que criaram uma rede de interesses mútuos entre as principais potências do mundo ao longo dos últimos 30 anos. Não é verdade que o comércio internacional e os interesses econômicos em comum impossibilitam a guerra, mas o comércio, sem dúvida, reduz as chances de conflito.

Todas as principais potências econômicas do mundo são responsáveis por manter intacto o sistema que beneficia a todas elas. A China precisa permitir a valorização de sua moeda em relação ao dólar – e não apenas de forma simbólica – para evitar o sentimento protecionista na América. Os chineses também devem reconhecer que uma moeda mais forte, cujo valor é determinado pelo mercado, reflete um aumento da riqueza da nação que enriquecerá diretamente sua população. Os indianos, que têm exercido um papel particularmente obstrutivo na Rodada de Doha de negociações sobre o comércio internacional, precisam reconhecer que estão entre os maiores beneficiários da globalização – e têm muito em jogo na preservação e extensão do sistema. O sistema europeu barroco de subsídios agrícolas – há muito tempo uma fonte de constrangimento – agora também se tornou um grande impedimento para um novo acordo na Organização Mundial do Comércio. Exigir a "conclusão da Rodada de Doha" se tornou um clichê repetido à exaustão na diplomacia internacional. Apesar de o ceticismo em relação à Rodada de Doha sem dúvida ser justificado, sua conclusão seria de grande valor. Isso porque, se os líderes mundiais concordassem com uma nova rodada de abertura comercial, eles enviariam uma importante mensagem de que ainda acreditam na possibilidade de um mundo ganha-ganha.

A União Europeia, que há muito tempo tem se considerado um modelo de cooperação internacional, agora está tendo dificuldade de conter tensões internas. Um grande e visível fracasso do projeto europeu enviaria perigosos sinais ao resto do mundo sobre o ressurgimento do nacionalismo e o declínio do globalismo. As dores de parto do euro foram um grande golpe para o moral da União Europeia. No entanto, existe um modo evidente (apesar de politicamente difícil) para a Europa redescobrir sua energia e vigor – voltar a se comprometer com a expansão da UE. É possível argumentar que a expansão da União Europeia foi o exercício mais bem-sucedido na promoção de valores democráticos e economia de livre mercado durante toda a Era do Otimismo. As dificuldades políticas de expandir a UE para incorporar a Ucrânia e a Turquia – e, quem sabe, no futuro, talvez até a Rússia e partes do Norte da África – são hercúleas. Mas essa seria a maior contribuição que a Europa poderia fazer para derrotar a lógica do mundo soma-zero.

É inevitável que uma responsabilidade especial caia nos ombros dos Estados Unidos. A América é o centro da economia mundial e do sistema de segurança internacional e o maior defensor dos valores democráticos e do livre mercado. Suas ações continuam tendo uma importância inigualável. Apesar de todas as suas dificuldades internas, a popularidade global do presidente Obama proporciona uma base vital sobre a qual os Estados Unidos podem se desenvolver. A América não pode contar com a possibilidade de vencer todos os debates na diplomacia internacional – longe disso. Mas pelo menos agora sabe que o mundo voltou a escutar.

Com efeito, quando o mundo se voltou para o presidente Obama em busca de liderança em seu primeiro ano no cargo, houve certa frustração. Por que ele dedicava tanto de seu tempo e energia a intermináveis batalhas internas sobre pacotes de incentivo e reforma do sistema de saúde, quando o mundo inteiro buscava nele algum tipo de liderança – a ponto de agraciá-lo com um Prêmio Nobel da Paz quando ele mal tinha pisado no Salão Oval?

Na verdade, há uma relação vital entre as tentativas de Obama de revitalizar a economia americana e de consertar a rede de segurança social do país e a capacidade de sua administração de defender a globalização. Com os níveis de desemprego dos Estados Unidos na casa dos dois dígitos, fica cada vez mais difícil convencer os americanos dos prazeres da concorrência econômica global irrestrita. Com o déficit orçamentário nas alturas, também é muito mais difícil convencer os americanos de que vale a pena pagar os custos que acompanham a liderança global. Somente quando os americanos voltarem a se sentir otimistas e seguros é que eles mais uma vez aceitarão que a globalização realmente pode criar um mundo em que todos saem ganhando.

O destino da economia americana e de seu sistema político também importa ao resto do mundo, na qualidade de uma demonstração do poder da democracia e do capitalismo. Os Estados Unidos acabaram prevalecendo na Guerra Fria não por derrotarem a União Soviética no campo de batalha, mas por terem vencido a guerra das ideias. Depois da última grande crise do capitalismo americano, nos anos 1930, também foi crucial que a América demonstrasse ter a energia e as ideias para superar uma aterrorizante retração econômica. O sucesso do presidente Obama em aprovar a reforma do sistema de saúde foi uma importante demonstração de que o sistema político americano – atacado com tanta frequência como irremediavelmente disfuncional – ainda é capaz de realizar uma verdadeira reforma social.[442]

Enquanto o presidente Obama luta para revitalizar a economia americana, ele deveria se lembrar das palavras de John Maynard Keynes, em uma carta aberta ao presidente Roosevelt, em 1933: "O senhor se tornou a esperança de todos aqueles que, em todos os países, desejam corrigir os males de nossa condição por meio de experimentos racionais internos à estrutura do sistema social existente. Se falhar, a mudança racional será gravemente prejudicada em todo o mundo, deixando a ortodoxia e a revolução para combatê-la."[443]

Oitenta anos após a Grande Depressão, uma América forte, bem-sucedida e confiante continua sendo a maior esperança para um mundo estável e próspero.

Notas

Prefácio

1. "Kapital Gains", *The Times*, 20 out. 2008.
2. Citado em Gideon Rachman, "November 2012: a dystopian dream", *Financial Times*, 17 feb. 2009.
3. Citado em Martin Jacques, *When China Rules the World: The Rise of the Middle Kingdom and the End of the Western World* (Londres: Penguin, 2009), 349.
4. Derek Chollet e James Goldgeier, *America Between the Wars: From 11/9 to 9/11* (Nova York: PublicAffairs, 2008), 152.
5. Citado em Geoff Dyer, "China flexes its diplomatic muscle", *Financial Times*, 1º feb. 2010.
6. Kishore Mahbubani, *The New Asian Hemisphere: The Irresistible Shift of Global Power to the East* (Nova York: PublicAffairs, 2008), 14–15.
7. Citado em John Kampfner, *Freedom for Sale* (Londres: Simon and Schuster, 2009), 260.
8. David Hale, "The Best Economy Ever", *Wall Street Journal*, 31 jul. 2007.
9. Gideon Rachman, "How the bottom fell out of old Davos", *Financial Times*, 1º feb. 2010.
10. "Greek deputy PM says Nazis 'wrecked German economy'", *BBC News*, 25 feb. 2010.
11. Barack Obama, "Responsibility for Our Common Future", discurso para a Assembleia Geral das Nações Unidas, 23 set. 2009.
12. Chollet e Goldgeier, *America Between the Wars*.

PARTE I
Capítulo 1

13. Nicholas Kristof e Sheryl Wudunn, *China Wakes* (Nova York: Times Books, 1994), 368.
14. Ibid., 431.

15. Jonathan Fenby, *The Penguin Modern History of China: The Fall and Rise of a Great Power*, 1850–2008 (Londres: Allen Lane, 2008), 475.
16. Ibid., 531.
17. Ibid., 536.
18. Jonathan D. Spence, *The Search for Modern China* (Nova York: W.W. Norton, 1990, 1999), 621–3.
19. Ibid., 622.
20. Ibid., 623.
21. "The second Long March", *The Economist*, 11 dez. 2008.
22. Fenby, *The Penguin Modern History of China*, 558.
23. Ibid., 554.
24. Nicholas Lardy, *China's Unfinished Economic Revolution* (Washington DC: Brookings Institution Press, 1998), 1.
25. Ibid.
26. Entrevista com o autor. Hum observa, contudo, com algum orgulho, que os britânicos perceberam a importância das reformas agrícolas realizadas por Zhao Zhiyang em Sichuan – chegando a providenciar uma visita de Zhao à Grã-Bretanha. Zhao, mais tarde, se tornou reformista-chave e aliado de Deng, bem como mentor de muitas das reformas mais importantes. Os dois, mais tarde, se desentenderam na ocasião da repressão dos protestos na Praça da Paz Celestial em 1989.
27. "Man of the Year 1978, Teng Hsiao-p'ing", *Time*, 1 jan. 1979.
28. Ronald Reagan, *An American Life* (Nova York: Simon and Schuster, 1990), 368.
29. "The second Long March", *The Economist*, 11 dez. 2008, argumenta: "Oficiais do partido, preferindo que seus heróis fossem maiores do que a realidade, manipularam a história para sugerir que os encontros de 30 anos atrás foram um toque de clarim para a reforma e a abertura. Não é verdade... A palavra "abertura" nem chegava a ser mencionada no comunicado divulgado em 22 de dezembro de 1978... 'Reforma' foi mencionada apenas uma vez".
30. James Kynge, *China Shakes the World* (Londres: Weidenfeld and Nicholson, 2006), 14.
31. Ibid., 16.
32. Citado em "The second Long March".
33. Citado em Francis Fukuyama, *The End of History and The Last Man* (Londres: Penguin, 1992), 98.

Capítulo 2

34. Citado em Richard Roberts e David Kynaston, *City State: A Contemporary History of The City of London and How Money Triumphed* (Londres: Profile Books Ltd, 2001), 117.
35. Andrew Marr, *A History of Modern Britain* (Londres: Pan Macmillan, 2007).
36. Margaret Thatcher, *The Downing Street Years* (Londres: HarperCollins, 1993), 10.
37. Citado em Marr, *A History of Modern Britain*, 386.
38. Ibid., 387.
39. Ibid., 411.
40. John Campbell, *Margaret Thatcher, Volume 2: The Iron Lady* (Londres: Vintage Books, 2008), 18.

41. Marr, *A History of Modern Britain*, 423.
42. Harold James, *Europe Reborn: A History*, 1914-2000 (Londres: Longman, 2003), 351.
43. Marr, *A History of Modern Britain*, 425.
44. Citado em Roberts e Kynaston, *City State*, 22.
45. Simon Jenkins, *The Sunday Times*, Londres, 27 out. 1987.
46. James, *Europe Reborn*, 355.
47. Marr, *A History of Modern Britain*, 403.
48. Campbell, *The Iron Lady*, 243.
49. Ibid., 253.
50. Thatcher, *The Downing Street Years*, 804.
51. Ibid., 687.
52. Campbell, *The Iron Lady*, 260.
53. Ibid.
54. Thatcher, *The Downing Street Years*, 485.

Capítulo 3

55. Ronald Reagan, *An American Life* (Nova York: Simon and Schuster, 1990), 227.
56. Roger Rosenblatt, "Man of the Year 1980, Ronald Reagan", *Time*, 2 jan. 1981, 3.
57. Reagan escreveu em seu diário, em 1982, que a imprensa estava errada ao argumentar que ele estava se voltando ao New Deal e que seu verdadeiro alvo era a Great Society. Veja Dinesh D'Souza, *Ronald Reagan: How an Ordinary Man Became an Extraordinary Leader* (Nova York: Simon and Schuster, 1997), 61.
58. Reagan, *An American Life*, 230.
59. D'Souza, *Ronald Reagan*, 89.
60. Sean Wilentz, *The Age of Reagan: A History*, 1974-2008 (Nova York: HarperCollins, 2008), 144. Para detalhes sobre o Tax Reform Act, veja p. 205.
61. Christopher DeMuth, "Reviving Economic Conservatism", palestra no Legatum Institute, Londres, 14 maio 2009.
62. D"Souza, *Ronald Reagan*, 89.
63. Algumas pessoas veem raízes do escândalo Savings and Loans de uma década depois na desregulamentação dos anos Reagan. Niall Ferguson chama isso de uma "lição caríssima sobre os perigos da desregulamentação imprudente". Niall Ferguson, *The Ascent of Money: A Financial History of the World* (Londres: Allen Lane, 2008), 253. Wilentz apresenta o mesmo argumento em *The Age of Reagan*, 177.
64. Wilentz, *The Age of Reagan*, 143.
65. Ibid., 147.
66. Reagan, *An American Life*, 311.
67. Wilentz, *The Age of Reagan*, 275.
68. Ibid.
69. D'Souza, *Ronald Reagan*, 26.
70. Robert Wade, palestra em "The Battle of Ideas", Londres, 31 out. 2009.
71. Wilentz, *The Age of Reagan*, 207.
72. Reagan, *An American Life*, 204.

73. Peter Jenkins, *Mrs. Thatcher's Revolution: Ending the Socialist Era* (Londres: Jonathan Cape, 1987), 210.
74. Ibid.
75. Alan Greenspan, *The Age of Turbulence: Adventures in a New World* (Londres: Penguin, 2007), 88.
76. Ibid., 87.
77. Ibid., 89.
78. Veja D'Souza, *Ronald Reagan*, 1.
79. Veja Michael Reid, *Forgotten Continent: The Battle for Latin America's Soul* (New Haven, CT: Yale University Press, 2008), 10.
80. Reagan, *An American Life*, 703.
81. Wilentz, *The Age of Reagan*, 281.

Capítulo 4

82. Citado em John Campbell, *Margaret Thatcher, Volume 2: The Iron Lady* (Londres: Vintage Books, 2008), 303.
83. Tony Judt, *Postwar: A History of Europe Since 1945* (Londres: Penguin, 2005), 552.
84. Ibid.
85. Ibid., 553.
86. Harold James, *Europe Reborn: A History*, 1914–2000 (Londres: Longman, 2003), 362.
87. Ibid., 369.
88. Citado em Charles Grant, *Delors: Inside the House that Jacques Built* (Londres: Nicholas Brealey Publishing, 1994), 47.
89. Ibid., 50.
90. Ibid., 51.
91. Ibid., 52.
92. Ibid., 59.
93. Para um relato mais elaborado das motivações e do papel de Thatcher, veja Campbell, *The Iron Lady*, 307.
94. Grant, *Delors*, 80.
95. Ibid., 70.
96. Ibid., 86.
97. Campbell, *The Iron Lady*, 714.

Capítulo 5

98. Gorbachev relatou dessa forma os eventos em um encontro de amigos da universidade em 1990. Uma versão mais completa é apresentada em Angus Roxburgh, *The Second Russian Revolution* (Londres: BBC Books, 1991), 7–8.
99. Alan Greenspan, *The Age of Turbulence: Adventures in a New World* (Londres: Penguin, 2007), 137.
100. Tony Judt, *Postwar: A History of Europe Since 1945* (Londres: Penguin, 2005), 595
101. Mary Elise Sarotte, *1989: The Struggle to Create Post-Cold War Europe* (Princeton, NJ: Princeton University Press, 2009), 13.

102. Harold James, *Europe Reborn: A History*, 1914-2000 (Londres: Longman, 2003), 372.
103. Roxburgh, *The Second Russian Revolution*, 27.
104. Ibid., 25.
105. Ibid., 38.
106. Francis Fukuyama, *The End of History and The Last Man* (Londres: Penguin, 1992), 29.
107. Roxburgh, *The Second Russian Revolution*, 358
108. Ibid., 59.
109. Judt, *Postwar*, 596.
110. Citado em Ibid., 604.
111. O melhor relato jornalístico contemporâneo dos últimos dias da URSS é de David Remnick, *Lenin's Tomb: The Last Days of the Soviet Empire* (Nova York: Vintage, 1994).
112. Judt, *Postwar*, 657.
113. Veja David Shambaugh, *China's Communist Party: Atrophy and Adaptation* (Berkeley, CA: University of California Press, 2009).

Capítulo 6

114. Citado em Harold James, *Europe Reborn: A History, 1914-2000* (Londres: Longman, 2003), 295.
115. Veja Angus Roxburgh, *The Second Russian Revolution* (Londres: BBC Books, 1991), 95.
116. Victor Sebestyen, *Revolution 1989: The Fall of the Soviet Empire* (Londres: Weidenfeld and Nicholson, 2009), 291.
117. Um bom relato da visita de Gorbachev à Alemanha Oriental pode ser encontrado em Sebestyen, *Revolution 1989*, 322-5. Uma discussão do quanto a Alemanha Oriental se aproximou de uma "Praça da Paz Celestial" em outubro pode ser encontrada em Mary Elise Sarotte, *1989: The Struggle to Create Post-Cold War Europe* (Princeton, NJ: Princeton University Press, 2009), 19.
118. Ibid., 582.
119. Timothy Garton Ash, *The Magic Lantern: The Revolution of '89 Witnessed in Warsaw, Budapest, Berlin, and Prague* (Nova York: Random House, 1990), 133.
120. Ibid., 78.
121. Timothy Garton Ash, palestra na Krakow University, 15 maio 2009.
122. Tony Judt, *Postwar. A History of Europe Since 1945* (Londres: Penguin, 2005), 630.

Capítulo 7

123. Veja Michael Reid, *Forgotten Continent: The Battle for Latin America's Soul* (New Haven, CT: Yale University Press, 2008), 109. Esta seção se baseia substancialmente na obra de Michael Reid, antigo colega meu na *The Economist*.
124. Ibid., 121.
125. Timothy Garton Ash fala com eloquência sobre a importância de negociações de mesa--redonda como parte da transição pacífica para a democracia na Europa Central.
126. Reid, *Forgotten Continent*, 123.
127. Maxwell Cameron e Brian Tomlin, *The Making of NAFTA: How the Deal Was Done* (Ithaca, NY: Cornell University Press, 2000), 2.

128. Veja Hernando de Soto, *The Mystery of Capital: Why Capitalism Triumphs in the West and Fails Everywhere Else* (Londres: Black Swan, 2001).
129. A expressão foi concebida por John Williamson, economista do International Economics em Washington. Uma explicação do próprio Williamson sobre o que ele queria dizer pode ser encontrada em John Williamson, "A Short History of the Washington Consensus", escrito para a Fundación CIDOB, apresentado em conferência intitulada "From the Washington Consensus towards a New Global Governance", Barcelona, 24 set. 2004. Disponível em http://www.piie.com/publications/papers/williamson0904-2.pdf.
130. Niall Ferguson, *The Ascent of Money: A Financial History of the World* (Londres: Allen Lane, 2008), 214.
131. Ibid., 212.
132. Veja John Campbell, *Margaret Thatcher*, Volume 2: *The Iron Lady* (Londres: Vintage Books, 2008), 789.
133. Jeane Kirkpatrick, "Dictatorship and Double Standards", *Commentary* (nov. 1979).
134. Campbell, *The Iron Lady*, 142.
135. Reid, *Forgotten Continent*, 135.
136. Dominic Wilson e Roopa Purushothaman, "Dreaming with Brics: The Path to 2050", Global Economics Paper No. 99, Goldman Sachs, 1º out. 2003. Disponível em http://www2.goldmansachs.com/ideas/brics/book/99-dreaming.pdf.
137. Moisés Naím, "The Washington Consensus: a damaged brand", *Financial Times*, 28 out. 2002.
138. Reid, *Forgotten Continent*, 4.
139. Ibid., 194.

Capítulo 8

140. *Gurchuran Das, India Unbound: The Social and Economic Revolution from Independence to the Global Information Age* (Nova York: Anchor Books, 2002), 215
141. Veja Edward Luce, *In Spite of the Gods: The Rise of Modern India* (Nova York: Random House, 2008).
142. Ramachandra Guha, *India After Gandhi: The History of the World's Largest Democracy* (Londres: Pan Macmillan, 2007), 209.
143. Manmohan Singh, entrevistado em *Commanding Heights*, PBS, 6 feb. 2001.
144. Guha, *India After Gandhi*, 208.
145. Das, *India Unbound*, x.
146. Singh, entrevista para a PBS.
147. Ibid.
148. Entrevista com o autor, Nova Délhi, jun. 1996.
149. Singh, entrevista para a PBS.
150. Das, *India Unbound*, 220.
151. Singh, entrevista para a PBS.
152. Jeremy Kahn, "How Singh Blew India's Moment", *Newsweek*, 22 set. 2008.
153. Bill Emmott, *Rivals: How the Power Struggle Between China, India and Japan Will Shape Our Next Decade* (Londres: Allen Lane, 2008), 41.

154. Singh, v.
155. Gideon Rachman, "The Bangalore boom revisited", *Financial Times Blog*, 22 set. 2008. Disponível em http://blogs.ft.com/rachmanblog/2008/09/the-bangalore-boom-revisited/.
156. Citado em C. Raja Mohan, "Balancing Interests and Values: India's Struggle with Democracy Promotion", *Washington Quarterly* 30:3 (verão 2007): 99.

Capítulo 9

157. George H.W. Bush, Discurso sobre o Estado da União, 29 jan. 1991.
158. Lawrence Freedman, *A Choice of Enemies: America Confronts the Middle East* (Nova York: PublicAffairs, 2008), 230.
159. Paul Kennedy, *The Rise and Fall of the Great Powers: Economic Change and Military Conflict from 1500 to 2000* (Londres: Fontana, 1989), 602.
160. Ibid., 225.
161. Richard Haass, que trabalhava para o presidente Bush no Conselho de Segurança Nacional na época, observa que essa conversa foi provocada por uma discordância em relação a recorrer às Nações Unidas em busca de aprovação para o reforço das sanções ou usar o princípio da utilização da força. Richard N. Haass, *War of Necessity, War of Choice: A Memoir of Two Iraq Wars* (Nova York: Simon and Schuster, 2009), 84.
162. Freedman, *A Choice of Enemies*, 236.
163. Citado em William Schneider, "The Vietnam Syndrome Mutates", *The Atlantic* (abr. 2006).
164. Haass, *War of Necessity*, 230.

PARTE II

Introdução

165. A expressão "o fim da história econômica" foi utilizada em um discurso de David Cameron, o líder do Partido Conservador britânico, no LSE in set. 2007.
166. Apesar de, estritamente falando, a palavra "Washington" se referir aos pontos de vista do Fundo Monetário Internacional e do Banco Mundial, as duas instituições têm matrizes na capital americana.
167. Citado em Derek Chollet e James Goldgeier, *America Between the Wars: From 11/9 to 9/11* (Nova York: PublicAffairs, 2008), 195.

Capítulo 10

168. O livro de Bloom foi publicado em 1987. Allan Bloom, *The Closing of the American Mind* (Nova York: Simon and Schuster, 1987).
169. Entrevista com o autor, Washington DC, 27 maio 2009.
170. Francis Fukuyama, "The End of History", *The National Interest* (jun. 1989). O artigo foi subsequentemente transformado em um livro, *The End of History and the Last Man* (Londres: Penguin, 1992).
171. Ibid.
172. Veja, por exemplo, Vince Cable, *The Storm: The World Economic Crisis and What It Means* (Londres: Atlantic Books, 2009), 3, e Robert Kagan, *The Return of History and the End of Dreams* (Londres: Atlantic Books, 2008).

173. Fukuyama, *The End of History*, 280.
174. Ibid., 50.
175. Freedom House, *Freedom in the World 2009* (Lanham, MD: Rowman and Littlefield Publishers, 2009).
176. Citado em Strobe Talbott, *The Great Experiment: The Story of Ancient Empires, Modern States, and the Quest for a Global Nation* (Nova York: Simon and Schuster 2008), 327.
177. C. Raja Mohan, "Balancing Interests and Values: India's Struggle with Democracy Promotion", *Washington Quarterly* 30:3 (verão 2007): 99.
178. Citado em Derek Chollet e James Goldgeier, *America Between the Wars: From 11/9 to 9/11* (Nova York: PublicAffairs, 2008), 88.
179. Ibid., 69.
180. Both Bloom e Wolfowitz aparecem ligeiramente disfarçados no romance de Saul Bellow, *Ravelstein* (Nova York: Penguin, 2001).
181. Chollet e Goldgeier, *America Between the Wars*, 277.
182. Francis Fukuyama, *America at the Crossroads: Democracy, Power, and the Neoconservative Legacy* (New Haven, CT: Yale University Press, 2006), x e xi.
183. Entrevista com o autor, op. cit.
184. Ibid.

Capítulo 11

185. Bob Woodward, *Maestro: Greenspan's Fed and the American Boom* (Nova York: Simon and Schuster, 2000).
186. Alan Greenspan, *The Age of Turbulence: Adventures in a New World* (Londres: Penguin, 2007), 97. Greenspan conta essa história contra si mesmo em sua autobiografia.
187. Ibid., 40.
188. Ibid., 41.
189. Ibid., 52.
190. Ibid., 15.
191. Ibid., 179.
192. Justin Fox, *The Myth of the Rational Market: A History of Risk, Reward, and Delusion on Wall Street* (Nova York: HarperCollins, 2009), xii.
193. Greenspan, *The Age of Turbulence*, 370.
194. Ibid., 199.
195. Fox, *The Myth of the Rational Market*, xii.
196. Citado em Gillian Tett, *Fool's Gold* (Londres: Little, Brown, 2009), 36.
197. Ibid., 372.
198. Simon Johnson, "The Quiet Coup", *The Atlantic* (maio 2009).
199. Tett, *Fool's Gold*, 45.
200. Greenspan, *The Age of Turbulence*, 368.
201. Ibid., 367.
202. Fox, *The Myth of the Rational Market*, xii.
203. Sean Wilentz, *The Age of Reagan: A History, 1974–2008* (Nova York: HarperCollins, 2008), 364.

204. Greenspan, *The Age of Turbulence*, 283.
205. Richard Roberts e David Kynaston, *City State: A Contemporary History of The City of London and How Money Triumphed* (Londres: Profile Books Ltd, 2001), 33.
206. Citado em "India's booming economy", *The Economist*, 2 mar. 2006, 66.
207. Vince Cable, *The Storm: The World Economic Crisis and What It Means* (Londres: Atlantic Books, 2009), 90.
208. Derek Chollet e James Goldgeier, *America Between the Wars: From 11/9 to 9/11* (Nova York: PublicAffairs, 2008), 289.
209. Ben Bernanke, "The Great Moderation", observações no encontro da Eastern Economic Association, Washington DC, 20 feb. 2004. O discurso está disponível em www.federalreserve.gov/boarddocs/speeches/2004.
210. Eu gostaria muito de poder traçar uma correlação direta entre o fato de eu ter entrado no jornal e seu sucesso fenomenal subsequente, mas a circulação continuou a aumentar gradualmente, mesmo após o choque de minha saída.
211. Michael Mandelbaum, *The Ideas that Conquered the World: Peace, Democracy, and Free Markets in the Twenty-First Century* (Nova York: PublicAffairs, 2002), 417.
212. Chollet e Goldgeier, *America Between the Wars*, 246-7.
213. Ibid., 246. Um desses críticos foi Jagdish Bhagwati, da Columbia University, que é citado em Chollet e Goldgeier.

Capítulo 12

214. Alan Greenspan, *The Age of Turbulence: Adventures in a New World* (Londres: Penguin, 2007), 183.
215. Para um relato da badalação que acompanhou o lançamento do Windows 3.0 e a importância do produto, veja James Wallace e Jim Erickson, *Hard Drive: Bill Gates and the Making of the Microsoft Empire* (Nova York: Harper Perennial, 1992), 359-63.
216. Greenspan, *The Age of Turbulence*, 167.
217. Tom Friedman, *The World is Flat* (Londres: Penguin, 2005), 275.
218. Gillian Tett, *Fool's Gold* (Londres: Little, Brown, 2009), 7.
219. Ibid.
220. Greenspan, *The Age of Turbulence*, 171.
221. Citado em Derek Chollet e James Goldgeier, *America Between the Wars: From 11/9 to 9/11* (Nova York: PublicAffairs, 2008), 195.
222. Citado em Robert Wright, *Nonzero: History, Evolution and Human Cooperation* (Londres: Abacus, 2000), 196.
223. Ibid., 202.
224. Ibid., 7.
225. Veja Strobe Talbott, *The Great Experiment: The Story of Ancient Empires, Modern States, and the Quest for a Global Nation* (Nova York: Simon and Schuster, 2008), 311, para uma discussão de como Clinton foi influenciado pela obra de Wright. A expressão "mundo do tipo ganha-ganha" é, até onde sei, minha.
226. Clinton chamou o livro de "uma obra genial" – uma citação que foi devidamente publicada na sobrecapa da edição em brochura.

227. George W. Bush, discurso no Boeing Integrated Defense Systems Headquarters, St. Louis, MO, 16 abr. 2004.
228. "Plenty of gloom", *The Economist*, 18 dez. 1997.
229. Talbott, *The Great Experiment*, 461, nota 23.

CAPÍTULO 13

230. Thomas Friedman, "Foreign Affairs Big Mac I", *New York Times*, 8 dez. 1996. Friedman ficou tão satisfeito com sua teoria dos "arcos dourados" para a prevenção da guerra que, mais tarde, a incluiu em seu livro sobre a globalização, *The Lexus and the Olive Tree* (Nova York: Farrar, Straus and Giroux, 1999).
231. Friedman, *The Lexus and the Olive Tree*, 522.
232. A crença na natureza pacífica das democracias tem profundas raízes na teoria liberal. Immanuel Kant, o grande filósofo prussiano do século XVIII, elaborou uma teoria na qual uma federação de Estados "republicanos" estabelece a "paz perpétua". Kant era um herói intelectual para Strobe Talbott, antigo companheiro de quarto de Bill Clinton na faculdade e secretário de Estado adjunto; veja seu livro *The Great Experiment: The Story of Ancient Empires, Modern States, and the Quest for a Global Nation* (Nova York: Simon and Schuster, 2008), 95–100.
233. Veja, por exemplo, Bruce Russett, *Grasping the Democratic Peace* (Princeton, NJ: Princeton University Press, 1993) e Spencer Weart, *Never at War: Why Democracies Will Not Fight Each Other* (New Haven, CT: Yale University Press, 1998).
234. Citado em Bill Clinton, *My Life* (Londres: Arrow, 2004), 365.
235. Citado em Derek Chollet e James Goldgeier, *America Between the Wars: From 11/9 to 9/11* (Nova York: PublicAffairs, 2008), 152.
236. Brent Scowcroft, conselheiro de segurança nacional de Bush, viajara para Pequim menos de um mês após o incidente da Praça da Paz Celestial e realizou um jantar conciliatório secreto com a liderança chinesa. Para um relato, veja Zbigniew Brzezinski, *Second Chance: Three Presidents and the Crisis of American Superpower* (Nova York: Basic Books, 2007), 55.
237. Citado em Michael Mandelbaum, *The Ideas that Conquered the World: Peace, Democracy, and Free Markets in the Twenty-First Century* (Nova York: PublicAffairs, 2002), 465. A referência original é de um discurso de Clinton na SAIS Johns Hopkins University em 8 mar. 2000, citado no *New York Times* no dia seguinte.
238. Mandelbaum, *The Ideas that Conquered the World*, 268.
239. Gareth Evans, *The Responsibility to Protect: Ending Mass Atrocity Crimes Once and For All* (Washington DC: Brookings Institution Press, 2008), 234.
240. Os dados e métodos de pesquisa são descritos muito mais detalhadamente em Human Security Centre, University of British Columbia, *Human Security Report 2005: War and Peace in the 21st Century* (Oxford: Oxford University Press, 2005).
241. Evans, *The Responsibility to Protect*, 224–5.
242. Fareed Zakaria, "The Secrets of Stability", *Newsweek*, 12 dez. 2009.
243. Chollet e Goldgeier, *America Between the Wars*, 85.
244. Ibid., 213.

245. Citado em Martin Jacques, *When China Rules the World: The Rise of the Middle Kingdom and the End of the Western World* (Londres: Penguin, 2009), 349.

Capítulo 14

246. Citado em Martin Jacques, *When China Rules the World: The Rise of the Middle Kingdom and the End of the Western World* (Londres: Penguin, 2009), 348.
247. Gideon Rachman, "Banquet in Beijing, seminar in Singapore", Financial Times Blog, 8 feb. 2007. Disponível em http://blogs.ft.com/rachmanblog/2007/02/banquet-in-beijhtml/#more-75. Para uma discussão sobre a evolução da expressão "ascensão pacífica", veja Robert L. Suettinger, "The Rise and Descent of Peaceful Rise", *China Leadership Monitor* No. 12 (outono 2004): 1–10.
248. Citado em Jim Rohwer, *Asia Rising: Why America Will Prosper as Asia's Economies Boom* (Nova York: Simon and Schuster, 1996), 333.
249. A oposição política foi permitida, mas as principais figuras da oposição foram financeira e politicamente arruinadas por custosos processos judiciais por calúnia.
250. Rohwer, *Asia Rising*, 329.
251. Kishore Mahbubani, *The New Asian Hemisphere: The Irresistible Shift of Global Power to the East* (Nova York: PublicAffairs, 2008), 14–15.
252. Observações pessoais de um seminário na Lee Kuan Yew School, em Cingapura, em feb. 2007.
253. Ibid.
254. Mahbubani, *The New Asian Hemisphere*, 17.
255. Ibid., 3.
256. Citado em Jacques, *When China Rules the World*, 366.
257. Mahbubani, *The New Asian Hemisphere*, 80.
258. Ibid., 21.
259. Ibid.
260. Gideon Rachman, "The Bangalore boom revisited", Financial Times Blog, 22 set. 2008. Disponível em www.blogs.ft.com/rachmanblog/2008/09/the-bangalore-boom-revisited/.
261. Para uma boa discussão, apesar de bastante categórica, sobre a crise da Ásia Oriental, veja Joseph Stiglitz, *Globalization and Its Discontents* (Londres: Penguin, 2002).

Capítulo 15

262. Conversa com o autor, Varsóvia, feb. 2001.
263. Formalmente falando, o cargo de Verheugen era de comissário responsável pela expansão da União Europeia.
264. Citado em Gideon Rachman, "A survey of the European Union", *The Economist*, 23 set. 2004.
265. Veja, por exemplo, Christopher Caldwell, *Reflections on the Revolution in Europe: Immigration, Islam and the West* (Londres: Penguin, 2009).
266. "East, West and the gap between", *The Economist*, 25 nov. 2005.
267. Citado em Rachman, "Survey of the European Union".
268. Ibid.

269. Conversa com o autor, Bruxelas, mar. 2003.
270. Rachman, "Survey of the European Union".
271. Robert Kagan, Of *Paradise and Power: America and Europe in the New World Order* (Nova York: Knopf, 2003).
272. Robert Cooper, *The Breaking of Nations: Order and Chaos in the Twenty-First Century* (Londres: Atlantic Books, 2003), x.
273. Mark Leonard, *Why Europe Will Run the 21st Century* (Londres: Fourth Estate, 2005), 7.

Capítulo 16

274. Philippe Legrain, *Open World: The Truth about Globalization* (Londres: Abacus, 2002), 17.
275. Citado em Derek Chollet e James Goldgeier, *America Between the Wars: From 11/9 to 9/11* (Nova York: PublicAffairs, 2008), 256.
276. Ibid., 257.
277. Naomi Klein, *The Shock Doctrine* (Nova York: Henry Holt, 2007).
278. Citado em Legrain, *Open World*, 25.
279. Citado em William Greider, *Come Home America: The Rise and Fall (and Redeeming Promise) of Our Country* (Nova York: Rodale, 2009), 70.
280. Joseph Stiglitz, *Globalization and Its Discontents* (Londres: Penguin, 2002), 4.
281. Ibid., 21.
282. Lou Michel e Dan Herbeck, *American Terrorist: Timothy McVeigh and the Oklahoma City Bombing* (Nova York: Regan Books, 2001), 59.
283. Martin Wolf, *Why Globalization Works* (New Haven, CT: Yale University Press, 2005), 9.

Capítulo 17

284. Charles Krauthammer, "The Unipolar Moment", *Foreign Affairs* 70:1 (inverno 1990/91).
285. Charles Krauthammer, "The Bush Doctrine", *Time*, 5 mar. 2001. Alguns neoconservadores argumentam que Krauthammer entrou só mais tarde no partido devido a suas reservas em relação ao intervencionismo liberal nos anos 1990.
286. Charles Krauthammer, "Democratic Realism – An American Foreign Policy for a Unipolar World", Irving Kristol Lecture no American Enterprise Institute, fev. 2004. Disponível em www.aei.org/book/755.
287. Hubert Vedrine, ministro das Relações Exteriores da França nos últimos anos da presidência de Mitterrand, concluiu em desespero que a América era mais do que uma mera superpotência; ela era uma "hiperpotência".
288. Veja Gillian Tett, *Fool's Gold* (Londres: Little, Brown, 2009), 99.
289. George W. Bush, discurso a uma sessão conjunta do Congresso, 20 set. 2001.
290. Citado em Derek Chollet e James Goldgeier, *America Between the Wars: From 11/9 to 9/11* (Nova York: PublicAffairs, 2008), 319.
291. Tratou-se de um almoço amigável e eu não estava tomando notas da conversa, de forma que me parece injusto revelar a identidade da pessoa envolvida.
292. Citado em Andrew Bacevich, *The Limits of Power: The End of American Exceptionalism* (Nova York: Metropolitan Books, 2008), 126.

293. Francis Fukuyama, *America at the Crossroads: Democracy, Power, and the Neoconservative Legacy* (New Haven, CT: Yale University Press, 2006), xi–xii. Fukuyama ficou estarrecido com o discurso de Krauthammer e considera que seu rompimento explícito com os neocons ocorreu naquela ocasião.
294. James Miles, "Balancing act: A survey of China", *The Economist*, 25 mar. 2006, 4.
295. Ibid.

PARTE III
Capítulo 18

296. Citado em Gideon Rachman, "Is America's new declinism for real?", *Financial Times*, 25 nov. 2008. Eu estive presente no discurso de Scowcrofte e participei da conferência do NIC.
297. National Intelligence Council, *Global Trends 2025: A Transformed World* (Washington DC: Government Printing Office, 2008). Versão eletrônica disponível em http://www.acus.org/files/publication_pdfs/3/Global-Trends-2025.pdf.
298. Ibid.
299. Fareed Zakaria, *The Post-American World* (Nova York: Norton, 2008), 199.
300. John Plender, "Decline but not fall", *Financial Times*, 12 nov. 2009.
301. Francis Fukuyama, "Thinking About the Future of American Capitalism", *American Interest Magazine Editorial Blog*, 13 mar. 2009. Disponível em http://blogs.the-american-interest.com/.
302. Gideon Rachman, "Asia rides high – for the moment", *Financial Times*, 30 set. 2008.
303. Gideon Rachman, "China makes gains in its bid to be the next top dog", *Financial Times*, 15 set. 2009.
304. Ibid.
305. Edward Luce, "Washington adapts to eastwards power shift", *Financial Times*, 11 nov. 2009.
306. Stephen S. Cohen e Brad DeLong, *The End of Influence* (Nova York: Basic Books, 2010), 7.
307. Harold James, *The Creation and Destruction of Value* (Cambridge, MA: Harvard University Press, 2009), 179.
308. Ibid., 222.
309. David Sanger, "Deficits May Alter US Politics and Global Power", *New York Times*, 1 feb. 2010.
310. Citado em Rachman, "China makes gains".
311. Citado em Andrew Bacevich, *The Limits of Power: The End of American Exceptionalism* (Nova York: Metropolitan Books, 2008), 133.
312. Conversa com o autor, Pequim, jan. 2007.
313. Tania Branigan, "China's role on world stage is no cause for fear, says Obama", *The Observer*, 15 nov. 2009.
314. Aaron Friedberg, "Is China a Military Threat?", *The National Interest*, No. 103 (set./out. 2009).
315. Ibid.

316. Andrew F. Krepinevich, Jr., "The Pentagon's Wasting Assets", *Foreign Affairs* 88:4 (jul./ago. 2009).
317. Marc Kaufman e Dafna Linzer, "China Criticized for Anti-Satellite Missile Test", *Washington Post*, 19 jan. 2007.
318. Conversa com o autor, Londres, mar. 2009.
319. Conversa com o autor, Washington DC, maio 2009.
320. Michael Mandelbaum, *The Ideas that Conquered the World: Peace, Democracy, and Free Markets in the Twenty-First Century* (Nova York: PublicAffairs, 2002), 395.
321. Yukio Hatoyama, "A New Path for Japan", *New York Times*, 27 ago. 2009.
322. Citado em Elitsa Vucheva, "Laissez-faire capitalism is finished says France", *EUObserver.com*, 26 set. 2008.
323. Piergiorgio Alessandri e Andrew Haldane, "Banking on the State", Bank of England, nov. 2009. Disponível em http://www.bankofengland.co.uk/publications/speeches/2009/speech409.pdf.
324. John Reed, "Back on the road", *Financial Times*, 18 jun. 2009.
325. Francesco Guerrera, "Welch condemns shareholder value focus", *Financial Times*, 12 mar. 2009.
326. Charles Grant, "Liberalism Retreats in China", Centre for European Reform, Londres, jul. 2009.
327. Ian Bremmer, "State Capitalism Comes of Age: The End of the Free Market?", *Foreign Affairs* 88:3 (maio/jun. 2009).
328. Ibid.
329. Ibid.
330. Veja "Madagascar leader axes land deal", *BBC News*, 19 mar. 2009. Disponível em http://news.bbc.co.uk/2/hi/africa/7952628.stm.
331. Zakaria, *The Post-American World*, 47.

Capítulo 19

332. Barack Obama, "Responsibility for Our Common Future", discurso para a Assembleia Geral das Nações Unidas, 23 set. 2009.
333. A AIG revelou-se ser regulamentada pelo estado de Nova York.
334. Geoff Dyer, "China sets carbon target for 2020", *Financial Times*, 26 nov. 2009.
335. Citado em Global Witness, "Heads in the Sand: Governments Ignore the Oil Supply Crunch and Threaten the Climate", out. 2009, 6. Disponível em http://www.globalwitness.org/media_library_detail.php/854/en/heads_in_the_sand_governments_ignore_the_oil_suppl.
336. Ibid., 21.
337. Bill Emmott, "China's accidental empire is a growing danger", *The Times*, 22 maio 2009.
338. Alan Greenspan, *The Age of Turbulence: Adventures in a New World* (Londres: Penguin, 2007), 463.
339. Gideon Rachman, "The battle for food, oil and water", *Financial Times*, 29 jan. 2008.
340. Citado em Javier Blas, "Global hunger at the top of the political agenda", *Financial Times*, 9 nov. 2009.

341. Conversa com o autor, Beijing, jan. 2007.
342. Brahma Chellaney, "Beware of water wars", *The Times of India*, 24 nov. 2008.
343. Jeffrey Sachs, *Common Wealth: Economics for a Crowded Planet* (Londres: Allen Lane, 2008), 124.
344. Paul Collier, *The Bottom Billion: Why the Poorest Countries are Failing and What Can Be Done About It* (Oxford: Oxford University Press, 2007), 19.
345. Richard Black, "Climate 'is a major cause' of conflict in Africa", BBC News, 24 nov. 2009. Disponível em http://news.bbc.co.uk/2/hi/8375949.stm.
346. Jeffrey Sachs, Letter to the Editor, *Financial Times*, 4 maio 2009.
347. Joel Kurtzman, "Mexico's Instability is a Real Problem", *Wall Street Journal*, 16 jan. 2009.
348. Gideon Rachman, "Mexico's drug war spills over into the US – and Venezuela confronts Colombia", *Financial Times Blog*, 3 aug. 2009. Disponível em http://blogs.ft.com/rachmanblog/2009/08/mexicos-drug-war-spills-over-into-the-us-and-venezuela-confront-colombia/.
349. Informação privadas.
350. Citado em um estudo sobre o terrorismo e armas de destruição em massa elaborado por Graham Allison e Joe Costa para o Global Agenda Council do Fórum Econômico Mundial, em Dubai, em 17 de novembro de 2009.
351. As potências nucleares são os cinco membros permanentes do Conselho de Segurança das Nações Unidas, mais a Índia e o Paquistão. Sabe-se que Israel tem armas nucleares, apesar de nunca ter reconhecido isso em público. Acredita-se que a Coreia do Norte tenha testado com sucesso uma bomba nuclear.
352. Kishore Mahbubani, *The New Asian Hemisphere: The Irresistible Shift of Global Power to the East* (Nova York: PublicAffairs, 2008), 241.
353. Sachs, *Common Wealth*, 7.
354. Ibid., 3.
355. Fui um membro da Iniciativa de Redesign Global do Fórum Econômico Mundial.
356. Entrevista com o autor, Washington DC, maio 2009.

Capítulo 20

357. Eu estava em Bruxelas no encontro europeu na noite em que a constituição da União Europeia foi reelaborada na forma do Tratado de Lisboa. Um amigo que trabalhava para a UE me disse: "Se você quiser entender o que eles estão fazendo, precisa ler o romance de Nabokov, *Fogo pálido*." O que ele quis dizer é que, em *Fogo pálido*, tudo o que realmente importa está nas notas de rodapé. Foi o que a UE fez no Tratado de Lisboa, no qual medidas cruciais, porém controversas –, como a supremacia da lei da União – foram inseridas sub-repticiamente em notas de rodapé. Só me pareceu apropriado registrar esse fato em uma nota.
358. Citado em Gideon Rachman, "Europe's plot to take over the world", *Financial Times*, 5 out. 2009.
359. Informações privadas.
360. Declaração Schuman, 1950.
361. Citado em Rachman, "Europe's plot to take over the world".
362. Anders Aslund, "G20 must be stopped", *Financial Times*, 26 nov. 2009.

363. Procure os termos "governo mundial" e "Gideon Rachman" no Google, e você verá o que quero dizer.
364. A melhor descrição moderna do trabalho e dos poderes das Nações Unidas pode ser encontrada em Paul Kennedy, *The Parliament of Man: The Past, Present, and Future of the United Nations* (Nova York: Random House, 2006).
365. Ibid., xi.
366. Conversa com o autor, set. 2007.
367. Fiona Harvey, Ed Crooks e Andrew Ward, "Copenhagen: A discordant accord", *Financial Times*, 20 dez. 2009.
368. Veja Tim Harford (The Undercover Economist), "Political ill wind blows a hole in the climate change debate", *Financial Times Weekend* (magazine), 28-9 nov. 2009.
369. Moisés Naím, "Think small to tackle the world's problems", *Financial Times*, 18 jun. 2009.
370. "Responsibility to protect: An idea whose time has come – and gone?", *The Economist*, 23 jul. 2009.
371. Richard Gowan e Franziska Brandtner, "A Global Force for Human Rights?: An Audit of European Power at the UN", Conselho Europeu de Relações Exteriores, 17 set. 2008.

Capítulo 21

372. Veja Gideon Rachman, "Lunch with the FT, Mikheil Saakashvili", *Financial Times*, 25 abr. 2008.
373. Ibid.
374. Comunicado à imprensa da Freedom House, *Freedom in the World 2009* (Lanham, MD: Rowman and Littlefield Publishers, 2009).
375. Ibid.
376. Há uma antiga controvérsia sobre o que exatamente os políticos ocidentais disseram aos russos sobre a Otan e a Europa Central após a queda do Muro de Berlim. Mas um dos melhores relatos acadêmicos recentes, *1989: The Struggle to Create Post-Cold War Europe*, de Mary Elise Sarotte (Princeton, NJ: Princeton University Press, 2009), sugere que as reclamações russas têm algum fundamento.
377. Citado em John Kampfner, *Freedom for Sale: How We Made Money and Lost Our Liberty* (Londres: Simon and Schuster, 2009), 91.
378. Ibid., 99.
379. Citado em James Mann, *The China Fantasy: How Our Leaders Explain Away Chinese Repression* (Nova York: Penguin, 2007), 49.
380. Citado em Gideon Rachman, "Let us not lose faith in democracy", *Financial Times*, 22 jan. 2008.
381. Adam Przeworski, Limongi Neto e Fernando Papaterra, "Modernization: Theories and Facts", *World Politics* 49:2 (jan. 1997), 155-83.
382. Rachman, "Let us not lose faith in democracy".
383. "Clinton: Chinese human rights can't interfere with other crises", *CNN*, 2 fev. 2009. Disponível em http://www.cnn.com/2009/POLITICS/02/21/clinton.china.asia/.
384. Robert Kagan, *The Return of History and The End of Dreams* (Londres: Atlantic Books, 2008), 57-8.

385. Fiona Harvey, Ed Crooks e Andrew Ward, "Copenhagen: A discordant accord", *Financial Times*, 20 dez. 2009.
386. Benedict Mander e Jonathan Wheatley, "Iranian leader's warm embrace in Venezuela stirs US anxiety", *Financial Times*, 26 nov. 2009.
387. Kagan, *The Return of History*, 98.
388. Harvey, Crooks e Ward, "Copenhagen: a discordant accord".
389. Eles incluíram Ivo Daalder, embaixador de Obama na Otan, e Anne-Marie Slaughter, chefe de planejamento político do Departamento de Estado.
390. Harvey, Crooks e Ward, "Copenhagen: a discordant accord".
391. "Whose side is Brazil on?", *The Economist*, 15 aug. 2009.
392. "South Africa and the world: the see no evil foreign policy", *The Economist*, 13 nov. 2008.

Capítulo 22

393. O próprio Pearl Continental foi alvo de um ataque suicida em junho de 2009 que matou cerca de 15 pessoas, incluindo Kamal Ahmed, o popular gerente geral do hotel.
394. Gordon mais tarde se tornou secretário assistente de Estado para a Europa na administração Obama.
395. Veja Omar Waraich, "Peshawar: More and More, A City Under Siege", *Time*, 11 jun. 2009.
396. Informações privadas.
397. Obama se comprometeu a enviar 15 mil soldados adicionais logo depois que foi eleito e anunciou outra onda de 30 mil soldados em dezembro de 2009.
398. Barack Obama, "Remarks by the President in Address to the Nation on the Way Forward in Afghanistan and Pakistan", West Point, NY, 1º dez. 2009.
399. Alguns analistas, examinando os custos indiretos, como os custos de cuidar dos veteranos, argumentam que o valor é significativamente mais alto. Joseph Stiglitz avalia o custo da Guerra do Iraque em $3 trilhões.
400. Paul Collier, *Wars, Guns and Votes: Democracy in Dangerous Places* (Londres: Bodley Head, 2009), 11.
401. "US Seen as Less Important, China as More Powerful: Isolationist Sentiment Surges to Four-Decade High," Pew Research Center, Washington DC, 3 dez. 2009. Disponível em http://pewresearch.org/pubs/1428/america-seen-less-important-china-more-powerful-isolationist-sentiment-surges.
402. Susan E. Rice e Stewart Patrick, "Index of State Weakness in the Developing World", Brookings Institution, 2008. Disponível em http://www.brookings.edu/reports/2008/02_weak_states_index.aspx.
403. "The long arm of America", *The Economist*, 19 set. 2009.
404. "Egypt – will the dam burst?", *The Economist*, 11 set. 2008.
405. Citado em Shannon O'Neil, "The Real War in Mexico", *Foreign Affairs* 88:4 (jul./ago. 2009), 63.
406. Ibid.

407. Veja Misha Glenny, "Drugs cartels open another front in a futile war", *Financial Times*, 11 dez. 2009, e Misha Glenny, *McMafia: Seriously Organized Crime* (Londres: Vintage, 2009).

CAPÍTULO 23

408. Tom Friedman, *The World is Flat* (Londres: Penguin, 2005), 544.
409. Fareed Zakaria, *The Post-American World* (Nova York: Norton, 2008), 218.
410. Veja "Lessons from *The Leopard*", *The Economist*, 11 dez. 2009.
411. Veja, por exemplo, Stewart Brand, *Whole Earth Discipline* (Londres: Atlantic Books, 2010).
412. Martin Wolf, "The dangers of living in a zero-sum world economy", *Financial Times*, 18 dez. 2007.
413. "US Seen as Less Important, China as More Powerful: Isolationist Sentiment Surges to Four-Decade High", Pew Research Center, Washington DC, 3 dez. 2009. Disponível em http://pewresearch.org/pubs/1428/america-seen-less-important-china-more-powerful-isolationist-sentiment-surges.
414. Malcolm Moore, "Timothy Geithner currency manipulation accusation angers China", *Daily Telegraph*, 23 jan. 2009.
415. Alan Beattie, "The perception in China is that revaluation ended the Japanese miracle", *Financial Times*, 1º dez. 2009.
416. Paul Krugman, "The Chinese Disconnect", *New York Times*, 23 out. 2009.
417. Paul Krugman, "Chinese New Year", *New York Times*, 1 jan. 2010.
418. Robert Aliber, "Tariffs can persuade Beijing to free the renminbi", *Financial Times*, 7 dez. 2009.
419. James Mann, *The China Fantasy: Why Capitalism Will Not Bring Democracy to China* (Nova York: Penguin, 2008), 26.
420. Greg Muller, "Right-wing Extremists Seen as Threat", *Los Angeles Times*, 10 abr. 2009.
421. Citado em Robert Kagan, *The Return of History and The End of Dreams* (Londres: Atlantic Books, 2008), 33.
422. Patti Waldmeir, "Wen hits out at unfair stance over renminbi", *Financial Times*, 1º dez. 2009.
423. Richard McGregor, "Chinese buy into currency war plot", *The Australian*, 27 set. 2007.
424. Grace Ng, "Chinese flip new page in push to be superpower", *Straits Times*, 6 abr. 2009.
425. Peter David, "All change, no change: A special report on the Arab world", *The Economist*, 23 jul. 2009.
426. Harold James, "The Late, Great Globalization", *Current History* 108:714 (jan. 2009).
427. Kevin O'Rourke, *Politics and Trade: Lessons from Past Globalizations* (Brussels: Bruegel Essay and Lecture Series, 2009), 5. Versão eletrônica disponível em http://www.bruegel.org/uploads/tx_btbbreugel/el_0209_poltrade.pdf.
428. Ibid., 8.
429. Niall Ferguson, "Chimerica is Headed for Divorce", *Newsweek*, 15 aug. 2009.
430. Jeffrey Ball, "Summit Is Seen as US Versus China", *Wall Street Journal*, 14 dez. 2009.

Capítulo 24

431. Conversa com o autor.
432. Andrew Sullivan, "America wakes up to the shift in global power", *The Sunday Times*, 6 dez. 2009.
433. Francis Fukuyama, *The End of History and The Last Man* (Londres: Penguin, 1992), 48.
434. Kishore Mahbubani, *The New Asian Hemisphere: The Irresistible Shift of Global Power to the East* (Nova York: PublicAffairs, 2008), 145.
435. James Miles, "A wary respect: A special report on China and America", *The Economist*, 24 out. 2009.
436. "US Seen as Less Important, China as More Powerful: Isolationist Sentiment Surges to Four-Decade High", Pew Research Center, Washington DC, 3 dez. 2009. Disponível em http://pewresearch.org/pubs/1428/americaseen-less-important-china-more-powerful-isolationist-sentiment-surges.
437. A pesquisa de opinião revelou que 44% do público achava que a China era a maior potência econômica do mundo. Apenas 27% achava que eram os Estados Unidos. Em 1989, 58% do público achava que o Japão era a maior potência econômica do mundo. Eles também estavam errados.
438. "G8: Chinese president flies homes from summit after Xinjiang riots", *Daily Telegraph*, 8 jul. 2009.
439. Veja Gareth Evans e Yoriko Kawaguchi, "A plan to eliminate the world's nuclear weapons", *Financial Times*, 18 dez. 2009.
440. Gideon Rachman, "Why we need a United Nations army", *Financial Times*, 21 jul. 2009.
441. Kathrin Hille, "China seeks reform of UN peacekeeping", *Financial Times*, 17 nov. 2009.
442. "Ranking of military and police contribution to UN peacekeeping operations", Nações Unidas, nov. 2009. A contribuição americana de 76 pessoas, listada em novembro de 2009, foi, em grande parte, de policiais civis.
443. J.M. Keynes, "Open Letter to President Roosevelt", *New York Times*, 31 dez. 1933.

Ensaio Bibliográfico

Como este livro tenta cobrir tanto a história recente quanto o futuro do mundo – um tema amplo –, seria fútil tentar elaborar uma bibliografia completa. A maioria das obras consultadas já está relacionada nas Notas, mas alguns leitores podem querer se aprofundar em um tema específico, de forma que este é um guia para alguns dos livros que considerei especialmente úteis e interessantes na elaboração de minhas pesquisas.

A abertura da China sob o comando de Deng Xiaoping é muito bem representada por várias histórias do país, incluindo *The Search for Modern China* (Norton, 1999), de Jonathan Spence, e *The Penguin Modern History of China* (Allen Lane, 2008), de Jonathan Fenby. *Prisoner of the State: The Secret Journal of Chinese Premier Zhao Ziyang* (Simon and Schuster, 2009) é um relato envolvente escrito por um *insider*, um ex-aliado de Deng, que, mais tarde, foi expulso da liderança política.

Recomendo especificamente dois livros sobre a era Thatcher. A biografia de dois volumes, escrita por John Campbell, proporciona uma leitura maravilhosa, além de bem fundamentada. O segundo volume, *Margaret Thatcher: The Iron Lady* (Vintage, 2008) cobre os anos de Thatcher em Downing Street. *A History of Modern Britain* (Pan Macmillan, 2007), de Andrew Marr, é um excelente livro de História Geral. Também vale a pena ler a biografia da própria Lady Thatcher.

Os textos sobre Ronald Reagan são espantosamente polarizados. Dinesh D'Souza escreveu uma breve biografia/hagiografia, intitulada *Ronald Reagan: How an Ordinary Man Became an Extraordinary Leader* (Simon and Schuster,

1997). Uma obra mais extensa e mais fundamentada, também de um ponto de vista conservador, é *The Age of Reagan: The Conservative Counter-Revolution*, de Stephen Hayward (Crown, 2009). O livro de Sean Wilentz, de título similar, *The Age of Reagan: A History*, 1974-2008 (Harper Collins, 2008) é muito menos favorável, mas também argumenta que Reagan foi a figura central que definiu a política dos Estados Unidos nos últimos 30 anos.

A história da Europa nos anos 1980 é coberta no meticuloso estudo de Tony Judt, *Postwar: A History of Europe since 1945* (Penguin, 2005) e *Europe Reborn*, de Harold James (Longman, 2003). *Delors: Inside the House that Jacques Built*, de Charles Grant (Nicholas Brealey, 1994), é um relato da transformação da União Europeia sob o comando de Delors.

Os livros de Judt e James também são recomendáveis para saber mais sobre a era de Gorbachev na União Soviética. Gosto muito de um livro escrito por um ex-colega da BBC, Angus Roxburgh, e baseado em extensas entrevistas com os principais participantes do período de Gorbachev, *The Second Russian Revolution* (BBC Books, 1991). Um relato mais recente e acadêmico é proporcionado por *The Rise and Fall of Communism*, de Archie Brown (Ecco, 2009).

O vigésimo aniversário da queda do Muro de Berlim trouxe vários bons livros sobre 1989, o ano das revoluções na Europa. Os que mais gostei foram *1989: The Struggle to Create Post-Cold War Europe*, de Mary Elise Sarotte (Princeton, 2009), e *Revolution 1989: The Fall of the Soviet Empire*, de Victor Sebesteyn (Weidenfeld and Nicholson, 2009). Timothy Garton Ash cobriu esses eventos como jornalista e seu *The Magic Lantern: The Revolution of '89 Witnessed in Warsaw, Budapest, Berlin, and Prague* (Random House, 1990) continua sendo um clássico.

Michael Reid produziu um brilhante relato da história moderna da América Latina, *Forgotten Continent: The Battle for Latin America's Soul* (Yale, 2008). *The Making of NAFTA: How the Deal Was Done*, de Maxwell Cameron e Brian Tomlin (Cornell, 2000), é uma importante descrição de um momento-chave na história da globalização. *Lula of Brazil: The Story So Far*, de Richard Bourne (University of California Press, 2008), retrata um dos líderes mais carismáticos da região.

Vários bons livros foram publicados sobre a modernização da Índia. Um livro que recomendo para uma longa viagem de avião é *In Spite of the Gods: The Rise of Modern India* (Random House, 2008), de Edward Luce, meu colega no *Financial Times*. *India Unbound* (Anchor, 2002), de Gurchuran Das, e *India after Gandhi: The History of the World's Largest Democracy* (Pan Macmillan, 2007), de Ramachandra Guha, também são excelentes.

Richard Haass oferece o relato de um *insider* do período que antecedeu a Guerra do Golfo em *War of Necessity, War of Choice: A Memoir of Two Iraq Wars* (Simon and Schuster, 2009). *A Choice of Enemies: America Confronts the Middle East*, de Lawrence Freedman (PublicAffairs, 2008), oferece uma história reveladora e embasada da política americana no Oriente Médio.

A Era do Otimismo, de 1991 a 2008, também foi o "momento unipolar" da América. *America Between the Wars: From 11/9 to 9/11*, de Derek Chollet e James Goldgeier (PublicAffairs, 2008), é um relato baseado em pesquisas extraordinariamente profundas da política externa americana durante o período. Strobe Talbott, em *The Great Experiment: The Story of Ancient Empires, Modern States, and the Quest for a Global Nation* (Simon and Schuster, 2008), volta até a Grécia antiga mas também oferece alguns bons insights na era Clinton e algumas reflexões interessantes sobre o problema da governança global.

Qualquer um que queira compreender o debate do "fim da história" deve ler a obra original de Francis Fukuyama, *The End of History and the Last Man* (Penguin, 1992). Também recomendo a leitura do repúdio posterior de Fukuyama em relação ao neoconservadorismo, *America at the Crossroads: Democracy, Power, and the Neoconservative Legacy* (Yale, 2006). O melhor livro a ser lido sobre Alan Greenspan é sua autobiografia surpreendentemente compulsiva, *The Age of Turbulence: Adventures in a New World* (Penguin, 2007).

Muitos livros já foram publicados sobre as origens do crash de 2008 e suas lições econômicas. Dois de meus preferidos são *Fool's Gold*, de Gillian Tett (Little, Brown, 2006), e *The Myth of the Rational Market*, de Justin Fox (Harper Collins, 2009).

O melhor texto, que traduz com precisão o otimismo gerado pela interação entre a revolução tecnológica e a globalização, é *The World is Flat*, de Thomas Friedman (Penguin, 2005). O otimismo em relação à ascensão da Ásia durante o período é bem representado tanto por Kishore Mahbubani, em *The New Asian Hemisphere: The Irresistible Shift of Global Power to the East* (PublicAffairs, 2008) quanto por Martin Jacques, em *When China Rules the World: The Rise of the Middle Kingdom and the End of the Western World* (Penguin, 2009). Uma visão menos emotiva e mais cética, salientando as rivalidades na Ásia, é oferecida por Bill Emmott em *Rivals: How the Power Struggle Between China, India and Japan Will Shape the Next Decade* (Penguin, 2008).

Muitos pensadores europeus realmente acreditavam que o futuro do mundo estava sendo formado em Bruxelas, e não em Pequim, durante a Era do Otimismo. Para entender essa visão, vale recorrer a *The Breaking of Nations: Order and Chaos in the Twenty-First Century*, de Robert Cooper, (Atlantic, 2003) – uma representação sofisticada da visão europeia "pós-nacional" de mundo elaborada por um acadêmico e diplomata que trabalha para a União Europeia.

A literatura a favor e contra a globalização é abundante e muitas vezes entediante. Qualquer pessoa que queira entender as emoções e o raciocínio dos antiglobalizadores deve ler Naomi Klein – seu livro *The Shock Doctrine* (Henry Holt, 2007) é um bom começo. *Globalization and Its Discontents*, de Joseph Stiglitz (Penguin, 2002), é escrito para o público geral, mas ainda apresenta algumas características acadêmicas que rendeu a seu autor um Prêmio Nobel de Economia. A melhor defesa da globalização que conheço é *Why Globalization Works*, de Martin Wolf (Yale, 2005).

O neoconservadorismo foi melhor na produção do jornalismo polêmico, por pessoas como Bill Kristol e Charles Krauthammer, do que em livros, mas *Dangerous Nation*, de Robert Kagan (Vintage, 2007), apresenta uma boa história revisionista da política externa americana escrita da perspectiva neoconservadora. *The Limits of Power: The End of American Exceptionalism*, de Andrew Bacevich (Metropolitan, 2008), é uma crítica breve, furiosa e devastadora do neoconservadorismo, escrita por um veterano militar, hoje professor, que perdeu o filho na Guerra do Iraque.

A terceira seção de meu livro, "A Era da Ansiedade", lida com tendências atuais e emergentes da política global, se baseia mais em meu próprio trabalho de jornalismo e em artigos publicados em periódicos acadêmicos e jornais. Alguns livros que considerei particularmente úteis na formação de minha própria visão sobre o assunto incluíram *Post-American World*, de Fareed Zakaria (Norton, 2008), e *The Ideas that Conquered the World*, de Michael Mandelbaum (PublicAffairs, 2002). *The Bottom Billion*, de Paul Collier (Oxford, 2007), é um livro raro que mudou o debate sobre pobreza e desenvolvimento. Jeffrey Sachs, em *Common Wealth: Economics for a Crowded Planet* (Penguin, 2007), oferece uma tentativa moralmente fervorosa de combinar os imperativos do desenvolvimento, ambientalismo e economia de mercado. James Mann, em *The China Fantasy: How Our Leaders Explain Away Chinese Repression* (Penguin, 2007), apresenta uma tentativa visionária e polêmica de contestar a lógica oficial americana de que a ascensão da China beneficiaria a todos. Por fim, *McMafia: Seriously Organized Crime*, de Misha Glenny (Vintage, 2009), é um estudo cruel e divertido de algumas organizações não governamentais mais sinistras do mundo.